Janko Bubalo

ICH SCHAUTE
DIE GOTTESMUTTER

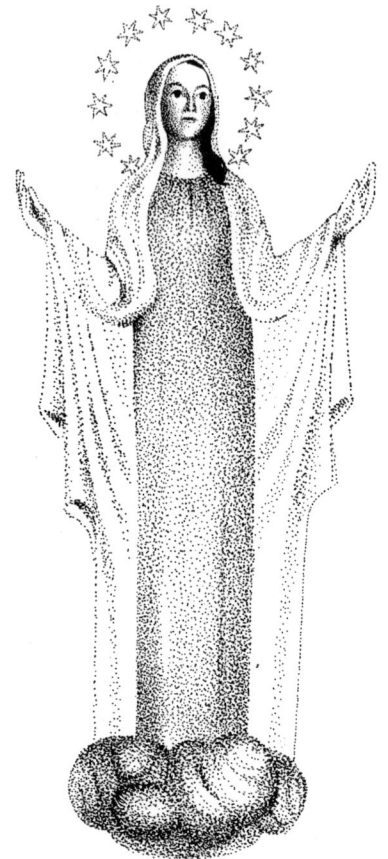

Königin des Friedens, bitte für uns!

Janko Bubalo

**Gespräche mit der Seherin Vicka
in Medjugorje**

ICH SCHAUTE
DIE GOTTESMUTTER

Titel des Originals:
**Tisuću Susreta s Gospom
U Medugorju**

In Übereinstimmung mit dem Dekret des Papstes Urban VIII. und mit der Bestimmung des Zweiten Vatikanischen Konzils erklärt der Autor, daß er das Urteil der Kirche, dem er sich völlig unterziehen möchte, nicht vorwegnehmen will. Begriffe wie ,,Erscheinungen, Botschaften, Wunder'' und Ähnliches haben hier den Wert des menschlichen Zeugnisses.

Nach dem neuesten Dekret der Glaubenskongregation vom 7. März 1975 mit dem Titel ,,Dekret über die Aufsicht der kirchlichen Hirten über die Presse'' ist das ,,Imprimatur'' nicht mehr für alle Bücher verbindlich, außer für die Heilige Schrift, liturgische Bücher und Handbücher für den Religionsunterricht.

Das Zweite Vatikanische Konzil fordert die Freiheit der Information unter ehrwürdigen Menschen.

4. Auflage, 16. - 20. Tausend 1989

Gesamtherstellung:

Miriam - Verlag · D-7893 Jestetten

ISBN 3-87449-175-7

INHALT

Pater Janko Bubalo im Gespräch mit Vicka, Ivan und Jakov

VORBEMERKUNG DES ÜBERSETZERS

Im deutschen Sprachraum sind schon zahlreiche Veröffentlichungen (Bücher, Zeitschriften- und Zeitungsartikel) über die Marienerscheinungen in Medjugorje herausgekommen, so daß man sich über den Mangel an Informationen in diesem Zusammenhang nicht beschweren kann. Trotzdem kann man sich nur wundern, daß so viel Unkenntnis, ja sogar so viel Unwahrheit darüber auch in kirchlichen Kreisen verbreitet wird. Manchmal kann man fast den Eindruck gewinnen, daß in diesen Kreisen gleichsam eine Angst und eine theologisch unverständliche Ablehnung gegenüber den Marienerscheinungen herrscht, so daß man gar nicht versucht, oder nicht versuchen will, die aktuelle Sache von Medjugorje ruhig, gelassen zu erforschen und darzustellen. Manchmal sind die Veröffentlichungen von Atheisten viel ausgewogener und der Wahrheit näher, als diejenigen der Theisten. Viele gläubige Menschen scheinen vergessen zu haben, daß der Geist weht und wehen kann, wo er will und wann er will.

In diesem Buch von Pater Janko Bubalo wird versucht, die Sache von Medjugorje in einem Gespräch des Autors mit der Seherin Vicka vielseitig und vielschichtig zu beleuchten. Hier wird nicht viel spekuliert und theologisiert, sondern es wird konkret gefragt und beantwortet, was die Seher erleben und sehen, ohne daß sie dies vielleicht in seiner Tiefe und Breite verstehen. So wird dieses Buch eine Beschreibung für all diejenigen sein, die die Ereignisse von Medjugorje kennenlernen und verstehen wollen. Dafür spricht auch die Tatsache, daß das Buch den italienischen Preis ,,*Lettera ai credenti*``, der jährlich für das meist gelesene religiöse Buch in Italien verliehen wird, bereits erhalten hat. Der Vorsitzende der Jury ist kein geringerer als der Kurienkardinal Agnelo Rossi.

* * *

Pater Janko Bubalo im Gespräch mit Marija

VORWORT

Wenn man Medjugorje auf den Flug- oder Autokarten suchte, würde man es nicht leichter als irgendein anderes Dorf in der Welt finden. Nur seine besseren und näheren Kenner könnten uns sagen, daß sich dieser Ort irgendwo auf dem Weg zwischen Čitluk und Ljubuŝki befindet. Dazu könnten sie noch hinzufügen, daß es ein ganz gewöhnliches Dorf in der Herzegowina ist; im Sommer von den mit Steinen umrandeten Weinbergen und von Tabakfeldern umgeben. Die Häusergruppen sind planlos verstreut und in ihnen leben schon seit Jahrhunderten fleißige und rechtschaffene Menschen mit kroatischem Blut in ihren Adern, seit eh und je sind sie vom christlichen Glauben an die Gegenwart Gottes durchdrungen.

Diese Gemeinschaft mit Gott durchdrang sie und ermutigte sie, durch lange Jahrhunderte hier zu bleiben und das zu sein, was sie sind, trotz aller Versuchungen und Nöte die sie drückten, ohne sie vernichtet zu haben.

Davon zeugt das diesjährige Fest der Erhöhung des Heiligen Kreuzes, das am 11. September gefeiert wurde (am ersten Sonntag nach dem Fest Mariä Geburt), als sich auf dem Kreuzberg mehr als hunterttausend hungrige, durstige und müde Menschen aus allen Himmelsrichtungen versammelten, um auf dem sonnenheißen Felsen stehend, mit der Eucharistiefeier das fünfzigjährige Jubiläum des Baues des riesigen Betonkreuzes, das dieses Volk seinem Erlöser zum tausendneunhundertjährigen Jubiläum seiner Erlösung aufrichtete, ruhig zu feiern. Das Kreuz wurde auf dem größten Berg über dem Dorf aufgebaut, der nicht zufällig den Namen Šipovac bekam, genauso wie er mit dem Bau des Kreuzes nicht zufällig Križevac (Kreuzberg) umgetauft wurde, so daß sich viele nicht mehr an seinen alten Namen erinnern.

Und es ist nicht zufällig, daß dieser durch Blut und Schweiß veredelte Kreuzberg zum ,,Lieblingsort'' der Gospa geworden ist, woher sie sich so viele Male unzähligen Menschen geheimnisvoll zeigte, die nach Medjugorje kamen, um in einem Anliegen zu beten oder für gewährte Hilfe sich bei ihr zu bedanken.

Ja, so vergingen die Zeiten! Sowohl die Zeiten der mehrhundertjährigen türkischen Gewaltherrschaft, als auch die der nachtürkischen Ungerechtigkeit und, als man das am wenigsten erwartete, wurde dieser Ort mit ungefähr vierhundert Haushalten in fünf der Pfarrei zugehörigen Dörfern (Bijakoviĉi, Medjugorje, Miletina, Šurmanci und Vionica), zu einem eigenartigen Zentrum, in dem sich erstaunliche Dinge ereignen, so daß sein schwer auszusprechender Name sowohl zum Zeichen als auch zur Stütze für ,,die Hoffnung, die nicht täuscht", wurde.

So begann es am 24. Juni 1981, gegen fünf Uhr nachmittags, als ein (damals) unbekanntes Mädchen aus Podbrdo (Unterberg) in Bijakovići mit dem erhobenen Zeigefinger zu ihrer Kollegin sagte: ,,Sieh, die Gospa!" Und es ist erstaunlich! — In dem Augenblick, und seit damals immer klarer, wurde dieses Wort zur Stütze für den millionenfachen Strom der Menschen, die hier etwas suchten und fanden, das sie in diesem Augenblick sonst nirgendwo finden konnten.

Und alles Geheimnisvolle und alle Erläuterung dessen offenbarte und offenbart sich noch immer einer Gruppe von sechs ,,Kindern", die schon am zweiten Tag (am 25. Juni jenes segensreichen Jahres) alle zusammen sagen konnten: ,,Sieh, die Gospa!" — Denn an diesem Tag sahen und hörten alle sechs ihre Stimme.

Und seit damals geschieht dies meistens jeden Tag. Da zeigte sich die Gospa und sie zeigt sich immer noch der Welt durch sie. Sie ermutigt und ermahnt die Menschen, sich als Brüder wiederzuerkennen und zu Gott, dem gemeinsamen Vater, der das menschliche Herz endgültig glücklich macht und beruhigt, zurückzukehren.

Inzwischen, in dieser Zeit von dreißig Monaten geschah hier, und geschieht noch immer vieles, so daß es gar nicht leicht und einfach ist, sich zurechtzufinden und dies alles als den klaren Ruf von oben zu erkennen, der zur Umkehr und zur Versöhnung mit dem gemeinsamen Vater aufruft. Wir Menschen sind uns zwar ähnlich, und doch sind wir so unterschiedlich! Deshalb sehen wir dies, was in Medjugorje geschieht, nicht auf gleiche Weise. Und gerade deshalb habe ich einiges davon aufgeschrieben.

Um dies aber verwirklichen zu können, wurde ich diesen ,,Kindern" der Gospa oder den ,,Sehern der Gospa", wie man die sechs Kinder gewöhnlich nennt, geradezu aufdringlich. Ich langweilte sie und fragte sie, dann schrieb ich fast alles auf, was ich in diesem Zusammenhang von ihnen oder auch von ihren Bekannten erfuhr.

Viele Dinge habe ich auch intuitiv erfahren, während ich Tag für Tag die ,,Kinder" bei ihren Begegnungen mit der lichten, mädchenhaften

Erscheinung, die sie vom ersten Augenblick an „Gospa" nannten, beobachtet habe. Und ich habe, mit den anderen, bei diesen Begegnungen oft gefragt: was sehen denn ihre Augen? Mit wem denn flüstern sie so fröhlich? Was bestrahlt denn ihre Gesichter auf einmal? Und so viele derartige und ähnliche Fragen.

Und ich suchte nach den Antworten. Für mich und für diejenigen, die sich selbst und mich in derselben Sache befragten. Dazu nahm ich alle sechs Seher in Anspruch. Am meisten aber nahm ich die Geduld der „schrecklichen" (wie sie ein italienischer Journalist nannte) Vicka Ivanković aus Bijakovići in Anspruch. Auf diese Weise machte ich es aus mehreren Gründen: weil Vicka von allen Kindern der Gospa die gesprächigste ist; weil sie der beste Zeuge der Ereignisse von Medjugorje ist; weil sie am meisten in Anspruch genommen wurde und dadurch die unerschrockenste Seherin wurde, die die Wahrheit nicht scheut.

So redete und redete ich mit Vicka, bis dieses Buch entstanden war, das ich nun all denjenigen empfehle, die von den Fragen beunruhigt werden, die auch mich einst beunruhigten und die manch einen erfahrungsgemäß immer noch beunruhigen. Nein, meine Antworten möchte ich niemandem aufdrängen! Die Ereignisse sollen sich von allein verteidigen oder sich von allein begraben. Und, soweit sie es können, mögen sie helfen, zur vollen Wahrheit zu kommen, über die Paulus an seinen „geliebten Sohn Timotheus" schreibt.

Deshalb hat dieses Buch nicht die Aufgabe zu überzeugen, sondern — soweit es kann und weiß — zu beleuchten. Denn, das Licht der Ereignisse ist das stärkste Licht, das sowohl den Menschen als auch das, was um ihn herum geschieht, beleuchten kann.

Es ist nur nötig, die Empfangsantenne von allen Vorurteilen zu befreien und ihr einen guten Empfang zu ermöglichen. Dann soll sie sich selbst abhören.

Man muß aber wissen, daß diese Gespräche Ende 1983 oder Anfang 1984 abgeschlossen wurden.*

Dazu gab es viele Gründe. Vor allem die Tatsache, daß damit die interessantesten Einzelheiten aus den Ereignissen von Medjugorje

---

* Die Handschrift wurde bis zum 12. Oktober 1984 überprüft und etwas ergänzt, wovon Janko Bubalo und Vicka am Ende der Handschrift durch ihre Erklärung und durch ihre Unterschrift Zeugnis ablegen.
(„Vicka" ist eigentlich der Kosename; in Wirklichkeit heißt sie „Vida")

erschöpft wurden. Hinzu kommt auch der Umstand, daß Vicka, mein Hauptgesprächspartner, schon seit Anfang 1983 mit dem alltäglichen Hören und Aufschreiben des Lebens der Gospa in Anspruch genommen wurde. Ähnliches geschah auch mit Ivanka. Sie hat Ende Mai 1983, nachdem sie aufgehört hatte, das Leben der Gospa aufzuschreiben, mit Hören und Aufschreiben der Aussagen der Gospa über das vergangene, gegenwärtige und künftige Leben der Kirche fortgesetzt. Damit hat sie auch im Jahre 1984 weitergemacht.

Und so war es: mit keiner von ihnen konnte ich wirklich über etwas Bestimmteres und Neueres reden, weil weder die eine noch die andere, nach Anordnung der Gospa, jemandem etwas darüber sagen darf, bis ihnen die Gospa mitteilt, wann und wem sie dies sagen dürfen.

Ich konnte praktisch auch nicht Marija in Anspruch nehmen, weil sie von Natur aus schweigsam ist. Als die Gospa am 17. Juli 1983 aufgehört hatte, ihr ihr Leben zu erzählen, wurde sie aber zur einzigen richtigen Verbindung zwischen der Gospa und der Menge derer (besonders der Kranken), die eine unmittelbarere Verbindung mit der Gospa erreichen wollten. Die zwei Jungen konnten ihr dabei kaum helfen.

Selbstverständlich: hier ist weder alles angegeben, noch erläutert, was in Medjugorje geschah oder immer noch geschieht. Wahrscheinlich wird so mancher auch nach dem Lesen dieses Buches die volle Wahrheit noch nicht erfassen können, wie es nach Lukas (24,16) auch den Aposteln bis zur Ankunft des Heiligen Geistes noch nicht möglich war, denjenigen richtig zu erkennen, der als einziger sich selbst als Wahrheit nennen durfte. Dies besonders deshalb, weil die schönsten und die interessantesten Ereignisse von Medjugorje, zumindest bis jetzt, für uns mit dem Schleier des Geheimnisvollen bedeckt sind.

Was wir aber sonst noch wissen können und dürfen, kann uns zumindest ein wenig helfen, in jenes Geheimnisvolle einzudringen. Das ist der tiefere Sinn meines Buches!

Janko Bubalo

EINFÜHRUNG IN DAS GESPRÄCH

Janko (J) — Vicka, wenn man sich schon daran gewöhnt hat, hast du was dagegen, wenn auch ich dich so nenne?

Vicka (V) — Warum hätte ich denn was dagegen? Ich habe ja schon vergessen, daß mein richtiger Name Vida ist.

J — In Ordnung. — Nach vielen Gelegenheiten und Ungelegenheiten treffen wir uns hier, um uns endlich richtig zu unterhalten. Du weißt, daß ich das schon lange wollte, das ist uns aber bis heute nicht recht gelungen. Wir haben es zwar oft versucht, aber ich habe später eingesehen, daß uns immer einiges unklar und unausgesprochen geblieben war. Da denke ich besonders an das, was vom ersten Tag eurer Vision der lichten mädchenhaften Erscheinung an geschah, oben auf dem Berg über euren Häusern, bis zum heutigen Tag.

In diesem Zeitraum spielte sich in uns und um uns herum vieles ab, so daß vielleicht auch manches vergessen wurde. Deswegen wird einiges davon unterschiedlich (vielleicht auch falsch) behauptet und erklärt, so daß es nicht einfach ist, über manche Dinge zur vollen und ganzen Wahrheit zu kommen, besonders in den ersten acht Tagen der Erscheinungen.

So sollten wir anfangen, im Namen Gottes!

V — Jawohl! Darauf bin ich gespannt!

J — Dann fangen wir an! Im Namen des Vaters und des Sohnes und des Heiligen Geistes.

V — Amen.

J — Jetzt aber rufen wir mit Hilfe einer Kassettenrecorderaufnahme eines geeigneten Liedes Gott an, damit sich Gott uns nähert und uns hilft. Hören wir es an ... (Näher, o mein Gott, zu deiner Größe. Sei wie die Fahne und der Weg für mein Leben. Führe uns, wohin du willst, führe uns, wohin du willst. Näher, o mein Gott, zu deiner Größe ...)

V — Das ist wunderbar! Nun fangen wir an ...

J — Gut. Vicka! Es ist gar nicht so einfach, aber mir scheint es, daß gerade ich in diesem Augenblick berufen bin, mit Hilfe von euch ersten und ständigen Sehern etwas über all das aufzuschreiben und zu sagen. Und, wenn du zustimmst ...

V — Ja, sicher, du hast ja gleich von Anfang an etwas gefragt und aufgeschrieben. Auch die Gospa hat dir darüber etwas gesagt.

J — In Ordnung. Lassen wir das jetzt! Es ist aber nicht zufällig, daß ich dieses Gespräch ausgerechnet mit dir geplant habe. Du warst ja auch als einzige immer am Ort der Erscheinungen und als solche kannst du auch am meisten beitragen, daß zumindest einiges davon aufgeschrieben und erläutert wird.
Nun, fangen wir an!

V — Ja, gut.

J — Es freut mich, daß es so ist. Denn, ich hatte ein bißchen Angst. Allzu viele haben dich mit solchen Dingen geplagt, und ...

V — Das stimmt. Und, um ehrlich zu sagen: davon habe ich jetzt genug. Aber dir habe ich dies schon lange versprochen, so habe keine Angst. Frage nur!

J — Ist gut. Nur, ich bitte dich, sei möglichst aufrichtig und möglichst offen. Und sag mir alles — aber auch alles — was du davon weißt, worüber ich dich fragen werde.

V — Gut, gut. Ich sage dir alles was ich weiß und was ich darf, denn ...

J — Was „denn"?

V — Ah, nichts. Du weißt, daß es Dinge gibt, über die ich nicht sprechen darf. Jedoch, bitte schön, frage nur!

J — Gut, Vicka. Das weiß ich. Das werde ich von dir auch nicht verlangen. Zumindest ich als Priester weiß, was es heißt, Geheimes zu behalten. Und sei sicher, daß dies alles nicht meine Neugierde ist, sondern der aufrichtige Wunsch, meinen Glauben an Gott und an die Gospa möglichst zu festigen und zu stärken.

V — Gut. Ich freue mich, daß es so ist.

J — Du hast recht. Nun weiß ich nicht, wie wäre es besser: daß ich dich erzählen lasse, oder daß ich dich mehr befrage?

V — Es ist doch besser, daß du fragst. Ich kann nicht von allein erzählen. — Ich kann es zwar, aber wer weiß, wo ich hinkommen würde. Vielleicht würde ich viel erzählen und dabei das Wichtigste vergessen.

J — Dann machen wir es so. Bemühe dich nur, möglichst klar und in der Schriftsprache zu sprechen. Denn dieses wird wahrscheinlich noch jemand hören und vielleicht auch lesen, und ...

V — Oh, ich kann nur schlecht in der Schriftsprache sprechen. Darauf achte ich gar nicht. Besonders seit ich nicht mehr zur Schule gehe. Ich spreche wie meine Mutter, und wenn es so geht, dann gut.

16

J — Gut. Wie immer es ausfallen sollte, fangen wir an! — Der Kassettenrecorder ist eingeschaltet; er wird schon laufen. Als erstes sagst du mir: hat der Ort der ersten Erscheinung seinen eigenen Namen?

V — Hm, das weiß ich auch nicht. Manche nennen ihn „Brdo", manche „Podbrdo", manche jedoch sagen auch „Gradina". Das ist aber auch nicht wichtig!

J — Es ist doch wichtig. — Zum Beispiel, wenn mich jetzt jemand fragen würde, wie der Ort der ersten Erscheinungen der Gospa benannt ist, wäre es unangenehm, wenn ich ihm nicht antworten könnte. Und ich werde ihn von nun an ständig „Podbrdo" (Unterberg) nennen. Darüber befragte ich auch die anderen. Die Mehrheit sagte mir, daß es am besten ist, ihn so zu nennen.

V — Es geht, es geht. Ich habe nichts dagegen, denn ich nenne ihn normalerweise auch so. So ist er auch in die Bücher eingegangen, und ...

J — Das ist in Ordnung. — Und nun, bevor wir in das richtige Gespräch kommen, sag mir die Namen und die Vornamen, mit den Namen des Vaters, von all denen, die die lichte, mädchenhafte Erscheinung, die ihr gleich Gospa genannt habt, zumindest einmal gesehen haben.

V — Das habe ich dir ja — so glaube ich — zumindest zwei- bis dreimal aufgezählt.

J — Das stimmt, aber trotzdem!

V — Gut. Dann will ich sie dir nennen. Die Gospa haben zumindest je einmal gesehen:

Ivanka Ivanković von Ivan,
Mirjana Dragićević von Jozo,
ich — Vida (Vicka) Ivanković von Pero,
Ivan Dragićević von Stanko,
Marija Pavlović vom verstorbenen Jozo,
Milka, die Schwester von Marija
und der kleine Jakov Čolo von Ante

J — Das ist in Ordnung. Aber sollten wir gleich zu den ersten Erscheinungen gehen?

V — Ja, es geht. Warum nicht?

* * *

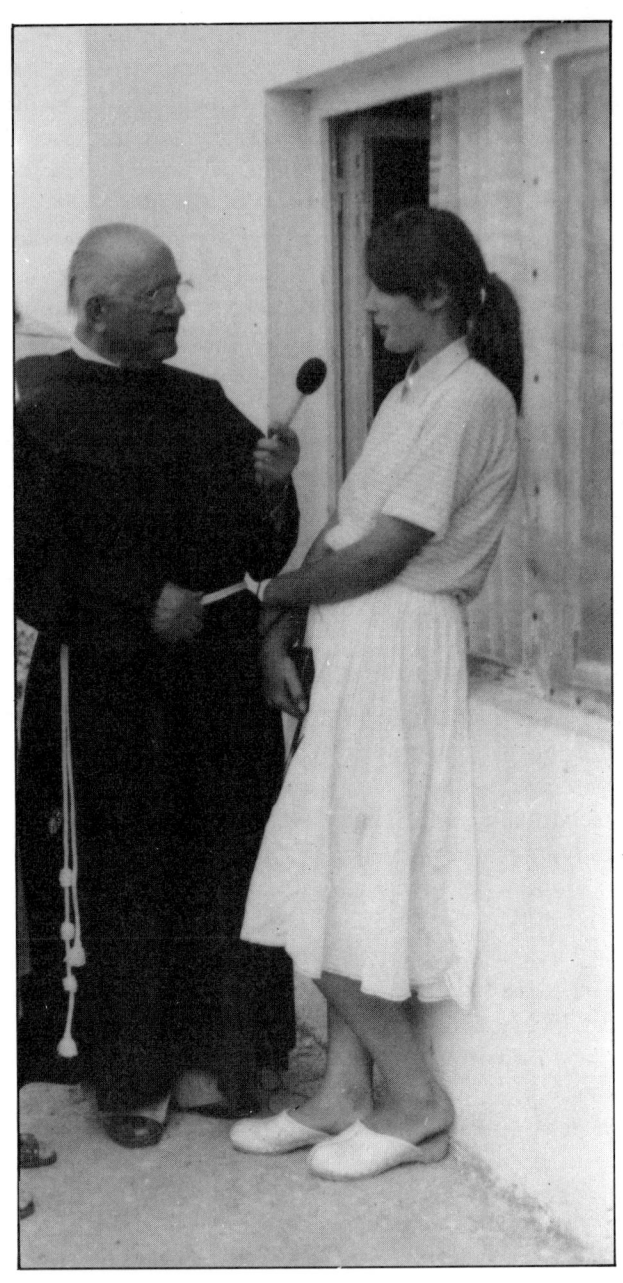

Pater Janko Bubalo im Gespräch mit Ivanka

DIE ERSTE ERSCHEINUNGSWOCHE

DER ERSTE TAG

(Mittwoch, den 24. Juni 1981)

J — Nun Vicka, jetzt erzähle mir, wann und wie ist es zur ersten Erscheinung gekommen? Zuerst sag mir, wann es war?

V — Pater Janko, das weiß zwar jeder, aber wenn du willst, sage ich es: die erste Erscheinung war am Johannestag, dem 24. 6. 1981.

J — Weißt du ungefähr um wieviel Uhr?

V — Ungefähr nach fünf Uhr nachmittags.

J — Nun sag mir etwas ausführlicher, wie das passiert ist und wie du dich da eingefunden hast?

V — Das ist ja eine lange Geschichte. Soll ich alles erzählen, oder nur das Wichtigste?

J — Alles. Und zwar: je mehr, desto besser, damit uns einmal der schicksalhafte Augenblick möglichst klar wird.

V — Gut. Ich werde erzählen, du aber mußt mich mit deinen Fragen unterstützen, denn wer weiß, wo ich hinkommen werde ...

J — Gut, Vicka. Ich werde dich auch sicher mit meinen Fragen langweilen, aber fange du nun an!

V — Es ist so: wie du auch weißt, war der erste Tag ein Festtag. Ich ging aber nicht in die heilige Messe, weil ich zum Ergänzungsunterricht nach Mostar mußte.

J — Was für ein Ergänzungsunterricht?

V — Ich war ja in Mathematik durchgefallen, so mußte ich den Ergänzungsunterricht besuchen.

J — Gut. Und dann?

V — Ich kam nach Hause gegen Mittag. Es herrschte große Hitze und dazu der große Andrang im Bus! Du weißt, wie es ist.

J — Und dann?

V — Nachdem ich mich ein bißchen erfrischt hatte, aß ich etwas und schlief ein. Kurz zuvor kamen Mirjana und Ivanka bei mir vorbei. Wir hatten schon am Morgen ausgemacht, noch vor der Dunkelheit ein bißchen spazierenzugehen. Wir waren ja immer zusammen.

19

J — Gut. Was geschah dann?

V — Ich schlief ein, schlief lange und tief. Dann weckte mich meine Schwester Zdenka auf. Sie täuschte mich, ich solle gleich aufstehen, ich käme sonst zu spät in die Schule.

J — Anscheinend warst du sehr faul geworden?

V — Was kann ich dafür, daß ich einschlief, da ich sehr müde war.

J — Und was geschah dann?

V — Ich stand auf, und ging auf die Suche nach Ivanka und Mirjana.

J — Wo hast du sie gesucht?

V — Zuerst ging ich zu der Mutter von Jakov. Sie ist die Tante von Mirjana, so dachte ich, sie wären sicher dort.

J — Hast du sie gefunden?

V — Nein, nein! Sie waren da gewesen, aber sie gingen wie abgemacht spazieren. Zur Mutter von Jakov sagten sie, daß sie den Weg in Richtung Čilići gehen wollen, wenn ich aber kommen sollte, möchte ich ihnen nachfolgen.

J — Und war es wirklich so?

V — Ja. Ich ging dann schnell diesen Weg und erblickte die zwei und die kleine Milka. Sie schauten alle drei in eine Richtung und waren irgendwie erschrocken. Sie winkten mir mit den Händen zu kommen. Ich beeilte mich, aber mir war seltsam zumute. Was starren sie denn so an?

J — Was war es denn?

V — Als ich zu ihnen kam, sagten sie alle zugleich: ,,Vicka, sieh, die Gospa!" Was ist denn mit ihnen los, dachte ich. Was für eine Gospa? Ich dachte bei mir selbst, daß sie eine Schlange sehen und mich nur täuschen wollten. Ich packte meine Pantoffeln und floh barfuß in Windeseile von dort weg.

J — Wohin flohst du?

V — Nach unten, zu den Häusern. Wohin denn sonst!

J — Und so hast du an diesem Tag nichts gesehen?

V — Warte mal. Ich bin noch nicht fertig.

J — Gut, dann erzähle weiter!

V — Ich hielt unten am Berg, oberhalb der Häuser an und begann zu weinen. Es war mir nur danach zumute. Ich dachte: Wieso spielen sie denn mit der Gospa? Ich wußte weder wohin, noch was ich tun sollte.

J — So bist du dann wahrscheinlich nach Hause gegangen?

V — Nein, nein. Während ich dastand, gingen die zwei Ivans vorbei.

J — Welche zwei Ivans?

V — Ivan, der Sohn von Stanko und Ivan, der Sohn vom verstorbenen Jozo. Sie hatten einige Äpfel in einer Plastiktüte.

J — Wahrscheinlich haben sie euch die Äpfel angeboten?

V — Ja, aber mir kam es nicht auf die Äpfel an, sondern mir kreiste das ,,sieh, die Gospa" im Kopf herum.

J — Und was kam am Ende dabei heraus?

V — Weinend bat ich Ivan, den Sohn von Stanko, nach oben zu den dreien zu gehen, die behaupteten, sie sähen die Gospa. Ivan stimmte zu und wir gingen nach oben. Ich sagte ihm: ,,Wir müssen die Gospa nicht sehen, aber gehen wir nach oben ..."

J — Ivan stimmte dem wahrscheinlich zu?

V — Ja, natürlich!

J — Und dann seid ihr oben angekommen?

V — Sie zeigten uns, wo die Gospa war. Dann sahen auch wir sie. Ivan floh gleich über den Zaun weg. Er warf die Äpfel und alles hin.

J — Und du?

V — Ich blieb und schaute.

J — Und was hast du wirklich gesehen?

V — Ich sah so etwas wie ein wunderschönes Mädchen mit einem Kind in den Armen. Sie deckte es irgendwie auf und zu. Und sie winkte uns zu sich hin.

J — Und ihr? Ging jemand hin?

V — Niemand! Wer wagte vor lauter Angst auch nur daran zu denken?

J — Aber warum zeigte sie euch das Kind?

V — Wer weiß es! Vielleicht damit wir es auch sehen sollten.

J — Und wie lange bist du dort geblieben?

V — Ich weiß es nicht genau. Vielleicht fünf bis sechs Minuten. Dann rannte ich weg.

J — Wohin?

V — Nach Hause natürlich! Ich war überaus glücklich, aber auch erschrocken. Ich fürchtete mich, doch es freute mich irgendwie.

J — Aber wie war es, als du nach Hause kamst?

V — Ich stürzte mich auf das Sofa und weinte unaufhörlich. Mir war nur mehr nach Weinen zumute.

J — Aber wie fand sich da bei der Gospa die kleine Milka von Filip?

V — Das ist unwichtig. Jetzt müßte ich die Geschichte wieder von vorne anfangen.

J — Nicht die Geschichte! Sag mir, wenn du es weißt, nur dies, denn das ist auch interessant.

V — Gut! Es war so: als Ivanka und Mirjana spazieren gingen, sah Ivanka auf einmal die Gospa und dies sagte sie Mirjana. Mirjana erwiderte ihr aber: ,,Ach du, mit deiner Gospa! Glaubst du wirklich, daß uns die Gospa erscheinen könnte?!''

J — Mirjana hat sie also damals gar nicht gesehen?

V — Nein, nein. Sie gingen dann nach Hause, mich zu suchen, aber am Eingang ins Dorf begegnete ihnen die kleine Milka und bat sie, mit ihr zu gehen, um die Schafe aus der Umzäunung zu lassen.

J — Wem gehörten denn die Schafe?

V — Milka, denn weder Ivanka noch Mirjana hatten damals Schafe.

J — Und was geschah dann?

V — Milka ließ die Schafe in Ruhe und dann kehrten sie zusammen ins Dorf zurück.

J — Gut. Sie kehrten ins Dorf zurück und ...

V — Wart mal! So ist es nicht.

J — Was ist denn jetzt?

V — Es ist so: während sie ins Dorf zurückkehrten, sah Ivanka wieder die Gospa an derselben Stelle. Dies sagte sie ihnen. Sie schauten sich um: sie sahen sie auch. Danach kam ich. Ich habe dir ja schon gesagt, wie und was danach lief.

J — Das ist in Ordnung. Nun sage mir: wie fand sich Ivan, der Sohn vom verstorbenen Jozo, bei euch ein?

V — Er war mit Ivan, dem Sohn von Stanko, gekommen. Und als wir nach oben gingen, ging er auch mit.

J — Hat er denn irgendetwas gesehen?

V — Ja, aber nicht so klar wie wir.

J — Hat dabei jemand gehört, daß euch die Gospa etwas gesagt hätte?

V — Niemand hat etwas gehört. Wir haben nur gesehen, daß sie uns zuwinkte, damit wir zu ihr kommen. Und sie zeigte uns das Kind.

J — Gut. Sah die Gospa damals für alle gleich aus?

V — Das weiß ich nicht. Sie war ziemlich weit entfernt, und ...

J — Du bist, wie du sagtest, vor Ivanka und Mirjana nach Hause zurückgekehrt.

V — Kurz vor ihnen. Die Gospa ging weg und sie gingen nach Hause.

J — Und was war zu Hause? Habt ihr den anderen etwas davon erzählt?

V — Selbstverständlich haben wir das getan!

J — Und sie?

V — Es war allerlei. Manche glaubten vielleicht sogar was wir sagten, manche wunderten sich, manche erklärten es sich auf diese oder jene Weise; es wäre eine ,,fliegende Untertasse'' gewesen oder etwas ähnliches. Es wurde ja viel geredet.

J — Und so seid ihr zum Schlafen gegangen?

V — Gewiß, lieber Pater! Man mußte frühmorgens Tabak pflücken, Vieh hüten, und vieles andere mehr. Du weißt, wie es ist!

J — Gut! Aber noch dies: weshalb hat Ivanka diese lichte, mädchenhafte Erscheinung gleich Gospa genannt? Wieso hat sie nicht an etwas anderes gedacht?

V — Das weiß ich nicht. An wen sollte sie sonst denken? Die wunderschöne Mutter mit dem Kind. Die Krone auf dem Kopf. Die Gospa halt!

J — Gut. Dann werden auch wir jene lichte Erscheinung bei unseren Gesprächen immer ,,Gospa'' nennen.

* * *

DER ZWEITE TAG

(Donnerstag, den 25. Juni 1981)

J — Es kam der Donnerstag, Vicka, der zweite Tag der Erscheinungen, der 25. Juni. Hat man vergessen, was am Abend zuvor geschehen ist?

V — Keineswegs! Davon hat man geträumt und erzählt.

J — Habt ihr irgendetwas abgesprochen, dies alles beiseite zu lassen oder ...?

V — Das war nicht denkbar! Das konnte man auf keinen Fall beiseite lassen. Wir drei...

J — Wer, ihr drei?

V — Ivanka, ich und Mirjana haben ausgemacht, wieder ungefähr zur gleichen Zeit hinzugehen, wo wir die Frau zum ersten Mal gesehen hatten. Und wenn es die Gospa sein sollte, dann wird sie vielleicht wieder kommen.

J — Seid ihr hingegangen?

V — Ja, ungefähr zur gleichen Zeit. Wir liefen unten den Weg entlang und schauten nach oben, zum Ort der ersten Erscheinung.

J — Und nichts?

V — Doch! Auf einmal leuchtete das Licht auf und die Gospa erschien.

J — Mit dem Kind?

V — Nein, nein! Diesmal war sie allein.

J — Wo ist sie aber tatsächlich erschienen?

V — Dort, wo sie auch am ersten Tag erschienen ist.

J — Erinnerst du dich, wer sie damals als erster gesehen hatte?

V — Wiederum Ivanka.

J — Sicher?

V — Ja, sicher! Danach sahen auch wir sie, Mirjana und ich.

J — Wahrscheinlich seid ihr diesmal nach oben zu ihr gegangen?

V — Eh, wart mal! Als wir uns auf den Weg machten nach oben, sagte ich Marija und dem kleinen Jakov, daß wir sie gleich rufen würden, falls wir etwas sehen sollten.

J — Und so war es wahrscheinlich auch?

V — Ja, es war so. Nachdem wir drei sie gesehen hatten, sagte ich Ivanka und Mirjana, sie möchten warten, bis ich die anderen gerufen habe. Ich rief sie und sie kamen gleich nach mir angerannt.

J — Und dann?

V — Nachdem wir alle beisammen waren, rief uns die Gospa, wobei sie uns zuwinkte. Und wir rannten hin. Marija und Jakov sahen sie nicht gleich, aber sie rannten mit uns hin.

J — Auf welchem Weg?

V — Was für ein Weg! Da gibt es so etwas überhaupt nicht. Wir liefen geradewegs nach oben, direkt durch die Dornsträucher.

J — Ging das?

V — Wir kamen oben an, als ob uns etwas getragen hätte. Da gab es weder Steine, noch Dornsträucher. Nichts! Als ob alles aus Gummi, Schwamm oder aus etwas anderem gewesen wäre. Niemand konnte mitkommen!

J — Und habt ihr die Gospa während des Gehens gesehen?

V — Selbstverständlich! Wie hätten wir sonst gewußt, wohin wir laufen sollten! Nur Marija und Jakov haben sie nicht gesehen, bis sie nach oben kamen.

J — Dann haben anscheinend auch sie die Gospa gesehen?

V — Ja. Zuerst unklar, dann immer klarer.

J — Gut! Erinnerst du dich, wer als erster nach oben kam?

V — Als erste kamen ich und Ivanka, dann alle übrigen.

J — Vicka, du sagst, daß ihr so leicht nach oben gekommen seid, aber einmal hast du mir gesagt, daß Mirjana und Ivanka damals in Ohnmacht gefallen sind.

V — Ja, aber das ging schnell vorüber.

J — Und was habt ihr gemacht, nachdem ihr oben angekommen wart.

V — Das kann ich dir nicht genau sagen. Wir waren in Verwirrung geraten. Wir hatten Angst. Es ist nicht einfach, vor der Gospa zu stehen! Aber trotzdem fielen wir auf die Knie und fingen an, etwas zu beten.

J — Und erinnerst du dich, was ihr gebetet habt?

V — Ich erinnere mich gar nicht. Wahrscheinlich beteten wir das Vaterunser, das Ave Maria und Ehre sei dem Vater. Etwas anderes wußten wir ja auch nicht!

J — Einmal hast du mir erzählt, daß der kleine Jakov damals in einen Dornstrauch gefallen war.

V — Ja, das stimmt. Er fiel vor Aufregung in einen Dornstrauch. Ich dachte mir: Oh, mein Jakov, da kommst du nicht mehr lebendig heraus!

J — Und ist der Kleine doch rausgekommen?

V — Ja sicher, und auch noch ziemlich schnell. Nachdem er rausgekommen war, wiederholte er ständig: „Jetzt macht mir das Sterben nichts mehr aus, weil ich die Gospa gesehen habe!" Und denk dir noch: an ihm blieb kein Zeichen, daß er im Dornstrauch war.

J — Wie war denn das?

V — Das weiß ich nicht. Damals konnte ich daraus nicht schlau werden, aber jetzt sehe ich, daß ihn die Gospa behütet hat. Sie allein!

J — Und wie sah die Gospa damals aus?

V — Du meinst, wie sie angezogen war und ...

J — Nein, das nicht! Ich denke da an ihre Stimmung und Haltung euch gegenüber.

V — Sie war wunderschön, sie lachte, sie war fröhlich ... Das kann man gar nicht beschreiben!

J — Hat sie euch damals (ich meine am zweiten Tag) irgendetwas gesagt?

V — Ja, sie betete mit uns.

J — Und habt ihr sie etwas gefragt?

V — Ich nichts, aber Ivanka schon. Sie fragte über ihre Mutter. Sie war kurz zuvor plötzlich im Krankenhaus gestorben, und ...

J — Ja, das ist sehr interessant! Und was hat sie die Gospa gefragt?

V — Sie fragte, wie es ihrer Mutter gehe.

J — Hat ihr die Gospa geantwortet?

V — Ja, ja. Sie sagte ihr, der Mutter gehe es gut; sie sei bei ihr, deshalb sollte sie sich über die Mutter keine Sorgen machen.

J — Bei wem denn „bei ihr"?

V — Ja, bei der Gospa natürlich!

J — Habt ihr es gehört, als Ivanka darüber gefragt hat?

V — Ja, selbstverständlich! Das haben wir alle gehört.

J — Habt ihr auch gehört, was die Gospa ihr gesagt hat?

V — Das haben wir alle gehört, außer Marija und Jakov!

J — Und warum war es mit Marija so?

V — Wer weiß, weshalb!

J — War Marija deswegen traurig?

V — Sicherlich, aber was kann man da machen!

J — Vicka, gut. Wir können aus diesem Gespräch jedoch nicht erkennen, was an diesem Tag mit Ivan, dem Sohn von Stanko, geschah!

V — Ivan war bei uns und er sah alles, was auch wir sahen.

J — Und wie verhielt er sich dabei?

V — Ah, so wie wir! Er ist ein zurückgezogener Mensch, aber er schaute was wir machen würden und dies machte er auch. Und als wir zum Podbrdo (Unterberg) hinliefen, lief er auch mit.

J — Gut, Vicka. Alles in allem, das war wunderbar!

V — Ja, was heißt wunderbar! Das läßt sich nicht beschreiben. Es war als ob wir nicht auf der Erde gewesen wären. Trotz allem: Hitze, Dornsträucher, Menschenandrang. Wenn sie bei uns ist, vergißt man alles.

J — Gut. Hat damals jemand etwas gefragt?

V — Ich sagte ja schon, daß Ivanka über ihre Mutter gefragt hat. Und Mirjana bat sie darum, ein Zeichen zu hinterlassen, damit nicht so viel über uns geredet wird.

J — Und die Gospa?

V — Sie nickte mit dem Kopf und sagte, daß sie wieder kommen werde.

J — Vicka, du hast gesagt, daß du sie damals in einem Dornstrauch gesehen hast.

V — Ja, das habe ich gesagt. Du weißt, daß ich etwas zu schnell bin, aber ich habe die Gospa durch einen Dornstrauch gesehen und es schien mir, daß sie im Dornstrauch war. Sie stand zwischen drei Dornsträuchern auf einem kleinen Rasen. Warum „klammert" man sich daran! Das Wichtigste ist, ob ich sie gesehen habe oder nicht.

J — Gut! Ich habe jedoch gehört, daß ihr sie damals mit Weihwasser besprengt habt.

V — Nein, nein! Das war am dritten Tag.

J — Gut. Wie lange seid ihr damals bei der Gospa geblieben?

V — Bis sie uns sagte „Adieu, meine Engel" und wegging.

J — In Ordnung. Jetzt sagst du mir bitte, wer an diesem Tag die Gospa gesehen hat?

V — Wir sechs.

J — Welche sechs?

V — Mirjana, Ivanka, Ivan, Marija, Jakov und ich.

J — Welcher Ivan?

V — Ivan, der Sohn von Stanko. Doch darüber haben wir schon etwas gesprochen.

J — Richtig, Vicka. War damals noch jemand bei euch?

V — Wir waren an die fünfzehn Leute oder mehr! Da waren Mario, Ivan, Marinko ... Wer kann sich jetzt noch an jeden einzelnen erinnern?

J — Waren auch ältere Leute dabei?

V — Da waren Ivan Ivanković, Mate Šego und noch einige dabei.

J — Und was haben sie später davon erzählt?

V — Sie erzählten, daß da wirklich etwas geschieht. Sie hatten ja gesehen, wie wir nach oben kamen. — Manche haben auch den Lichtblitz gesehen, als die Gospa gekommen ist.

J — Waren die kleine Milka und Ivan, der Sohn vom verstorbenen Jozo auch da?

V — Nein.

J — Warum nicht?

V — Das weiß ich nicht. Die Mutter ließ Milka nicht gehen, denn sie mußte ihr etwas helfen. Marija ging dafür hin. Und Ivan? Er ist ein wenig älter, und was soll er mit uns Kindern!

J — Gut. Wann seid ihr nach Hause gekommen?

V — Je nachdem.

J — Euer Marinko hat mir erzählt, daß Ivanka bei der Rückkehr bitter geweint habe.

V — Ja, das stimmt. Wir hatten fast alle geweint, besonders sie. Wie sollte man auch nicht!

J — Warum besonders sie?

V — Ah, habe ich dir nicht gesagt, daß die Gospa mit ihr über ihre Mutter gesprochen hat. Und du weißt, wie es ist: Mutter ist Mutter!

J — Gut. Doch ihr sagt, die Gospa habe ihr anvertraut, daß ihre Mutter bei ihr sei, daß es ihr gut gehe, und ...

V — Ja, schon, aber wer könnte denn nicht seine Mutter lieben?

* * *

DER DRITTE TAG

(Freitag, den 26. Juni 1981)

J — So kam also der dritte Morgen und der dritte Tag der Erscheinungen. Die Aufregung wurde nach deinen Worten immer größer, weil ihr damals der Gospa zum zweiten Mal näher begegnet seid. Nun war es euch bestimmt leichter zumute?

V — Ja, das ist wahr. Sicherlich, aber trotzdem war es schwierig, denn noch niemand wußte richtig, was da geschah und worauf das hinauslaufen würde!

J — Vielleicht seid ihr schon unsicher geworden, ob ihr nach oben gehen sollt oder nicht?

V — Nicht im geringsten! Wir sehnten sechs Uhr nachmittag herbei. Wir verrichteten die alltägliche Arbeit möglichst schnell, damit wir nach oben gehen könnten.

J — Und so seid ihr auch damals gegangen?

V — Ja, selbstverständlich! Wir hatten auch ein bißchen Angst, doch die Gospa zog uns an. Sobald wir weggingen, schauten wir uns um, wo wir sie erblicken könnten.

J — Wer ging an diesem Tag mit?

V — Wir sechs und noch viel Volk.

J — Wer, ihr sechs?

V — Wir sechs Seher und das Volk.

J — Und was geschah dann? Ihr seid nach oben gekommen, und die Gospa ist nicht erschienen?

V — Warum übereilst du dich! Warte ein wenig! Wir gingen zuerst nach oben auf den Weg über der Ortschaft und schauten, ob die Gospa erscheinen werde.

J — Und nichts?

V — Ah, wieso nichts! Schnell blitzte das Licht auf, und zwar dreimal.

J — Wozu das Licht? Das ist ja einer der längsten Tage im Jahr. Die Sonne hatte einen hohen Stand!

V — Die Sonne stand hoch, aber die Gospa leuchtete dort, wo sie war.

J — Und wer sah das Licht?

V — Viele von uns haben es gesehen. Ich weiß nicht, wieviele. Es ist aber wichtig, daß wir Seher es gesehen haben.

J — Habt ihr nur das Licht gesehen, oder ...

V — Sowohl das Licht als auch die Gospa. Was könnten wir nur mit dem Licht allein anfangen!

J — Und wo war die Gospa? Wahrscheinlich dort, wo sie auch an den ersten zwei Tagen war?

V — Nein! Sie war an einer ganz anderen Stelle.

J — Tiefer oder höher?

V — Viel, viel höher!

J — Und warum das?

V — Warum? Das müßtest du die Gospa selbst fragen!

J — Marinko hat mir erzählt (er war damals zum ersten Mal bei euch), daß dies oben vor einer Höhle geschah, und daß es da ein altes Kreuz aus Holz gibt, anscheinend auf einem alten Grab.

V — Davon weiß ich nichts. Da war ich weder vorher noch nachher.

J — Gut. Und was habt ihr gemacht, als ihr sie, wie du sagst, erblickt habt?

V — Wir liefen nach oben wie auf Flügeln getragen. Da gibt es lauter Dornsträucher, Felsen ... Es ist schrecklich, aufwärts zu laufen. Aber wir flogen wie die Vögel. Alle flogen, sowohl wir als auch das Volk.

J — Und bei euch gab es also noch Leute?

V — Ah, da waren viele. Das habe ich dir ja schon gesagt!

J — Wieviele waren es?

V — Wer hat sie schon gezählt! Man sprach aber, daß es mehr als tausend Leute waren. Sogar mehr. Ja, noch mehr waren es!

J — Auf das Lichtzeichen hin seid ihr alle nach oben gelaufen?

V — Zuerst wir, und das Volk nach uns.

J — Erinnerst du dich, wer als erster zur Gospa gekommen war?

V — Ich meine: Ivan.

J — Welcher Ivan?

V — Du weißt schon, der von der Gospa!

J — Es freut mich, daß er als Mann doch als erster nach oben kam!

V — Gut. Dann freue dich!

J — Vicka, dies ist ein kleiner Scherz. Was habt ihr gemacht, nachdem ihr nach oben gekommen wart?

V — Wir waren ein bißchen erschrocken, weil es Ivanka und Mirjana wieder etwas schlecht geworden war. Wir haben uns ein bißchen um sie gekümmert, doch das ging schnell vorüber.

J — Was hat die Gospa in dieser Zeit gemacht?

V — Sie war verschwunden. Wir beteten nun, und dann kam sie wieder.

J — Wie sah sie aus?

V — Genauso wie gestern, nur fröhlicher, ganz wunderschön, lächelnd.

J — Damals habt ihr sie, wie du schon gesagt hast, auch mit Weihwasser besprengt?

V — Ja, das stimmt.

J — Gut. Das ist für mich wirklich sehr interessant: warum habt ihr sie besprengt?

V — Na ja, du weißt nicht, wie es war. Niemand war sicher, worum es in Wirklichkeit ging. Die einen sprachen dieses, die anderen jenes. Bis dahin habe ich nie gehört, daß auch der Teufel erscheinen kann.

J — Da fiel wahrscheinlich jemandem ein, daß der Teufel vor Weihwasser Angst hat.

V — Ja, das ist es. Ich habe von meiner Oma so oft gehört: ,,Er fürchtet sich wie der Teufel vor dem Weihwasser." Die älteren Frauen haben uns gesagt, daß wir sie besprengen sollen.

J — Und wo habt ihr nun das Weihwasser besorgt?

V — Ah, warum tust du so, als ob du nichts wüßtest? Als ob du nicht wüßtest, daß es in jedem christlichen Haus bei uns geweihtes Salz und somit auch Weihwasser gibt.

J — Vicka, das ist gut. Doch könntest du mir sagen, wer damals das Weihwasser gerichtet hat?

V — Das weiß ich, als sähe ich es jetzt: meine Mutter richtete es.

J — Wie tat sie denn das?

V — Ah, als ob du das nicht wüßtest! Sie tat das geweihte Salz in das Wasser, vermischte beides und schon war es fertig. Dann beteten wir alle miteinander das Glaubensbekenntnis.

J — Weißt du, wer das Wasser getragen hat?

V — Ich weiß es. Unser Marinko, wer denn sonst!

J — Und wer hat die Gospa besprengt?

V — Das habe gerade ich gemacht!

J — Du hast sie mit Weihwasser besprengt?

V — Ich besprengte sie und sagte mit lauter Stimme: ,,Wenn du die Gospa bist, so bleibe bei uns, wenn du sie nicht bist, geh weg von uns!"

J — Was machte sie dann?

V — Sie lachte. Ich hatte den Eindruck, daß sie sich freute.

J — Und sie sagte nichts?

V — Nichts.

J — Was meinst du, ist irgendein Wassertropfen auf sie gefallen?

V — Selbstverständlich! Ich habe mich ihr sehr genähert und sie nicht geschont.

J — Das ist wirklich interessant. Daraus kann man schließen, daß man bei euch immer noch ab und zu das Haus und um das Haus herum besprengt, wie man es auch in der Zeit meiner Kindheit getan hat.

V — Selbstverständlich! Wir sind ja Christen!

J — Das ist schön und das freut mich wirklich. Doch was habt ihr am dritten Tag mit der Gospa gemacht?

V — Wir haben gebetet, gesungen ... Wir haben die Gospa auch gefragt.

J — Was habt ihr sie gefragt?

V — Ich weiß, daß Ivanka sie wieder etwas über ihre Mutter gefragt hat.

J — Was hat sie die Gospa gefragt?

V — Sie fragte sie, ob ihre Mutter ihr etwas ausrichten ließ.

J — Und die Gospa?

V — Die Gospa sagte, daß die Mutter ihr sagen lasse, sie möchte der Oma gehorchen, denn sie sei alt.

J — Habt ihr anderen gehört, als Ivanka dies gefragt hat?

V — Ja, alle.

J — Und die Antwort von Gospa?

V — Die haben nur wir Seher gehört.

J — Das verstehe ich nicht, aber gut. Hat noch jemand etwas gefragt?

V — Mirjana fragte sie, wer sie sei und wie sie heiße.

J — Und die Gospa sagte nichts?

V — Doch, doch! Sie sagte klar und laut: ,,Ich bin die selige Jungfrau Maria.''

J — Hat sie auch das Wort ,,selige'' gesagt?

V — Ja. Warum fragst du das?

J — Ah, nichts. Und euch war es gleich besser zumute?

V — Ja, selbstverständlich! Aber es war doch nicht so leicht. Hunderte von Gedanken schwirrten in unseren Köpfen herum.

J — Zum Beispiel, was?

V — Na ja, woher nun kam die Gospa, was will sie mit uns, worauf wird dies alles hinauslaufen. Und vieles mehr.

J — Und am Ende?

V — Ich habe dir schon viel darüber gesagt. Nachdem sich die Gospa von uns verabschiedet hatte, ich meine, uns gegrüßt hatte und weggegangen war, gingen auch wir langsam nach Hause.

J — Und zu Hause?

V — Zu Hause versammelte sich wieder das Volk. Jeder wollte alles erfahren, was war und wie es war. Und so ging es bis in die späte Nacht hinein. Doch ich habe dir noch nichts über Marija gesagt, und das interessiert dich gewiß.

J — Natürlich. Erzähle bitte!

V — Sie ist ja sehr schnell zu Fuß. Sie ging uns etwas voraus, allein, doch plötzlich fühlte sie sich wie auf die Seite, bzw. etwas abseits vom Weg gezogen, ohne selbst zu wissen, wie ihr geschah.

J — Nach links oder nach rechts?

V — Nach links.

J — Was geschah dann?

V — Da erschien die Gospa ihr ganz allein vor einem großen Kreuz. Sie sagte, daß die Gospa sehr traurig war und daß sie ihr etwas weinend gesagt habe. Marija erschrak sehr. Sie konnte nicht mehr auf den Beinen stehen.

J — Und dann?

V — Da kamen wir vorbei. Wir bemerkten sie und halfen ihr, bis sie sich ein wenig erholt hatte. Dann gingen wir langsam nach Hause.

J — Gut, Vicka. Marija hat dies auch mir zweimal ausführlich erzählt. Das ist etwas sehr Interessantes und Wichtiges. Darauf möchte ich noch einmal zurückkommen. So wollen wir nun hier abschließen.

* * *

DER VIERTE TAG

(Samstag, den 27. Juni 1981)

J — Und so kommen wir nun zum vierten Tag. Hoffentlich war er etwas günstiger?

V — Nein, er war noch ungünstiger!

J — Wie denn das?

V — An dem Tag wurden wir vom „Amt für innere Angelegenheiten" in Čitluk vorgeladen.

J — Gut. Das ist ja nichts Schlimmes! Aber warum seid ihr vorgeladen worden?

V — Na ja, das weiß ich auch nicht. Aber darüber möchte ich jetzt nichts sagen.

J — Wahrscheinlich hat man euch verhört. Und danach seid ihr nach Hause zurückgebracht worden und — alles war in Ordnung.

V — Ja, aber nur als wir selbst geflohen sind.

J — Was bedeutet denn das jetzt?

V — Die vom Amt brachten uns zu den Ärzten zur Untersuchung. Als ob wir krank wären, drogensüchtig oder ... wer weiß, woran sie gedacht haben.

J — Wart ihr wirklich in einer Untersuchung?

V — Lieber Pater, ja und nein! Ich glaube, daß sie wußten, daß wir gesünder sind als sie, aber sie haben uns trotzdem untersucht.

J — Wer hat euch untersucht?

V — Ein Doktor. Bis dahin hatte ich ihn nie gesehen.

J — Es wundert mich, daß euch als Mädchen nicht eine Ärztin untersucht hat?

V — Die eine, die es gab, wurde aufgefordert, aber sie — klug wie sie war — wollte nicht.

J — Gut. Aber sag mir, wie deine Untersuchung aussah?

V — Zuerst hat man unglücklicherweise Ivan aufgerufen. Es war gegen vier Uhr nachmittags. Und der arme, der so gutmütig und scheu ist, ließ sich von einem Arzt länger als eine Stunde ausfragen.

J — Und was hat er ihm gesagt?

V — Was weiß ich! Der Doktor schwätzte und schwätzte etwas und Ivan schwieg. Dann kam ich hinein.

J — Wahrscheinlich wurdest du aufgerufen?

V — Nein! Ich ging hinein und sagte: ,,Ist er fertig?'' Sie riefen Mirjana auf, aber ich ging hinein.

J — Und der Arzt?

V — Er sagte mir, daß ich nicht an der Reihe sei, aber ich könnte mich hinsetzen. Ich sagte zu ihm: ,,Ich bin, Gott sei Dank, jung und gesund. Ich kann stehen!''

J — Und so fing die Untersuchung an?

V — Ah, was für eine Untersuchung! Ich sagte ihm: ,,Wenn ich eine Untersuchung brauchen sollte, dann komme ich allein. — Nun, ist hier jetzt alles zu Ende?

J — Und er?

V — Er lachte. Dann sagte er zu mir: ,,Strecke, bitte, die Arme aus.'' Ich streckte die Arme aus und sagte zu ihm: ,,Sieh, zwei Arme und an ihnen zehn Finger. Wenn du nicht glaubst, dann zähle!'' Und gleich danach ging ich allein raus.

J — Und dann?

V — Es war schon fast sechs Uhr.
Und wo sind wir? Wo ist unsere Gospa? Wir nahmen ein Taxi um schnell nach Hause zu kommen. Ich sagte: ,,Setzt euch und lasset uns gehen!'' Und so geschah es auch. Nur Ivan blieb mit einem Verwandten von ihm dort.

J — Wahrscheinlich seid ihr zu spät zum Podbrdo gekommen?

V — Nein, nein. Zu Hause tranken wir nur ein bißchen Wasser und gingen nach oben.

J — Anscheinend wart ihr nicht verunsichert?

V — Nicht im geringsten. Das war nicht der Fall gewesen, auch wenn man uns oben mit Gewehren bedroht hätte. Aber etwas anderes hat uns ein bißchen gestört.

J — Vielleicht Müdigkeit oder ...?

V — Das nicht! Wir wußten einfach nicht recht, wohin wir überhaupt gehen sollten.

J — Warum denn das?

V — Weil wir nicht recht wußten, wo uns die Gospa erscheinen würde. Du weißt, wie es am dritten Tag war. Deshalb blieben Marija und Jakov gleich unten über dem Weg, um zu schauen, wo sie erscheinen werde. Wir aber gingen nach oben. Wir haben uns nämlich abgesprochen: wer sie als erster bemerkt, soll den anderen ein Zeichen geben, es also sofort melden.

J — Soviel ich weiß: Marija hat mit Jakov zuerst den Lichtblitz gesehen und wie vom Wind getragen sind sie nach oben gelaufen. Diejenigen, die bei ihr waren (und da waren auch zwei Franziskaner) liefen ihr nach. Aber sie waren nicht einmal auf dem halben Weg, während Marija schon am Ort der Erscheinung war. Und ihr anderen, wie habt ihr erfahren, wo sie ist?

V — Auch wir haben das Licht gesehen und liefen hin ... Jedoch für uns war es viel näher.

J — Und wo erschien die Gospa eigentlich an diesem Tag?

V — Sie war nicht dort, wo sie am zweiten und am dritten Tag erschienen war.

J — Sondern?

V — Sie war etwas links gegenüber früher und etwas höher.

J — Und ihr wart sicherlich glücklich, daß ihr euch nach solchen Schwierigkeiten mit ihr getroffen habt?

V — Ja, selbstverständlich! Und so viel Volk. Jeder wollte möglichst nahe zur Gospa und zu uns. Sie hätten uns ja fast zertreten! Unsere Leute haben uns ein bißchen geschützt, aber wenn sich die Masse bewegt, kann man nichts machen.

J — Und die Gospa?

V — Ihr fällt es leicht! Sie schaut über das Volk ... Sie lacht ... Sie schaut zum Križevac und nach unten zum Feld.

J — Zu welchem Feld?

V — Zu unseren Wiesen unten. Das nennen wir Feld.

J — Jemand erzählte, daß man damals auch auf die Gospa getreten ist?

V — Auf die Gospa nicht. Wer könnte auf sie treten! Man ist aber auf ihr Kleid getreten oder auf den Schleier.

J — Und sie? Hat sie sich aufgeregt?

V — Oh, mein Pater, die Gospa kann sich nicht aufregen. Sie ist nicht wie wir. Sie hat es leicht. Das Volk drängt sich zu uns. Es weiß, daß die Gospa da ist, wo wir sind. Es drängt vor und tritt auf ihren Schleier.

J — Und sie?

V — Sie verschwindet augenblicklich, und wieder so ...

J — Gut! Aber wozu braucht sie einen so langen Schleier?

V — Das weiß ich leider nicht! Es steht mir nicht zu, dies zu fragen.

J — Mir auch nicht, aber es fiel mir irgendwie ein.

V — Ah — ah! So ist es nicht. Du wolltest etwas sagen.

J — Was soll ich sagen? Ich wollte ein bißchen scherzen und sagen, daß auch die Gospa lange Kleider mag, damit man es deutlich sieht, daß sie eine Frau ist.

V — Was denn sonst, als eine Frau. Aber du wolltest noch etwas sagen.

J — Wirklich nichts anderes, als daß sie eine Frau ist, aber mit großen Buchstaben geschrieben.

V — Na ja, gut. Du hast dich ein bißchen gerettet, aber ...

J — Gut, Vicka. Du hast mir erzählt, und das habe ich auch irgendwo gelesen, daß die Gospa an diesem Tag mehrmals erschienen ist.

V — Dreimal.

J — Und warum das?

V — Das weiß ich nicht. Das müßte man sie fragen.

J — Gut. Hat die Gospa euch an diesem Tag etwas gesagt?

V — Ja, hauptsächlich das, was wir gefragt haben.

J — Und was habt ihr gefragt?

V — Damals haben wir allerlei gefragt.

J — Sag mal etwas!

V — Zuerst hat der kleine Jakov etwas über die Franziskaner gefragt.

J — Und was hat er sie gefragt?

V — Er fragte: ,,Meine Gospa, was wünschest du dir von unseren Franziskanern?"

J — Sicherlich bat ihn einer von den Franziskanern, dies zu fragen?

V — Ja, sicher.

J — Und was sagte sie ihm?

V — Sie sagte, die Franziskaner sollten fest glauben und den Glauben hüten.

J — Hat noch jemand etwas gefragt?

V — Ja. Jakov und Mirjana baten die Gospa, uns ein Zeichen zu hinterlassen, denn es werde viel über uns geredet, daß wir Lügner und Drogensüchtige seien. Und sonst noch allerlei!

J — Und die Gospa?

V — Sie sagte: ,,Meine Engel, immer gab es Ungerechtigkeiten. Ihr braucht keine Angst zu haben."

J — Habt ihr anderen gehört, was Mirjana und Jakov gefragt hatten?

V — Ja, selbstverständlich! Wir hörten sowohl sie als auch die Gospa.

J — Und das Volk um euch herum?

V — Sie hörten die Gospa nicht. Wir haben sie dann informiert.

J — Gut. Aber wie lange dauerte die Erscheinung?

V — Wer hat daran gedacht! Sie dauerte ziemlich lange.

J — Wahrscheinlich bis es auch der Gospa langweilig wurde?

V — Uns wurde es nicht langweilig. — Mein Pater, wenn man sie schaut, empfindet man nichts derartiges.

J — Und trotzdem ging sie weg?

V — Ja, aber beim Weggehen hat sie uns nicht gegrüßt.

J — Ach, das ist nicht so wichtig!

V — Gut. Das stimmt. Doch für *uns* war es wichtig.

J — Dann seid ihr endlich nach Hause gegangen?

V — Ja, wohin denn sonst!

J — Habt ihr sie zumindest gefragt, ob sie wieder kommen werde?

V — Ja. Sie gab uns mit dem Kopf ein Zeichen, daß sie kommen werde.

J — Und sie sagte also nichts?

V — Nein. Nur dies.

J — Gut, Vicka. Soviel ich weiß, war Ivan an dem Tag nicht dabei?

V — Nein.

J — Und warum nicht?

V — Ich sagte dir ja, daß er in Čitluk bei einem Verwandten von ihm geblieben war als wir weggingen. Als er nach Hause kam und den Eltern erzählte, wie es war, sagten sie zu ihm, er sollte nicht zum Podbrdo gehen, denn er sei müde und es sei schon zu spät.

J — An dem Tag sah er also die Gospa nicht?

V — Ah, wieso nicht! Er ging nach oben, oberhalb des Hauses. Er kniete hin und betete. Und die Gospa erschien ihm da.

J — Sagte sie etwas? Hat sie ihn getadelt, weil er nicht nach oben kam?

V — Nein, nein! Niemand von euch weiß, wie gut die Gospa ist und wie sie uns versteht. Sie sagte ihm, er sollte ruhig und mutig sein. Sie grüßte ihn und ging weg. Was soll der Junge! Er ist ja nicht schuld.

J — Gut. Aber ungefähr zu dieser Zeit seid ihr nach Hause gegangen?

V — Ja. Unterwegs erschien uns die Gospa noch einmal und grüßte uns.

J — Und was sagte sie euch?

V — Sie sagte uns: „Adieu, meine Engel. Geht hin in Gottes Frieden!" Sie verschwand dann und wir gingen langsam nach Hause ... Es war eine furchtbare Hitze. Das Volk rief und lief abwärts ... als ob es keinen Weg gegeben hätte! So war es.

J — Und so kamt ihr endlich nach Hause?

V — Wohin denn sonst!

J — Und die Stimmung?

V — Die war ausgezeichnet!

DER FÜNFTE TAG

(Sonntag, den 28. Juni 1981)

J — Und so kommen wir zum fünften Tag der Marienerscheinungen. Ich glaube, daß es jetzt etwas schneller und reibungsloser gehen wird.

V — Ich hoffe es auch.

J — So sage mir kurz, wie der Tag verlief.

V — Gut. Aber ich werde versuchen, es möglichst kurz zu machen. So kommen wir ja nie zu Ende.

J — In Ordnung. Nun beginne mit etwas.

V — Ich erinnere mich, daß es ein Sonntag war. Wir haben etwas länger ausgeschlafen. Wir bereiteten uns vor und gingen in die Kirche zur heiligen Messe.

J — Dann nach dem Gottesdienst ginget ihr nach Hause.

V — Oh ... hätten wir es doch gemacht, mein Pater!

J — Wohin seid ihr denn gegangen?

V — Nach dem Gottesdienst bat uns Pater Jozo ins Pfarrhaus zu kommen. Er befragte jeden von uns der Reihe nach ... Das machte uns wirklich müde.

J — Und was fragte er euch?

V — Allerlei. Allerlei bis zum Schluß! Alles, was ihm einfiel.

J — Wahrscheinlich über eure Begegnungen mit der Gospa?

V — Ja, selbstverständlich! Aber er kam nie zu Ende.

J — Hat er auch dich befragt?

V — Ja, natürlich! Aber ich kam als letzte hinein, und wahrscheinlich war auch er müde.

J — Was hat er gefragt, kannst du dich an etwas erinnern?

V — Ich erinnere mich schon, aber lassen wir das beiseite. Darüber haben wir schon geredet, als wir über den vierten Tag gesprochen haben. Darüber hat er uns alles Mögliche gefragt.

J — Gut, Vicka, es sei, wie du willst!

V — Es ist nicht, wie ich will; wir wollen nur nicht wiederholen.

J — Ihr seid also endlich nach Hause gekommen und habt auf euren Nachmittag gewartet?

V — Es war eine Hitze und ein großer Andrang von Leuten, aber wir warteten sehnsüchtig darauf.

J — Das Volk begann sich natürlich zu versammeln?

V — Ja, ja! Es kamen so viele schon gegen Mittag an, sowohl am Podbrdo als auch in unserer Ortschaft.

J — Warum gerade so früh?

V — Ah, was weiß ich! Manche beteten, manche fragten etwas. Manche suchten sich einen günstigeren Platz aus. Und so weiter. Aber manche haben überhaupt nicht richtig gewußt, wann wir kommen würden. Volk ist Volk! Wer kann es verstehen?

J — Aber was meinst du, wieviele Leute waren es insgesamt.

V — Was weiß ich, mein Pater! Auf dem Berg konnten wir nicht einmal alle sehen. Man sagte aber, daß es zumindest fünfzehntausend waren. Als wir nach oben gingen, konnten wir nur schwer durchkommen.

J — Wer, wir?

V — Wir Seher. Und hätten einige unserer Leute uns den Weg nicht gebahnt, so wären wir nicht nach oben gekommen.

J — Und ihr seid rechtzeitig aufgebrochen?

V — Ja, ungefähr gegen halb sechs.

J — Wer von euch war dabei?

V — Wir sechs.

J — Welche sechs?

V — Wir sechs, die wir die Gospa gesehen haben.

J — Gut. Aber etwas anderes kommt mir jetzt in den Sinn.

V — Was ist es?

J — Ah, nichts besonderes! Es fällt mir nur ein: sind irgendwann später die kleine Milka und Ivan, der Sohn vom verstorbenen Jozo mit euch zu den Erscheinungen gegangen?

V — Ja, ja — warum nicht! Sie gingen mehrmals, aber sie haben die Gospa nicht mehr gesehen.

J — Warum denn das?

V — Das weiß ich auch nicht. Ich weiß nur: wer nicht am zweiten Tag ...

J — Das ist der 25. Juni?

V — Ja, wer an diesem Tag nicht bei der Erscheinung war und die Gospa nicht sah, sah sie nie mehr.

J — Demzufolge hat die Gospa euch sechs ausgerechnet an diesem Tage zu ihren Sehern ausgewählt?

V — Ja, darauf läuft es hinaus.

J — Gut. Ihr seid zum Podbrdo gekommen, und was geschah dann?

V — Die Leute machten uns irgendwie Platz und wir fingen an, mit dem Volk zu beten.

J — Und die Gospa kam nicht?

V — Wieso nicht! Sie kam bald.

J — Was geschah dann?

V — Wir setzten das Beten und Singen fort. Wir fragten sie über manche Dinge.

J — Was habt ihr sie gefragt?

V — Wer kann sich jetzt an alles erinnern? Ich weiß, daß wir sie gefragt haben, was sie sich von dem Volk wünsche.

J — Und sie?

V — Sie sagte, daß das Volk beten und fest glauben soll.

J — Und noch irgendetwas?

V — Wir fragten sie wieder, was sie sich von unseren Priestern wünschte. Sie sagte, die Priester sollten fest glauben und auch uns dabei helfen.

J — Und so endete es anscheinend?

V — Nein, nein! Damals haben wir sie viel gefragt, aber wer kann sich jetzt an alles erinnern? Sie kam und ging oftmals weg.

J — Bitte, gibt es noch irgendetwas?

V — Wir fragten sie auch, warum sie nicht in der Kirche erscheine, damit sie jeder sehen könne.

J — Und die Gospa?

V — Sie sagte: ,,Selig diejenigen, die nicht sehen und trotzdem glauben.''

J — Noch etwas?

V — Wir fragten sie auch, ob sie wieder zu uns kommen werde.

J — Und sie?

V — Sie sagte, daß sie wieder kommen werde an den gleichen Ort. Wir fragten sie auch, ob es ihr lieber sei, wenn wir beten oder singen.

J — Und die Gospa?

V — Sie sagte: ,,Beides''.

J — Siehst du, daß du dich erinnerst! Bitte, noch etwas.

V — Vor dem ganzen Volk fragte ich sie noch einmal: ,,Meine Gospa, was wünschest du dir von diesem Volk, das sich hier versammelt hat?''

J — Und die Gospa?

V — Die Gospa sagte nichts. Sie ging weg ... Sie grüßte uns nicht. Das war für uns das Zeichen, daß sie wieder kommen wird.

J — Und?

V — Wir beteten wiederholt und sie kam wieder.

J — Vielleicht durftet ihr sie nichts mehr fragen?

V — Wieso nicht! Ich habe sie wieder und zwar dreimal gefragt: ,,Meine Gospa, was wünschst du dir von diesem Volk?"

J — Und sie ging vielleicht wieder weg, wie wenn du sie zum ersten Mal gefragt hättest?

V — Nun, du hast es nicht erraten! Diesmal sagte sie noch klarer, daß das Volk, das sie nicht sieht, genauso glauben solle, wie wir sechs, die wir sie sehen. Und ich! Ich fragte sie wiederholt, ob sie uns hier auf der Erde ein Zeichen hinterlassen würde, damit wir das Volk überzeugen können, daß wir keine Lügner sind — daß wir nicht lügen — daß wir zusammen mit ihr kein Spiel treiben.

J — Und die Gospa?

V — Die Gospa antwortete wieder nicht. Und ging weg ...

J — Und ihr seid dann nach Hause gegangen?

V — Ja, wohin denn sonst!

J — Zu Hause der große Andrang von Leuten, Lärm, Rennerei... Das kann ich mir vorstellen. Es ist halt mal so. Wenn du nicht übermüdet bist, könntest du dir einen Teil der Live-Aufnahme dieser Erscheinung ein bißchen anhören. Damit du dich ein wenig daran erinnerst, wie es war?

V — Ja, sehr gern! Woher hast du sie denn?

J — Das ist jetzt nicht wichtig, sondern hören wir sie an. Die Aufnahme ist nicht so gut. Du kannst dir vorstellen, wie man das zwischen den Dornsträuchern aufnehmen konnte, aber trotzdem ... Hier, hör mal!

,,Der Wind weht ... Die Dornsträucher schaukeln sich. Sieh, die sechs stehen auf ... Sie beten Ave Maria ... (Aufzeichner Grgo Kozina) — ,,Meine Gospa, was wünschest du dir von uns?" (Vicka) ,,Meine Gospa, was wünschest du dir von unseren Priestern?" (Vicka: dreimal) ,,Sie sagte, daß sie fest glauben sollen." (Vicka) ,,Selig diejenigen, die nicht gesehen haben und trotzdem glauben." (Vicka) ,,Meine Gospa, wirst du wieder zu uns kommen?" (Vicka) ,,Ja, an denselben Ort." (Vicka) ,,Meine Gospa, ist es dir lieber, daß wir singen oder beten?" (Vicka) ,,Sie sagt: beides." (Vicka) ,,Meine Gospa, was wünschst du dir von diesem Volk, das sich hier versammelt hat?" (Vicka) ,,Sie ging weg. Wir wollen wieder beten." (Vicka) ,,Sie sagte uns nichts." (Vicka) Vicka bekreuzigt sich und betet (alle beten) Vaterunser, Ave Maria und Ehre sei dem Vater (zweimal). Die Gospa kommt wieder, und die Seher sagen einstimmig: ,,Hier, da ist sie!" Es wird gesungen: ,,Maria, o Maria" und noch etwas. ,,Sie sagt uns, daß wir ihre Engel seien. Liebe

Engel, so sagt sie zu uns." (Vicka) „Meine Gospa, was wünschst du dir von diesem Volk hier?" (Vicka wiederholt dreimal) „Sie sagte, sie gab die Antwort, daß dieses Volk, das nicht sieht, genauso glauben soll, wie auch wir, wir sechs, die wir sehen." (Vicka) „Meine Gospa, wirst du uns hier auf der Erde irgendein Zeichen hinterlassen, damit wir dieses Volk überzeugen, daß wir keine Lügner sind — daß wir nicht lügen — daß wir mit dir kein Spiel treiben?" (Vicka) Die Gospa verschwindet ... „Wird sie wieder kommen?"

Aufzeichner: „Kann ich bitte durch ...? Die Straße ist voll. Die Autos stehen bis zum Haus von Beljo ... Alles voll ..."

V — Ja, siehst du, mein Pater, wie es war! Niemand weiß, wie uns zumute war! Aber wir fühlten uns wie im Paradies.

* * *

DER SECHSTE TAG

(Montag, den 29. Juni 1981)

J — Wir sind also schon beim sechsten Tag. So wollen wir unsere Gespräche weiter fortsetzen!?

V — Ja, ja. Versuche aber bitte nicht alles herauszubekommen, als ob ich beichten würde.

J — Gerade so, als ob du beichten würdest. Und erinnere dich, daß dieser Tag ein Feiertag war, der Petrustag.

V — Ja, das weiß ich! Den werde ich nie vergessen.

J — Erzähle nur!

V — Es war so: Da es ein Feiertag war, hat man etwas länger geschlafen. Wir standen auf, aßen etwas und bereiteten uns für die Kirche vor.

J — Gut, ihr seid in die Kirche gegangen und ...

V — Von wegen Kirche! Es tauchten in unserer Ortschaft zwei Wagen auf. Der Krankenwagen von Čitluk und noch ein anderer Wagen.

J — Was war denn jetzt los?

V — Oh, Elend und Trauer, mein Pater! Sie öffneten den Krankenwagen und sagten zu uns: ,,Einsteigen!''

J — Wem? Euch?

V — Ja, uns Sehern.

J — Und ihr?

V — Was kann man in einer solchen Situation machen! ,,Die Macht betet keinen Gott an'', hörte ich oft meine Oma sagen. Einsteigen, Schluß!

J — Ihr alle sechs mußtet in den Krankenwagen?

V — In den anderen Wagen steckten sie unsere Leute, die uns begleiten sollten. Und sofort ging es los!

J — Wer begleitete euch?

V — Unsere Eltern, oder ... je nachdem. Es begleitete uns auch der Leiter des Gesundheitsamtes von Čitluk.

J — Wer ging mit dir?

V — Die Mutter begleitete mich. Der Vater war damals in Deutschland.

J — Haben sie euch gesagt, wohin ihr gebracht werdet?

V — Ja, zu den Ärzten in Mostar.

J — Ihr seid dann abgefahren.

V — Wir fuhren ab. Was konnten wir sonst machen!

J — Was geschah dann?

V — Sie brachten uns auf irgendeine psychiatrische Abteilung. Davon habe ich bis dahin kaum etwas gehört. Als wir da ankamen, sagte man uns: „Steigt aus!" Und die Untersuchung begann ...

J — Und die Überweisungsscheine?

V — Ja, was für Überweisungsscheine!

J — Und wer wurde als erster zur Untersuchung aufgerufen?

V — Man brachte uns alle zusammen in ein Zimmer.

J — Und wer hat euch untersucht?

V — Eine Ärztin.

J — Hat sie euch jeden einzeln untersucht?

V — Nein, nein! Alle zusammen. Das war eigentlich keine Untersuchung. Sie stellte uns vielerlei Fragen und quälte uns damit.

J — Und wie sah das aus?

V — Sie wollte uns wohl krank erscheinen lassen ... daß wir uns irgendetwas einbildeten; daß wir drogensüchtig seien; daß wir das Volk täuschten. Und so ... Mir warf sie vor, ich sei so modisch angezogen und sie bezeichne mich dabei noch als Mädchen der Gospa. Wer könnte sich denn das alles merken! Wir schauten nur, wie wir von dort verschwinden und unseren Verpflichtungen nachgehen könnten.

J — Jemand erzählte, daß ihr auch in das Leichenhaus gebracht wurdet.

V — Ja, das stimmt. Wahrscheinlich wollten sie uns mit etwas erschrecken, egal womit.

J — Hat man aber dich mit irgendetwas erschreckt?

V — Nein, mit nichts!

J — Wirklich nichts?

V — Ich sagte dir ja: mit gar nichts! Was können sie mir antun? Jederzeit stirbt jemand. Es ist ja so! Ich schaute nur, wie ich in den Wagen einsteigen könnte, und ab nach Hause.

J — Und eure Fahrer?

V — Was können sie dafür! Auch ihnen schien das alles seltsam und unsinnig, aber was kann man machen!

J — Und der Leiter des Gesundheitsamtes, euer Begleiter, wie verhielt er sich?

V — Gut. Fein. Was kann der gute Mann dafür!

J — Hat er euch bei der Rückkehr begleitet?

V — Ja, natürlich!

J — Und so seid ihr nach Hause zurückgekommen?

V — Ja, gegen zwei Uhr nachmittags.

J — Du hast mir noch nichts darüber erzählt, was die Ärztin am Ende zu euch gesagt hat?

V — Sie sagte, daß derjenige dumm sei, der uns dahin gebracht habe, und daß wir ganz gesunde Kinder seien. Was denn sonst?

J — Siehst du, sie war aber doch ehrlich.

V — Lassen wir sie! Und lassen wir das Ganze!

J — Gut, Vicka. Ihr kamt nach Hause, habt euch ein bißchen erholt und dann?

V — Da gab es aber keine Erholung. Das Volk drängte sich um uns. Man konnte sich nicht einmal bewegen. Jeder will wissen ... Aber wir redeten nicht so gern. Wir warteten auf unseren Augenblick und auf unsere Gospa.

J — Das ist sonderbar: Hitze, Müdigkeit, so viel Widerstand, und ihr wollt wieder zu eurer Gospa?

V — Natürlich! Uns konnte nichts daran hindern.

J — Und das Volk am Podbrdo?

V — So eine große Menge. Alles voll. Alle dichtgedrängt! Man konnte kaum auf dem Boden stehen. Manche schrien, manche weinten ... Das war ja eigenartig!

J — Und wie seid ihr bis nach oben durchgedrungen?

V — Sehr schwer! Uns gingen einige von unseren Leuten voraus und machten uns den Weg frei. Oben umkreisten sie uns und hielten sich bei der Hand. Ohne sie wäre es überhaupt nicht gegangen.

J — Gut. Ihr seid oben angekommen. Und dann?

V — Wir knieten hin und fingen an zu beten.

J — Und die Gospa?

V — Die Gospa kam fast gleich.

J — Was geschah dann?

V — Wir begannen alle zusammen zu beten, zu singen ... und die Gospa einiges zu fragen.

J — Erinnerst du dich an etwas, was ihr sie gefragt habt?

V — Ich erinnere mich. Wir fragten sie auch dies: ,,Liebe Gospa, bist du glücklich, weil heute so viele Leute da sind?''

J — Und die Gospa?

V — Sie hat liebevoll gelächelt. Es war wunderbar! Sie war glücklich. Doch es ist zu wenig, wenn man sagt: ,,Sie war glücklich''. Das läßt sich nicht beschreiben! Sie schaute auf das Volk, auf die Felder unten, auf den Križevac, und ...

J — Und dann?

V — Ich erinnere mich gut, daß wir sie gefragt haben: „Meine Gospa, wie lange wirst du bei uns bleiben?"

J — Und sie?

V — Sie sagte: „Solange ihr es wollt, meine Engel!" — Überleg dir: „Solange ihr es wollt!" Für immer! Doch das durften wir nicht sagen, mein Pater. Niemand weiß, wie tröstlich es für uns war. Und daß wir für sie nicht nur ins Gefängnis gehen wollten! Nein, wir würden in den Tod gehen. Ja, überallhin!

J — Und damit wurde der Nachmittag auch beendet?

V — Nein, nein! Erst dann konnten wir ohne Hemmungen fragen.

J — Und was habt ihr sie noch gefragt?

V — Wir fragten wieder, was sie sich von dem Volk wünschte, das sich hungrig und durstig in den Dornsträuchern herumplagte und schwitzte.

J — Vicka, das glaube ich dir gerne. Hat die Gospa euch etwas darauf geantwortet?

V — Ja, selbstverständlich! Sie sagte, daß ein Gott und ein Glaube seien. Das Volk solle fest glauben und keine Angst haben.

J — Noch irgendetwas?

V — Wir fragten sie auch über uns selbst etwas. Wir fragten, ob wir aushalten würden, da uns so viele angreifen, weil wir sagen, daß wir sie sehen.

J — Und die Gospa?

V — Sie sagte zwei- bis dreimal: „Ihr werdet aushalten, meine Engel. Habt keine Angst! Ihr werdet alles aushalten!" — Wir sollen nur glauben und ihr vertrauen.

J — Noch etwas?

V — Damals haben wir zum ersten Mal gefragt und für einen Kranken gebetet.

J — Kannst du dich noch jetzt erinnern, um wen es ging?

V — Das kann ich. Warum auch nicht! Das werde ich nie vergessen. Ein kleiner Junge. Der Vater hielt ihn in den Armen. Der Kleine sah halbtot aus. Er legte den Kopf auf die linke Schulter des Vaters. Er sah wirklich elend aus.

J — Und was geschah dann?

V — Der Vater flehte und bat die Gospa, seinen Sohn zu heilen. Er bat auch uns, die Gospa anzurufen und über den Kleinen zu fragen.

J — Was habt ihr fragen sollen?

V — Wir sollten fragen, ob der Kleine geheilt werden würde.

J — Und ihr?

V — Wir fragten. Gerade ich habe es gefragt.

J — Und sagte die Gospa etwa nichts?

V — Wieso nichts! Sie schaute den Kleinen an. Zärtlich, ganz zärtlich und sagte, die Eltern sollten viel beten und fest glauben.

J — Ich habe gehört, daß jemand von euch gesagt haben soll, der Kleine werde sicher genesen.

V — Ich weiß. Ich glaube, daß das der kleine Jakov gesagt hat. Nur, in der Hektik hat er vergessen zu sagen, daß die Eltern viel beten, fasten und fest glauben sollen.

J — Gut. Was war nun mit dem Kleinen?

V — Ich weiß nur dies: Seine Eltern bedankten sich bei uns. Ich habe den Kleinen auch später gesehen. Er spielte um uns herum, früher aber hatte er überhaupt nicht auf den Beinen stehen können. Mehr weiß ich nicht.

J — Gut, Vicka. Aber wir sagten noch nicht, wer der „Kleine" war?

V — Solche Dinge merke ich mir wirklich nicht, aber dies habe ich mir gemerkt, weil es ein besonderer Fall war. Der Kleine heißt Danijel Šetka und ist aus Podgorje.

J — Und hat der Tag damit geendet?

V — Warum hast du es diesmal so eilig? Sonst verlangst du immer, daß man dir lange erzählt.

J — Dann erzähle nur!

V — Damals gab es auch einen interessanten Fall mit einer Ärztin.

J — Was denn für einen?

V — Ja, da am Podbrdo war damals auch eine Ärztin.

J — Und?

V — Sie wollte die Gospa berühren.

J — Und dann?

V — Wir fragten die Gospa und die Gospa sagte: „Schon immer hat es ungläubige Judasse gegeben. Es kann geschehen, sie soll sich nähern."

J — Was geschah dann?

V — Die Ärztin näherte sich und berührte die Gospa.

J — Wie wußte sie denn, wo sie sie berühren sollte, wenn sie die Gospa nicht sah?

V — Dies sagte ich ihr.

J — Und sie berührte die Gospa wirklich?

V — Ja, wirklich!

J — Und wo hat sie die Gospa berührt?

V — An der rechten Schulter. So war es am günstigsten.

J — Und die Ärztin?

V — Diese trat zurück, und wer weiß schon, was sie bei sich gedacht hat.

J — Hat sie dann etwas gesagt?

V — Da vor dem Volk sagte sie nichts. Aber später kam sie bei uns zu Hause vorbei und vor allen Anwesenden sagte sie, daß sie bei der Berührung einen Schauer in der Hand spürte, (sie hatte Gänsehaut dabei) aber etwas anderes sagte sie nicht.

J — Kam sie irgendwann später wieder zu den Erscheinungen?

V — Ich habe sie nie mehr gesehen. Aber du weißt es, wie es mit ihnen ist. Du bist vernünftig, und...

* * *

DER SIEBTE TAG

(Dienstag, den 30. Juni 1981)

J — Vicka, wir wissen bereits, daß ihr am Dienstag, den 30. Juni bei der Begegnung mit der Gospa nicht am Podbrdo wart.

V — Nein, nein.

J — Wie und washalb war es so?

V — Wir machten einen Ausflug und kehrten spät zurück.

J — Und wie habt ihr den Ausflug gemacht?

V — Zwei Mädchen holten uns gegen zwei Uhr nachmittags ab. Sie boten uns an, mit dem Auto irgendwohin zu fahren. Ohne etwas dabei zu denken, richteten wir uns und gingen mit.

J — Wer ging mit?

V — Die zwei Mädchen und wir fünf Seher. Alle außer Ivan.

J — Warum ging er nicht mit?

V — Wir haben ihn eigentlich nicht sehr darauf gedrängt. Er wollte einfach nicht.

J — Haben die zwei Mädchen euch gesagt, wohin ihr gehen würdet?

V — Nein, nein! Sie sagten nur, daß wir einen kleinen Ausflug machen würden, und das war alles.

J — Und wohin haben sie euch gebracht?

V — Zuerst nach Čitluk.

J — Und dann?

V — Dann nach Žitomislići, danach nach Počitelj. Wir haben Počitelj ein wenig besichtigt, dann auch noch Čapljina.

J — Und dann?

V — Da haben sie uns mit irgendwelchen Getränken und Kuchen bewirtet. Dann ging es weiter ...

J — Wohin denn?

V — Nach Kravica, danach nach Ljubuški und schließlich fuhren wir nach Hause ...

J — Und wann kamt ihr zu Hause an?

V — Ich weiß es nicht mehr genau. Kurz nach neun Uhr abends.

J — Warum denn das?

V — Warum! Das ist ja eine lange Geschichte.

J — Wohlan! Du weißt, daß ich an solchen Geschichten stark interessiert bin.

V — Davon weiß ja jeder! Dann erzähle ich es dir noch einmal. Schon unterwegs haben wir eingesehen, daß wir getäuscht wurden, als sie uns anboten, den Ausflug mitzumachen. Denn am Ende schien es uns, daß sie nur deshalb uns mitgenommen hatten, damit wir nicht zur Gospa am Podbrdo kommen könnten.

J — Wer weiß es! Vielleicht ...

V — Ich bin mir auch nicht sicher. Aber wir haben sie unterwegs bei Cerno gebeten anzuhalten, damit wir zur Gospa beten.

J — Zu welcher Tageszeit war das?

V — Gegen sechs Uhr nachmittags. Gerade wenn wir das Treffen mit der Gospa haben.

J — Habt ihr ihnen gesagt, warum ihr anhalten wollt?

V — Das weiß ich nicht genau, aber sie haben es sicherlich geahnt.

J — Und dann?

V — Sie weigerten sich ein bißchen. Sie taten so, als ob sie nicht hörten. Aber als wir sagten, daß wir herausspringen würden, falls sie nicht anhalten wollten, hielten sie an. Dann stiegen wir aus und gingen ein wenig abseits der Straße. Wir begannen zu beten und die Gospa kam zu uns.

J — Sicher?

V — Ja, ganz sicher!

J — Und was geschah dann?

V — Wir beteten und sangen mit ihr, wie gewöhnlich.

J — Und was haben die zwei Mädchen getan!

V — Wer weiß es! Weiß Gott, was sie bei sich gedacht haben. Das ist ihre Sache. Aber uns haben sie gesagt, sie hätten auch etwas gesehen, wie ein Licht, ein helles Wölkchen, oder so ...

J — Hat euch die Gospa getadelt, weil ihr es so gemacht habt?

V — Nein. Sie war nicht gerade fröhlich, aber sie sang trotzdem mit uns.

J — Jemand sagte mir einmal, sie habe nach Ivan gefragt, wo er sei.

V — Ja, ja. Sie fragte uns: „Wo ist denn der Junge?"

J — Und ihr?

V — Was soll man sagen? — Die Gospa weiß ja, wo er ist.

J — Demnach hat Ivan die Gospa an diesem Tag nicht gesehen?

V — Wieso nicht! Wir waren ja nicht da, und so wagte er nicht allein zum Podbrdo zu gehen, sondern ging gegen sechs Uhr nachmittags nach oben, oberhalb des Hauses. Er begann zu beten und die Gospa kam zu ihm. Sie sprach kurz mit ihm, grüßte und ging weg ...

J — Na, gut. Aber wo ist euch denn die Gospa eigentlich erschienen?

V — Das war kurz vor dem Restaurant von Kuso, hundert bis zweihundert Meter davor.

J — Nach links oder nach rechts von der Straße von Ljubuŝki?

V — Nach rechts. Dort, wo sich der kleine Weg von der Straße trennt. Das nennt man doch Bandurica.

J — Gut. Während euch die Gospa erschien, befand sie sich plötzlich vor euch, oder …?

V — Nein, nicht plötzlich. Von dort sahen wir den Podbrdo und das Volk auf ihm. Und als wir zu beten begannen, erschien über dem Volk so eine lichte Wolke. Man sah aber gleich, daß es die Gospa war. Wir haben sie sofort klar gesehen. Sie fliegt in der Luft … Ihre Kleider schweben. Sie fliegt, fliegt gerade zu uns. Das war etwas Wunderbares. Das läßt sich nicht beschreiben.

J — Und als sie wegging, ist sie plötzlich verschwunden, oder…?

V — Genauso geschah es, als wie sie gekommen war. Nachdem wir mit ihr sieben Vaterunser gebetet, etwas gesungen und gesprochen hatten, verabschiedete sie sich von uns und ging weg.

J — In welche Richtung ging sie?

V — In die, aus der sie kam. Sie flog wieder langsam zum Podbrdo. Sie ließ sich auf das Volk, das oben wartete, herab und verschwand … Das Volk tat uns schrecklich leid, aber was konnte man machen.

J — Haben eure Leiterinnen später irgendetwas darüber gesagt?

V — Ich habe dir das schon gesagt, und ich weiß, daß es ihnen unangenehm war, denn sie beide sind gleich verschwunden. Die eine nach Sarajevo, die andere nach Deutschland. Sie waren nicht mehr lange hier.

J — Gut. Die Gospa ist weggegangen, und ihr?

V — Was sollten wir denn! Wir stiegen in den Wagen ein und…

J — Und dann bestimmt nach Hause!

V — Nein, nein! Nach Hause?

J — Wohin denn sonst?

V — Wir kamen alle am Pfarrhaus vorbei.

J — Was habt ihr denn da gesucht?

V — Es war ja für uns schrecklich! Eine Menge von Leuten hatte sich am Podbrdo versammelt. Sie warteten auf uns und auf die Gospa, und weder wir noch die Gospa kamen. Armes Volk! Es wartet, wartet … und nichts. Man erzählte allerlei: wir wären irgendwohin geflüchtet; man hätte uns festgenommen. Du weißt, wie das Volk ist!

J — Nun gut, aber was habt ihr im Pfarrhaus gemacht?

V — Wir haben uns vor dem Volk in Sicherheit gebracht. Auf dem Rückweg vom Podbrdo kamen die Leute da vorbei. Wir waren gerade auf der Straße in der Nähe der Kirche. Was kann man in einer solchen Situation tun! Wir flüchteten uns ins Pfarrhaus.

J — Und dann?

V — So hat Pater Jozo überhaupt erfahren, daß wir nicht am Podbrdo waren, sondern auf dem elenden Ausflug. Und er verhörte uns. Zuerst jeden getrennt, dann alle zusammen. Und er kam nie zu Ende!

J — Gut. Nun sag mir, was er euch gesagt hat.

V — Er tadelte uns, weil wir das gemacht haben. Was soll man jetzt dem Volk sagen: daß uns die Gospa erschienen, was sie uns gesagt, und so weiter? Wer könnte sich jetzt noch an alles erinnern!

J — Hat Pater Jozo euch irgendetwas vorgeschlagen und geraten?

V — Wir hatten uns alle irgendwie abgemüht. Der eine sagte dieses, der andere jenes, und niemand wußte genau was man nun tun sollte.

J — Und am Ende?

V — Am Ende haben wir uns gegen neun Uhr nach Hause durchgeschlängelt. Und so endete dieser Tag.

J — Und was sagten eure Leute zu Hause?

V — Für sie war es auch schwer. Sie haben an alles mögliche gedacht. Sie vermuteten, daß wir irgendwo unterwegs einen Unfall gehabt hätten oder daß wir festgenommen worden seien.

J — Gut, Vicka. Du hast mir davon zumindest zweimal ausführlich erzählt. Auch die anderen haben mir davon erzählt, so daß ich keinen Grund habe, euch nicht zu glauben. Im Augenblick jedoch beschäftigt mich etwas anderes.

V — Und was ist das?

J — Es ist mir zwar unangenehm, doch ich muß es sagen: Ich habe nämlich in der letzten Zeit, als ich einige Kassetten abgehört habe, auch euer Gespräch mit Pater Jozo abgehört. Und da fand ich eine eurer Behauptungen, die nicht mit dem übereinstimmt, was du mir jetzt erzählt hast.

V — Und worum geht es?

J — Es geht da um Folgendes: Du hast mir eben gesagt, und so hast du mir immer erzählt, daß euch jene Mädchen getäuscht haben, als sie euch zum Ausflug mitgenommen haben.

V — Ja, das stimmt! Das haben wir schnell eingesehen, aber was konnten wir dafür. Geschehen ist geschehen.

J — Das ist gut, aber eine von euch hat beim Gespräch mit Pater Jozo gesagt, daß ihr den Ausflug mitgemacht habt, um zu sehen, ob euch die Gospa auch an einem anderen Ort erscheinen werde. Es kommt mir so vor, daß auch du dies irgendwie bestätigt hast. Und wieso denn das? Wie durftet ihr denn die Gospa prüfen, ob sie euch folgen werde, wo immer ihr hingeht, oder ob ihr ihr folgen sollt?

V — Pater Janko, daran erinnere ich mich überhaupt nicht, aber wenn es so im Tonband heißt, dann haben wir es wohl gesagt. Uns versteht anscheinend niemand. Das war nach dem Tag, an dem wir den unangenehmen Gang zu den Psychiatern und andere Unannehmlichkeiten erlebt hatten. Wir hatten uns zwar gewünscht, irgendwohin auszugehen, ein bißchen abzuschalten, aber wir haben überhaupt nicht daran gedacht, daß wir nicht rechtzeitig zurückkommen würden. Nun weißt du, wie alles gelaufen ist.

J — Gut. Warum habt ihr gesagt, daß ihr die Gospa prüfen wolltet?

V — Ich weiß ja überhaupt nicht, was ich damals gesagt habe. Aber man muß auch uns verstehen. Wir waren Kinder und nicht Engel. Du weißt, daß keiner immer das sagt, was er meint. Jeder denkt, daß er sich manchmal irgendwie zurechtfinden soll ... Und jeder denkt, daß er nicht immer gerade alles sagen muß. Das hat uns verführt. Versteh uns! Es war uns vor den zweien nicht angenehm ...

J — Welche zwei?

V — Die beiden Mädchen. Es war nicht so einfach, ihnen ins Gesicht zu sagen, daß sie uns getäuscht haben. Und, so haben wir...

J — Die Unwahrheit gesagt?

V — Ja gut. Von mir aus! Aber so schlimm ist es gar nicht. Wir haben nichts Böses gedacht.

J — Hat euch die Gospa später deswegen getadelt?

V — Nein, nein! Die Gospa ist besser als die Menschen. Sie versteht uns.

J — Nun gut! Doch da hat noch jemand etwas Falsches ausgeplappert.

V — Als ob es nur einmal gewesen wäre!

J — Jemand von euch hat gesagt, daß euch die Gospa in Cerno angeblich gesagt habe, daß sie euch nur noch drei Tage erscheinen werde.

V — Das weiß ich wirklich nicht. Ich erinnere mich nicht daran. Aber auch das hat jemand gesagt, damit wir in Ruhe gelassen werden. Pater Jozo hat uns damals schrecklich von allen Seiten „ausgequetscht". Er fragte dies, er fragte jenes. Und dann wieder von vorne. Da wird man verrückt!

J — Und was hat er euch gefragt?

V — Allerlei. Einfach gesagt — allerlei! Davon habe ich dir schon erzählt. Hunderterlei. Würde uns die Gospa in der Kirche erscheinen? Würde sie dieses, würde sie jenes tun. Auch jetzt ergreift mich wieder Schauer, wenn ich mich daran erinnere. Hunderte von Vorwürfen: Warum hätten wir uns täuschen lassen; warum hätten wir das Volk, wie man so sagt, im Stich gelassen; wie sollte man jetzt nach Hause zurückkehren, ohne daß wir bemerkt werden. Und hundert andere Fragen. Und er war hartnäckig ... Vielleicht hat jemand dabei gesagt: laß uns endlich in Ruhe, die Gospa wird uns ja nicht länger als drei Tage erscheinen. Vielleicht hat dies jemand unüberlegt gesagt! Als ob es uns leicht zumute gewesen wäre! Es war für uns schrecklich! Und ich sage wieder: vielleicht hat es jemand gesagt ...

J — Das war doch etwas ungut!

V — Ja, das stimmt. Doch für uns war die damalige Situation sehr schwierig. Und wir kommen deswegen gewiß nicht in die Hölle!

J — Gut. Und so seid ihr dann nach Hause gekommen?

V — Ja, klar! Aber erst nach neun Uhr.

J — Und dann wart ihr wahrscheinlich beruhigt.

V — Da gab es auch Schwierigkeiten. Unsere Leute hatten großen Kummer wegen uns. Das habe ich dir schon gesagt. Und bis wir alles erzählt hatten, war es bereits tief in der Nacht.

J — Wie ich sehe, hat sich der Ausflug für euch überhaupt nicht gelohnt?

V — Das hast du ja gehört.

J — Ich glaube: man ist doch am Ende zufrieden ins Bett gegangen?

V — Ach, wäre es doch nur so gewesen, mein Pater!

J — Was ist denn jetzt wieder?

V — Gerade als wir ins Bett gehen wollten, kam jemand und sagte uns, daß unser Marinko abgeführt worden sei.

J — Wohin hat man ihn abgeführt?

V — Nach Čitluk, ins „Amt für innere Angelegenheiten".

J — Ja, gut. Das ist nichts Schlimmes! Man hat ihn abgeführt und man wird ihn wieder zurückbringen.

V — Für dich ist es nicht schlimm, aber für uns war es schon so. Wir wußten, daß er unseretwegen abgeführt wurde. Und er könnte nicht einmal eine Ameise zertreten, wie meine Oma sagen würde.

J — Und was geschah dann?

V — Wir gingen nach Čitluk, um ihn zu suchen.

J — Damals habt ihr ihn nur schwer finden können!

V — Wir haben ihn auch nicht gefunden, aber der Polizeichef und die anderen, die da waren, bekamen von uns was zu hören. Wir haben allerlei gesagt! Sie sollten uns festnehmen, wenn es sein müsse; ihn sollen sie jedoch in Ruhe lassen. Es war viel, was wir sagten.

J — Und sie?

V — Auch sie uns gegenüber. Für sie war es gerade günstig, denn als wir ankamen, sagten sie alle zugleich: ,,Ihr kommt gerade wie bestellt!'' Und dann sagten sie uns auch allerlei ... Nun möchte ich nicht einmal daran denken, geschweige denn davon erzählen. Lassen wir das!

J — Gut. Vicka. Es ist auch besser so. — Dann seid ihr heimgegangen.

V — Ja! Wir kamen gegen 2 Uhr früh an.

J — Zu Fuß?

V — Nein, nein. Wir kamen mit dem Auto zurück, mit dem wir auch hingefahren sind.

J — Und Marinko?

V — Er kam am Morgen.

J — Dann habt ihr euch doch beruhigt. Man hätte sich vielleicht doch nicht so sehr aufregen sollen?

V — Ja, gut. Rückblickend könnte man sagen: Es wäre nicht notwendig gewesen!

* * *

DER ACHTE TAG

(Mittwoch, den 1. Juli 1981)

J — Es ist gut, Vicka, nun sind wir am achten Tag seit dem sonderbaren Ereignis an eurem Podbrdo am 24. bzw. 25. Juni angelangt. Ich weiß nicht, aber ich glaube, daß es euch irgendwie nun leichter zumute war.

V — Einigermaßen schon, aber auch damals hatten wir sowohl Unannehmlichkeiten als auch Schwierigkeiten. Als Beispiel nur dies: gerade an diesem Tag wurden wir und unsere Eltern in die Schule vorgeladen.

J — Wer hat euch vorgeladen?

V — Du weißt es ja! Die Leute vom „Amt für innere Angelegenheiten".

J — Was wollten sie von euren Eltern?

V — Dasselbe wie von uns. Sie wollten sie überreden, uns zu verbieten, zum Podbrdo zu gehen, sonst würde man uns für krank erklären; auf daß wir nirgendwo in die Schule aufgenommen würden.

J — So ging man denn hin — was denn sonst!

V — Die Eltern gingen damals hin, wir aber nicht. Wir hatten uns ja mit ihnen schon die halbe Nacht herumgeplagt. Auch die Eltern gingen nicht immer hin, wenn sie vorgeladen wurden.

J — Es ist klar, daß es auch für die Eltern schwierig war. Wie haben sie sich verhalten?

V — Gut. Sie verteidigten uns, soviel sie wußten und konnten. Du weißt ja, daß es für sie nicht leicht war.

J — Haben dann die Eltern versucht, euch zu überzeugen, daß man dies alles vielleicht lassen sollte, oder ...?

V — Auf keinen Fall. Sie hatten vor nichts Angst. Genauso wie wir nicht. Ihnen hat ja die Gospa auch geholfen!

J — Und so kam der Vorabend und euer Gang zum Podbrdo?

V — Wäre es doch so gewesen, mein Pater!

J — Wie war es denn?

V — Zuvor kamen zwei Leute von der Gemeinde zu uns. Sie saßen bei uns zu Tisch. Sie tranken etwas und erzählten ... Und als wir zum Podbrdo hätten gehen sollen, hatten sie uns ins Auto gesteckt und mitgenommen ...

J — Und wohin haben sie euch mitgenommen?

V — Sie sagten uns, wir würden in Richtung Kirche fahren. Und während wir uns mit ihnen stritten, fuhr das Auto ab.

J — Wen haben sie mitgenommen?

V — Mich, Ivanka und Marija. Auch den kleinen Jakov haben sie ins Auto gesteckt, aber seine Mutter hat ihn rausgenommen.

J — Und Ivan und Mirjana?

V — Damals waren sie nicht da.

J — Und wollten die zwei von der Gemeinde euch wirklich abholen, oder wollten sie einen Scherz machen?

V — Das weiß ich selber nicht! Ich weiß nur, wie es wirklich war.

J — Und was haben sie euch erzählt?

V — Das habe ich dir ja schon gesagt: Wir sollen mit ihnen zu irgendeinem Spaziergang gehen, zu irgendwelcher Befragung und auf einen Drink... So etwas haben sie uns vorgetäuscht, aber sie wußten, was sie wollten.

J — Habt ihr euch geweigert zu gehen?

V — Ja, selbstverständlich! Doch sie haben uns ständig beteuert, daß uns das nichts ausmache. So könne auch jemand von unseren Leuten mitgehen. Und so weiter. Dann fuhr der Wagen ab.

J — Und seid ihr bis zur Kirche gekommen?

V — Ja. Und dann fuhr der Wagen an ihr vorbei, fuhr über die Brücke bis zur Post.

J — Bis zu welcher Post?

V — Bis zu unserer. Du weißt ja, wo unsere Post ist!

J — Und dann?

V — Dann haben wir angefangen am Auto laut zu poltern, und daraufhin haben sie angehalten.

J — Und dann?

V — Sie brachten uns nun bis zur Kirche zurück.

J — Mit demselben Auto?

V — Ja, gewiß!

J — Und wie haben sie euch sonst behandelt?

V — Ziemlich gut, bis auf das, was sie mit uns im Sinne hatten.

J — Und war jemand von euren Leuten bei euch?

V — Ja, ja. Bei mir war meine Schwester Zdenka und bei Ivanka ihr Bruder Mario.

J — Und was taten sie?

V — Was können sie denn tun! Sie haben sich auch gewehrt, aber was kann man da überhaupt machen!

J — Und wieso konnten so viele in einem Auto untergebracht werden?

V — Es war ein Lieferwagen.

J — Ja gut. Aber an diesem Tag habt ihr die Gospa nicht gesehen?

V — Doch, doch! Und wie! Das werde ich nie vergessen.

J — Wo habt ihr sie gesehen?

V — Im Auto!

J — Im Auto?

V — Ja, ja, ausgerechnet im Auto!

J — Und wie geschah das? War das Auto dabei gefahren, oder hatte es womöglich angehalten?

V — Das weiß ich nicht.

J — Nun wieder so eine Antwort.

V — Ja, einfach so war es! Vom Auto hat man dabei nichts gesehen.

J — Ich verstehe dies nicht!

V — Da kann ich dir auch nicht helfen! Als die Gospa kam, haben wir weder das Auto, noch irgendjemanden gesehen.

J — Ich verstehe das wiederum nicht.

V — Das war so, wie wenn wir jetzt im Zimmer die Gospa sehen. Wir sehen die Gospa und sonst nichts.

J — Habt ihr gebetet, damit die Gospa kommt?

V — Nein, nein! Wer konnte in jener Hektik daran denken!

J — Aber wie?

V — Die Gospa, wie schon so oft, erschien unter uns — und mehr kann ich dazu nicht sagen!

J — Habt ihr euch gewundert, wart ihr erschrocken, oder ...?

V — Man hatte ja gar keine Zeit, an etwas zu denken!

J — Es war aber trotzdem erstaunlich!

V — Ja, das stimmt. Sie waren sehr erschrocken, ich aber nicht.

J — Welche sie?

V — Marija und Ivanka. Sie waren wie erstarrt. Deshalb haben die zwei ihnen gesagt, sie seien Hexen und noch allerlei ...

J — Wie lange hielt sich die Gospa bei euch auf?

V — Nicht lange. Sie sagte uns etwas, lächelte uns zu und ging weg.

J — Was hat sie euch gesagt?

V — Nichts besonderes. Sie sagte uns, daß wir keine Angst haben sollten. Und so ... Für uns war das Wichtigste, daß sie sich bei uns meldete und uns nicht vergessen hat. Die Gospa ist gut!

J — Und was geschah dann?

V — Sie haben uns wieder auf einen Drink eingeladen, oder irgendetwas, aber wir haben uns nur bemüht, uns aus der Affäre zu ziehen.

J — Und sie?

V — Sie brachten uns bis zur Kirche zurück und fuhren ab.

J — Und ihr?

V — Wir hielten uns kurz in der Kirche und kurz im Pfarrhaus auf, dann gingen wir alle nach Hause und zwar über den Querweg, über die Felder.

J — Vicka, gut. Und demnach waren Ivan, Mirjana und der kleine Jakov nicht bei euch?

V — Nein, nein! Sie waren nicht dabei.

J — Sind sie aber zum Podbrdo zur Gospa gegangen!

V — Soviel ich weiß, nicht. Sie waren in Verlegenheit geraten, was können sie dafür!

J — Demnach haben sie damals die Gospa überhaupt nicht gesehen?

V — Doch. Ich glaube ja, zumindest Ivan. Davon hat er mir später erzählt.

J — Das ist erstaunlich! Dies hast du mir bis jetzt noch nie erzählt.

V — Wir waren ja noch nie darauf zu sprechen gekommen. Wer kann sich an alles erinnern!

J — Und so endete dieser Tag.

V — Ja. In der Abenddämmerung kamen wir nach Hause.

J — Und das Volk?

V — Armes Volk! Sie warteten und beteten oben, und dann gingen sie nach Hause.

J — Also schon den zweiten Tag gab es am Podbrdo weder Gospa, noch die Kinder der Gospa. Und das Volk gab trotzdem nicht auf.

V — Nein. Das Volk ist eigenartig, wenn es der Gospa folgt.

J — Eigenartig ist also sowohl das Volk als auch die Gospa!

V — So ist es!

* * *

AUSSAGETRÄCHTIGE EINZELHEITEN

DAS AUSSEHEN DER GOSPA

J — Vicka, wir haben schon so viel über die Gospa — in den sieben bis
acht Tagen ihrer Erscheinungen — erzählt, aber du hast mir noch nicht
gesagt, wie die Gospa aussieht.

V — Aber du weißt es sicherlich. Ich habe dir doch schon so oft von ihr
erzählt. Doch hier wieder in Kürze: Die Gospa sieht wie ein wunderschönes Mädchen aus — in langem grauen Kleid, etwa zwanzig Jahre alt, immer mit einem Schleier auf dem Kopf, blaue Augen, die Haare sind
schwarz, etwas lockig, die Lippen und Wangen sind rosig, das Gesicht
ist etwas länglich.

J — Die Augen immer blau?

V — Immer!

J — Magst du blaue Augen?

V — Das ist nicht wichtig, aber die ihrigen mag ich.

J — Woher weißt du, daß ihre Haare schwarz sind und etwas lockig?

V — Wie sollte ich es nicht wissen! Man sieht immer einige Haarlocken
unter dem Schleier herausschauen.

J — Und sie hat nichts anderes an? Irgendwelchen Schmuck, oder ...?

V — Wohlgemerkt! Um den Kopf herum hat sie eine Krone mit zwölf
Sternen.

J — Sind es genau zwölf?

V — Aber wer zählt sie! Mir scheint es immer, daß es so viele sind.

J — Und die Beine? Du hast mir nicht gesagt, wie die Beine aussehen.

V — Die Beine habe ich nie gesehen. Die Beine sind jedesmal mit dem
langen Kleid bedeckt.

J — Und wenn sie schreitet?

V — Mein Pater, sie schreitet nie.

J — Aber wenn sie kommt, oder wenn sie sich von einer Stelle an eine
andere bewegt?

V — Ich habe gesagt: nie! Wenn sie dies will, ändert sie nur den
Standort.

J — Gut. Aber wie groß ist sie?

V — Mittelgroß. Etwas größer als ich. Vielleicht so groß wie Ivanka.

J — Und ist sie wirklich so schön, wie ihr erzählt?

V — Was erzählen wir denn! Wir sagen, daß sie schön ist, aber man müßte sie selbst sehen! Mein Pater, das ist nicht irdische Schönheit! Das ist etwas, etwas ... Na ja, das kann ich selber nicht in Worte fassen!

J — Vielleicht ungefähr so, wie sie an der neuen Statue in der Kirche von Medjugorje aussieht?

V — Haaa ... wie die Statue!

J — Gut. Aber wenn wir schon davon reden, hast du mir einmal erzählt, daß die Gospa manchmal auf besondere Art angezogen ist?

V — Ja, besonders was die Farbe angeht. Manchmal sah ich sie in goldfarbenen Kleidern, aber der Schnitt der Kleider war immer derselbe.

J — Warum ist sie bisweilen so prunkvoll angezogen?

V — Das weiß ich leider nicht. Es steht mir ja nicht zu, sie zu fragen!

J — Das war offenbar bei manchen festlichen Gelegenheiten der Fall?

V — Ja! Das war an manchen größeren Feiertagen der Fall.

J — Kannst du dich an eine solche Gelegenheit erinnern?

V — Ja, selbstverständlich, ich erinnere mich. Es ist mir besonders ein Feiertag gegen Ende März in Erinnerung.

J — Das ist wahrscheinlich das Fest Mariä Verkündigung?

V — Ich weiß es nicht. Sie sagte uns etwas über diesen Feiertag, aber ich habe mir das nicht gemerkt.

J — Es ist dir anscheinend nicht klar, was an diesem Festtag gefeiert wird?

V — Ja und nein!

J — Vicka, das ist die Erinnerung an den Augenblick, als der Engel der Gospa mitteilte, daß sie durch den Heiligen Geist empfangen und den Erlöser der Welt gebären werde.

V — Ich habe wirklich daran gedacht, aber ich war mir nicht sicher. Dann hatte die Gospa recht, sich so zu freuen.

J — Und sie freute sich?

V — Nie habe ich sie in solcher Freude gesehen, nicht einmal an Weihnachten. Sie hat vor Freude beinahe getanzt!

J — Gut. Gehen wir zu etwas anderem über. Besonders wenn die Schönheit der Gospa — deinen Worten nach — unbeschreiblich ist.

* * *

DIE AUSWAHL DER SEHER

J — Und jetzt müßten wir wenigstens versuchen, etwas zu klären, was man wohl nie vollkommen in Erfahrung bringen kann.

V — Um was geht es?

J — Vielleicht wird es dir ganz einfach erscheinen, aber das bedeutet nicht, daß du es genau und klar beantworten kannst.

V — Fang nur an, das wollen wir schon sehen ...

J — Gut. Sag mir, bitte, was du dir denkst: Warum hat die Gospa ausgerechnet euch sechs zu ihren Sehern ausgewählt?

V — Eh, mein Pater, ich glaube, daß wir versucht haben, darauf eine Antwort zu finden, aber ... Ich erinnere mich, daß du einmal mit mir darüber etwas „gescherzt" hast. Das ist aber kein Problem. Ich habe dir bereits gesagt, und jetzt wiederhole ich es, daß außer der Gospa diese Frage niemand beantworten kann. Du weißt auch, daß wir gleich am Anfang die Gospa vor dem ganzen Volk gefragt haben, warum sie ausgerechnet uns erwählt habe.

J — Und was sagte die Gospa?

V — Sie hat gesagt, daß dies ihre Sache sei und daß sie nicht die besten ausgesucht habe.

J — Vielleicht auch nicht die klügsten?

V — Das auch!

J — Vicka, vielleicht würde hier jenes Wort aus dem Evangelium gut passen, daß Gott oft das was in den Augen der Welt klein und töricht erscheint, auserwählt, um die Großen und die Klugen zu beschämen. Entschuldigung, Vicka, daß ich dies sagte! Aber das ist auch keine Schande.

V — Für mich ist es eine ganz große Ehre, daß Gott und die Gospa mich hier unter die Ihrigen genommen haben.

J — Und alles andere ist ihre Sache?

V — Selbstverständlich! Sie hat uns wahllos, von der Straße, wie man so sagt, genommen. Sie wählte weder die besten, noch die schlechtesten dazu aus.

J — Gut. Aber meinst du, daß die Gospa euch so ganz zufällig ausgewählt hat?

V — Das glaube ich nicht. Ich glaube, daß die Gospa nichts zufällig macht. Und trotzdem weiß ich nicht, warum gerade uns. Sie hatte ihre

Gründe dafür, die sie uns ja nicht sagen muß. Vielleicht wird es eines Tages klarer sein, sowohl uns als auch euch!

J — Vielleicht hat sie euch auch deshalb genommen, weil ihr alle so verschieden seid bezüglich des Alters und des Naturells. Oder damit sie es mit euch doch leichter hat, bzw. ihre Pläne leichter durchführen kann.

V — Vielleicht. Aber das weiß ich wirklich nicht.

J — Und ihr habt, so sagst du, auch die Gospa darüber gefragt?

V — Ja, ja, und zwar mehrmals.

J — Und was sagte sie?

V — Sie sagte uns einige Male: ,,Ist es euch nicht recht, meine Engel?"

J — Und es ist euch nicht unrecht?

V — Auf keinen Fall! Wer würde sich nicht wünschen, sich mit der Gospa zu treffen und mit ihr zu reden! Ich weiß nicht, wer sich das nicht wünschen würde!

J — Das ist in Ordnung. Doch das hat euch, wie du mir schon gesagt hast, viele Probleme und Schwierigkeiten gebracht. Ihr wurdet von den Franziskanern geplagt, die Polizei hat euch geplagt; man hat euch mit allerlei gedroht und so fort ...

V — Das stimmt alles. Niemand weiß, wie sehr wir gelitten haben, und besonders wieviel wir noch leiden werden. Das weiß nur die Gospa und einiges auch wir ... Doch das wird alles durch die Treffen mit ihr ausgeglichen. Das versteht niemand, aber ich verstehe es und das reicht mir.

J — Vicka, du verteidigst dich wirklich gut!

V — Wogegen?

J — Um ja nicht in eine Falle von mir zu gehen.

V — Was für eine Falle? Ich erzähle das, was ich weiß und was ich denke, und du denkst und erzählst, was du für richtig hälst. Dies alles ist einfach so, und wenn du es verstehst, dann ist es für dich gut ...

J — Das ist schon recht! Einiges verstehe ich, einiges auch nicht. Aber von allem finde ich am interessantesten, daß die Gospa den kleinen Jakov ausgewählt hat.

V — Ich kann nicht sagen, daß ich das weiß. Jedoch niemand von euch kennt den Kleinen! Mir steht immer in Erinnerung, wie die Gospa gleich am Anfang einmal gesagt hat: ,,Ihr sollt gehen, und der kleine Jakov soll bei mir bleiben." Das ist ein ungewöhnlicher Junge. Die Gospa wußte ...

J — Gut. Aber was hat ihm die Gospa damals gesagt?

V — Das weiß niemand, und das wird man vielleicht nie erfahren. Was

Geheimhalten anbelangt, ist er wie ein Felsen!

J — Hat er dir, da du irgendwie seine Leiterin bist, das nie gesagt?

V — Nie, nicht einmal ein Wort! Und die Gospa hat ihm sicherlich etwas Wichtiges gesagt. Sieh, so ist Jakov!

J — Gut. Sagen wir es so!

V — Sagen wir es so? Pater, es ist so! Du kannst dir darüber Gedanken machen, wie du willst!

J — Ja, wenn das alles so ist, dann sag mir noch dies: Was meinst du, warum die Gospa letztendlich Jakov und dich zu ständigen Zeugen ihrer Anwesenheit in Medjugorje ausgewählt hat?

V — Das weiß ich nicht. Doch ich glaube, daß die Gospa gewiß ihre Gründe dafür gehabt hat. Er ist der jüngste von uns, und ich die älteste. Und als wir im Herbst des ersten Jahres anfingen auseinanderzugehen, der eine hierhin, der andere dorthin, sagte mir die Gospa deutlich: „Bleibe hier mit Jakov!" Und ich bin geblieben.

J — War es dir unangenehm?

V — Nein, nein, nicht im geringsten!

J — Du bereust es nicht?

V — Überhaupt nicht. Warum auch? Die Gospa weiß, was sie tut.

J — Vicka, das ist wirklich geschickt gesagt. Und ich hoffe, daß sich die Gospa nicht getäuscht hat! Aber noch dies!

V — Was denn noch?

J — Vielleicht scheint es dir lächerlich, was ich nun frage, doch sag mir: Kennt die Gospa eure Namen?

V — Sie hat uns ja gleich am ersten Tag bei unserem Namen genannt.

J — Hat sie dich öfter bei deinem Namen genannt?

V — Sicherlich mehr als hundertmal!

J — Wie nennt sie dich, Vida oder Vicka?

V — Je nachdem, mal Vida, mal Vicka.

J — Gut, Vicka. Es wird noch nebenbei davon die Rede sein. Vorerst genügt das.

* * *

FRIEDE, FRIEDE, FRIEDE UND — NUR FRIEDE!

J — Ich weiß nicht, Vicka, ob du dich erinnerst: Als wir über den dritten Tag der Erscheinungen gesprochen haben, sagten wir, daß wir noch einmal auf das Ende jener Erscheinung zurückkommen werden.

V — Ich erinnere mich wirklich daran.

J — Erinnerst du dich noch an das Erlebnis mit Marija?

V — Oh doch! Ich habe dir ja schon das Wichtigste gesagt: Nachdem sich die Gospa von uns verabschiedet hatte, eilte Marija allein zurück. Und als sie in die Höhe unseres Wasserlochs...

J — Was für ein Wasserloch?

V — Das ist ein Engtälchen unterhalb unseres Berges.

J — Und was geschah dort?

V — Als sie dort ankam, sagte sie, zog sie etwas gleichsam vom eigentlichen Weg ab, als ob sie etwas auf die Seite geworfen hätte und ...

J — Und dann?

V — Dort erschien die Gospa ihr allein. Marija sagte uns später, daß die Gospa sehr traurig war, daß sie in der Hand ein großes Kreuz hielt und daß sie ihr weinend sagte: „Friede, Friede, Friede und nur Friede!" Marija war sehr erschrocken.

J — Und was geschah dann?

V — Bald kamen wir vorbei. Wir bemerkten Marija und gingen zu ihr hin. Wir dachten, ihr wäre es schlecht geworden, sie aber konnte uns anfangs nichts erzählen, so daß wir nicht wußten, was mit ihr los war.

J — Was tatet ihr dann?

V — Wir nahmen sie bei der Hand und gingen mit ihr nach Hause.

J — Konnte sie gehen?

V — Ja, aber nur mit Mühe und sehr langsam. Dann wurde sie ein bißchen kräftiger und wir kamen mit ihr zu Hause an. Dort erzählte sie uns, was mit ihr geschah.

J — Du hast es recht gut erzählt, aber du hast das Wichtigste nicht erwähnt.

V — Daran erinnere ich mich nicht. Doch wer kann sich schon an alles erinnern?

J — Gut, in Ordnung. Niemand außer Marija erwähnte jedoch, daß dies einer der ernsthaftesten Augenblicke der Marienerscheinungen war.

V — Ich verstehe immer noch nicht, woran du denkst.

J — Vicka, ich verstehe dich, aber merke dir: Damals hat die Gospa dem Menschen wirklich das Wichtigste aus ihrer Botschaft mitgeteilt.

V — Ich verstehe dich immer noch nicht.

J — Wieso erinnerst du dich nicht, daß die Gospa damals vor einem ziemlich großen, dunklen Kreuz erschien. Wie Marija sagte, sah sie an diesem Kreuz keinen Korpus. Die Gospa begann zu weinen und sagte: *,,Friede, Friede, Friede und nur Friede!"* Danach wiederholte sie unter Tränen zweimal: *,,Zwischen Gott und Mensch muß wieder Friede herrschen. Der Friede soll auch unter den Menschen sein!"* Sie betete dann mit Marija. In dieser sehr ernsten Stimmung begann auch Marija zu weinen. Nachdem sie eine Weile gebetet hatten, entschwand die Gospa. Vicka, und das ist *der Kern* von dem, was uns die Gospa durch ihre Erscheinungen sagen will. Und alles andere, wie Gebet, Fasten und Buße sind in der Tat nur Mittel zu diesem Frieden.

V — Jetzt erinnere auch ich mich daran. Doch du bist gebildet und klug, so daß du dies alles besser erkennen kannst, und ich ...

J — Nein, Vicka, dies weiß ich nicht aus mir selbst, dies alles hat mir Marija zweimal erzählt. Auch ein frommer Priester hat mit mir darüber gesprochen. Deshalb halte ich dies für einen der *wichtigsten Augenblicke* der Erscheinungen der Gospa. *Denn sie ist ja gerade deshalb gekommen, um den Menschen mit Gott zu versöhnen.*

V — Das weiß ich! Es ist aber doch etwas sonderbar, daß Marija darüber nicht mit mehr Nachdruck gesprochen hat.

J — Du kennst Marija. Sie hat wahrscheinlich selbst die Tiefe dieser Worte nicht begriffen. Sie teilte sie aber demjenigen mit, dem sie diese schwerwiegenden Worte mitteilten mußte. Und sie wurden so oft vom Altar als die Worte der Gospa wiederholt. Man muß nicht immer den Übermittler erwähnen.

V — Gut, gut. So ist es.

J — Vicka, dieses Faktum ist mir so lieb und kostbar.

V — In Ordnung. Mir ist es auch lieb.

* * *

SIEBEN VATERUNSER

J — Ja, das ist in Ordnung. Doch wenn man über die Ereignisse in Medjugorje spricht, wird fast immer die Frage gestellt: was haben die Kinder, die Seher bei den vielen Erscheinungen der Gospa jeweils gemacht und was tun sie jetzt? Im allgemeinen bekommt man als Antwort, daß die Kinder gebetet, gesungen und die Gospa einiges (vielleicht auch zu viel) gefragt haben. Und auf die Frage, was sie gebetet haben, antwortet man gewöhnlich, daß ihr sieben Vaterunser, sieben Ave Maria und sieben Ehre sei dem Vater gebetet habt, und dann — später — auch das Glaubensbekenntnis.

V — Gut. Und über was wundert man sich da?

J — Da gibt es doch, zumindest nach Meinung mancher Leute, auch Unklarheiten. Und das Unklare möchte ich, soweit es geht, aufhellen.

V — Ja, in Ordnung! Ich sage, was ich weiß ...

J — Gut. Als erstes würde ich dich fragen: Wann habt ihr angefangen, vor der Gospa (und mit der Gospa) sieben Vaterunser zu beten?

V — Du hast mich auch früher darüber gefragt, und ich meine nun so: niemand wird jemals genau erfahren, wann das war.

J — Aber jemand hat behauptet, daß das der Fall gewesen sei und daß die Gospa es gleich am zweiten Tag, dem 25. Juni 1981 empfohlen habe.

V — Damals mit Sicherheit nicht! Das war unsere erste richtige Begegnung mit der Gospa. Vor Aufregung und Angst wußten wir nicht, wo uns der Kopf stand, geschweige denn ...

J — Aber ihr habt trotzdem etwas gebetet?

V — Ja, selbstverständlich! Wir beteten das Vaterunser, Ave Maria und Ehre sei dem Vater. Etwas anderes wußten wir ja auch nicht! Wie wir das zu Ende gebetet haben, das weiß niemand.

J — Wird vielleicht auch nie jemand genau wissen?

V — Mit Sicherheit nie! Niemand außer der Gospa.

J — Gut, Vicka. Darüber hinaus gab es immer Rätselraten, wer euch als erster gesagt hat, daß ihr ausgerechnet dies beten sollt. Und dabei hatte man meistens die Oma von Mirjana erwähnt, sie habe euch empfohlen, dies zu beten.

V — Es kann sein, aber das ist auch nicht sicher. Die Frauen im Dorf haben wir gefragt, was wir beten sollten, wenn die Gospa kommt. Sie haben fast alle gesagt, daß es am geeignetsten sei, sieben Vaterunser zu beten. Manche haben auch den Rosenkranz empfohlen, aber in der Hektik am Podbrdo hätte man ihn nie zu Ende beten können. Und meistens war es so: wir fingen an zu beten, die Gospa kam, und dann gingen wir zum Gespräch über und zu den Fragen. Ich weiß sicher, daß wir einige Male sieben Vaterunser zu Ende gebetet haben, die Gospa kam aber nicht.

J — Und dann?

V — Dann haben wir solange weitergebetet, bis die Gospa gekommen ist. Es ist nicht so einfach! Die Gospa prüfte auch uns ... Und dies erforderte auch von uns recht viel, aber es kam alles in Ordnung.

J — Vicka, fast immer wird darauf hingewiesen, daß ausgerechnet die Gospa euch gesagt hat, ihr sollt die sieben Vaterunser beten!

V — Das hat sie gesagt, aber etwas später.

J — Wann später?

V — Das weiß ich nicht genau. Vielleicht nach fünf bis sechs Tagen. Aber vielleicht ... Ja, das weiß ich nicht. Das ist doch nicht so wichtig, oder doch?

J — Hat die Gospa dies nur euch Sehern empfohlen, oder ...?

V — Auch dem Volk. Für das Volk mehr als für uns.

J — Hat die Gospa gesagt, warum, und in welcher Meinung dies gebetet werden soll?

V — Ja, ja! Am meisten für die Kranken und für den Frieden in der Welt. Sie hat es nicht genau bestimmt.

J — Und so hat man es dann fortgesetzt?

V — Ja. Wir haben zuerst in der Kirche angefangen, die sieben Vaterunser regelmäßig zu beten.

J — Wann habt ihr damit begonnen?

V — Ich weiß nicht genau, aber ich glaube, zehn Tage nach der ersten Erscheinung. Wir hatten eine Begegnung mit der Gospa am Podbrdo, dann gingen wir in die Kirche und beteten mit dem Volk die sieben Vaterunser.

J — Vicka, daran hast du dich gut erinnert. Ich habe beim Abhören eines Tonbandes festgestellt, daß ihr zum ersten Mal in der Kirche mit dem Volk am 2. Juli 1981 sieben Vaterunser gebetet habt. Aber ihr habt es doch nicht gerade jeden Tag gebetet. Denn auf dem Tonband vom 10. Juli wurde klar aufgezeichnet, daß ihr Seher nicht da seid, und daß ihr auch nicht kommen würdet. Ich glaube, daß ihr damals (du kennst auch den Grund dafür) im Pfarrhaus versteckt wurdet.

V — Ah, ja! Ich weiß. Damals hatten wir auch die Erscheinung im Pfarrhaus.

J — Das ist richtig. Aber gehen wir doch ein bißchen zurück?

V — Gut, wenn es sein muß.

J — Hier müßte man etwas klarstellen, was nicht so einfach ist. Es ist nämlich so: Euch wird vorgeworfen, daß ihr ungleiche Antworten im Zusammenhang mit den sieben Vaterunser gegeben habt.

V — Welche Antworten?

J — Es wird gesagt, daß — auf die gleiche Frage hin — der eine behauptete, eine Oma habe euch gesagt, die sieben Vaterunser zu beten. Der andere sagte, es sei ein alter Brauch in eurer Gegend, dies zu beten, und ... Der dritte aber, die Gospa habe gesagt, dies zu beten.

V — Gut. Wo steckt nun das Problem?

J — Welche ist von diesen drei Antworten richtig?

V — Alle drei sind richtig!

J — Wieso nun das?

V — Es ist ganz einfach. Ja, es ist wahr, daß uns die Frauen (mag sein, eine Oma) gesagt haben, sieben Vaterunser zu beten. Es ist gleichermaßen wahr, daß in unserer Gegend, besonders im Winter, sieben Vaterunser gemeinsam gebetet wurden. Und es ist wahr, daß dies die Gospa, sowohl uns als auch dem Volk, zu beten empfohlen hat. Die Gospa fügte nur noch das Glaubensbekenntnis hinzu. Und was soll denn da nicht richtig sein, und warum soll man sich über unsere Aussagen wundern? Ich glaube, daß meine Oma auch vor den Erscheinungen jeden Tag die sieben Vaterunser gebetet hat.

J — Aber ihr drei habt darüber verschieden gesprochen!

V — Das ist noch einfacher. Jeder sagte die Wahrheit, und keiner sagte alles, was man hätte sagen sollen. Das hat mir einmal ein Priester aus Vinkovci erklärt. Seit damals ist mir alles wirklich klar.

J — Gut. Es sei so. Auch ich sehe darin kein Problem. Das ist unser gewöhnliches altes Gebet. Dies betete man auch bei uns zu Hause, als ich dort war. Das ist ja ein gewöhnliches Gebet, nur daß es mit der biblischen Zahl sieben verbunden ist.

V — Von der biblischen Verbindung weiß ich nichts. Ich weiß nur, daß es unser Gebet ist, das die Gospa angenommen und empfohlen hat.

J — Gut. Lassen wir das, aber mich interessiert noch etwas in diesem Zusammenhang. Und ich werde mich bemühen, mich möglichst kurz zu fassen: Für mich war es interessant, auch für viele andere, daß ihr Seher am Anfang nicht regelmäßig in die Abendmesse gekommen seid!

V — Und warum wundert ihr euch darüber? Niemand hat uns dazu richtig aufgerufen, und die Gospa ist uns gerade zu dieser Zeit am Podbrdo und später unten im Dorf erschienen. Wir gingen sonntags in die heilige Messe, an anderen Tagen, wenn wir Zeit hatten.

J — Vicka, die heilige Messe ist etwas Heiliges, etwas Erhabenes, das Erhabenste, was im ganzen Kosmos geschieht, und ...

V — Das weiß ich auch. Das habe ich hundertmal auch in der Kirche gehört, aber irgendwie verhalten wir uns nicht so. Die Gospa hat mit uns auch darüber gesprochen. Ich erinnere mich, daß sie einem von uns sagte, daß es besser ist, nur in die heilige Messe zu gehen, wenn man ehrfürchtig zuhört.

J — Hat die Gospa euch jemals in die Messe eingeladen?

V — Am Anfang nie. Wir wären ja gegangen, hätte sie uns eingeladen! Später schon. Manchmal hat sie uns sogar gesagt, wir sollten uns beeilen, sonst würden wir zu spät zur heiligen Messe kommen. Die Gospa wußte ja, was sie tat!

J — Seit wann geht ihr regelmäßig in die Abendmesse?

V — Seit uns die Gospa in der Kirche erscheint.

J — Und das ist?

V — Ungefähr seit Mitte Januar 1982. So scheint es mir.

J — Soweit alles gut.

* * *

DAS FASTEN DER GOSPA

J — Nun sollten wir über eine Sache sprechen, in der wir nicht gerade bestens übereinstimmen.

V — Als ob es nur *eine* solche gäbe!

J — Gut. Um nicht weit auszuholen: Es geht um das Fasten, das in Medjugorje empfohlen wird; doch manche stimmen dem nicht zu.

V — Wie meinst du das?

J — Es gibt Leute, die sagen, die Gospa habe nicht so ein strenges Fasten angeordnet, wie man es sagt.

V — Sie hat es ja auch nicht angeordnet, sondern nur empfohlen! So habe ich es oft vom Altar gehört.

J — Gut. Was würdest du nun jemandem sagen, wenn er dich danach fragen würde?

V — Ich würde ihm sagen, daß die Gospa wünscht, man solle so fasten, und wer so fasten will, der möge es tun.

J — Gut. Würdest du ihm sagen, daß die Gospa dieses Fasten ersonnen hat, oder ...?

V — Nun, mir sagen die Frauen, daß man schon lange vor den Erscheinungen so gefastet hat. Und warum sollte man dies nicht auch jetzt tun?

J — Man hat wirklich so gefastet. Das nannte man ,,Trocknen'', oder ,,Nichtsessen''. Meine verstorbene Mutter durchfastete so zumindest zwanzig Weihnachten. Nur zu Mittag nahm sie anstatt Wasser ein Glas Rotwein zu sich.

V — Das hat sie sicher für dich getan!

J — Lassen wir das, Vicka! So wie du deine Geheimnisse hütest!

V — Ist gut. Ich scherze nur. Und sieh, so wie mancher es früher getan hat, so tut es mancher auch heute.

J — Und was wird mit denjenigen geschehen, die dies nicht tun?

V — Was soll denn geschehen! Deswegen kommt niemand in die Hölle. Ich denke so.

J — Aber wie hat es die Gospa wirklich gesagt?

V — Das war etwas später, als sie uns nahelegte, wie man für die Bekehrung der Sünder fasten und beten muß. Wir haben sie gefragt, wie man fasten müsse, und sie sagte bei Brot und Wasser. Das sagten wir dann dem Priester. Und so ... Das ist wie mit den sieben Vaterunser. So hat man angefangen zu beten und zu fasten, und dann hat sie gesagt, daß man so beten und fasten solle.

J — Was hat sie zuerst empfohlen: sieben Vaterunser oder das strenge Fasten?

V — Zuerst sieben Vaterunser. Doch ich bin mir nicht so ganz sicher, ob sie die Vaterunser und das Glaubensbekenntnis schon am fünften oder sechsten Tag empfohlen hat, und das Fasten etwas später.

J — Könntest du dich überhaupt nicht entsinnen, wann es genau war?

V — Nein. Was soll ich sagen, ich weiß es ja nicht! Ich weiß, daß auch dies ziemlich bald erfolgte.

J — Bist du sicher, daß die Gospa es wirklich empfohlen hat?

V — Das schon. Daran erinnere ich mich genau!

J — Es ist gut. Aber vielleicht übertreibt man doch ein bißchen bei der Empfehlung dieses Fastens?

V — Das weiß ich nicht. Dies ist nicht meine Sache.

J — Ich glaube, daß auch du dabei ein bißchen übertrieben hast!

V — Wie meinst du das?

J — Du hast ja mehr gefastet, als es nötig war.

V — Das ist aber meine Sache!

J — Deine schon, jedoch nicht nur deine. Man muß auch auf die Gesundheit achten.

V — Selbstverständlich muß man das tun! Dabei habe ich auf meine Gesundheit geachtet.

J — Gut. Aber wovon hast du so viele Pfunde verloren?

V — Das ist wiederum eine andere Sache. Lassen wir es lieber!

J — In Ordnung, Vicka! Hast du noch etwas über das Fasten zu sagen?

V — Was soll ich sagen! Wer fastet, tut Gutes, wer aber nicht fastet, sündigt bestimmt nicht. Es sei denn, daß er dasjenige Fasten nicht hält, das die Kirche anordnet.

J — Das ist in Ordnung. Kann man noch auf eine andere Art fasten?

V — Es ist nicht meine Aufgabe, darüber zu sprechen. Auch vom Altar hast du davon schon oft gehört. Das Wichtigste ist, daß man fastet, jeder so, wie er kann.

* * *

DER ERSTE AUFTRITT IN DER KIRCHE

J — Nun, Vicka, es wäre nach alledem interessant, möglichst genau festzustellen, wann ihr Seher angefangen habt, öffentlich in der Kirche aufzutreten?

V — Ich weiß es nicht genau, aber ich glaube, daß es ungefähr zehn Tage nach der ersten Erscheinung während der Abendmesse war.

J — Und wann war die Messe?

V — Das habe ich dir ja gerade gesagt: ungefähr zehn Tage nach der ersten Erscheinung. Wer hätte sich dies in den ereignisreichen ersten Tagen merken können! Aber in der letzten Zeit sagte mir jemand, daß jene Messe aufgenommen worden sei, und daß sie am 2. Juli stattgefunden habe. Man sagt, daß auch unser Beten der sieben Vaterunser mit dem Volk nach der Messe aufgenommen wurde.

J — Vicka, da hast du gut hingehorcht. Das Tonband habe auch ich in der letzten Zeit mir angehört. Und nach dem Tonband ist es klar, daß ihr am 2. und 3. Juli mit dem Volk in der Kirche sieben Vaterunser gebetet habt. An dem Tag habt ihr in der Kirche auch zu dem Volk etwas gesprochen. Erinnerst du dich, wer und was man gesprochen hat?

V — Ich glaube, daß ich und der kleine Jakov gesprochen haben. Die anderen ließen sich nicht dazu überreden. Mein Pater, das war nicht leicht!

J — Gut. Wie seid ihr eigentlich dazu gekommen, etwas zu sagen?

V — Der Pfarrer hat uns darum dringend gebeten. Das war schwer, aber was kann man machen!

J — Würdest du jetzt gern hören, wie es war?

V — Ja und nein! Ich weiß, daß es elend war. Ich habe nicht einmal richtig um mich selbst gewußt. Aber gut, wenn du die Tonaufnahme hier hast, so können wir ein bißchen davon hören.

J — Hier, ein kleiner Ausschnitt.

Pater Jozo: Am Ende dieser Messe wollen die Kinder, die ihre Vision und ihre Begegnung mit der Gospa gehabt haben, für euch und für eure Leute zu Hause beten. Bitte, nicht reden ... Ihr alle werdet sie sehen ... (Die Seher beten sieben Vaterunser, Ave Maria und Ehre sei dem Vater ...)

Pater Jozo: Nun werden die Mädchen zu euch reden — ich weiß nicht was — aber wahrscheinlich werden sie euch von ihren Erfahrungen in den letzten Tagen erzählen ... Und ich hoffe, daß ihr sie verstehen werdet ... Jetzt wird ein Junge sprechen, den man hinter dem Altar nicht sehen kann ... Jakov spricht: ,,Ich habe heute die Gospa gebeten, uns doch ein Zeichen zu hinterlassen ... Und sie hat nur mit dem Kopf genickt und ist verschwunden ... Beim Weggehen sagte sie uns: ,,Gehet hin in Gottes Frieden, meine lieben Engel!"

J — Nun siehst du, Vicka, wie es ungefähr ausgesehen hat. Aber wäre das jetzt anders?

V — Vielleicht ja, vielleicht aber auch nicht. Nicht viel anders.

J — Gut. Und seid ihr damals — und von da an jeden Tag — in die Kirche gekommen und habt dort mit dem Volk gebetet?

V — Ja. Doch nicht gerade jeden Tag. Manchmal hat uns irgendetwas verhindert.

J — Was hat euch verhindert?

V — Manchmal haben wir uns versteckt. Es gab allerlei!

J — Wovor habt ihr euch versteckt?

V — Vor der Polizei, oder ...

J — Vielleicht damals, als ihr am Anfang einige Male die Begegnung mit der Gospa im Pfarrhaus hattet?

V — Gerade damals. Doch lassen wir das. Darüber haben wir bereits etwas gesagt.

J — Ich weiß, aber trotzdem. Aus einer Aufnahme ist zu hören, daß ihr etwa damals, und das war am 10. Juli, nicht in die Kirche gekommen seid, und daß ihr nicht kommen würdet. Das sagte der Pfarrer öffentlich dem Volk vom Altar.

V — Aber hat er gesagt, warum?

J — Nein, er teilte das nur mit.

V — Es ist besser so. Das war gerade damals, als wir uns vor der Polizei versteckt hatten.

J — Warum habt ihr euch versteckt?

V — Ich weiß es ja auch nicht. Vielleicht hätte uns niemand etwas angetan. Aber wer weiß? Man hat uns irgendwie Angst eingejagt.

J — Gut, so wollen wir nun dies abschließen. Also: Wir können sagen, daß ihr schon am neunten Tag seit der ersten Erscheinung angefangen habt, regelmäßig mit dem Volk in der Kirche sieben Vaterunser zu beten.

V — Gut, du sagst es. Und du weißt, was du sagst.

DIE SCHWIERIGKEITEN MIT DEM VOLK

J — Und nun etwas aus einem ganz anderen Gebiet. Soviel ich weiß waren schon am dritten Tag der Erscheinungen hunderte von Gläubigen (vielleicht auch Ungläubigen!) bei euch, am vierten Tag waren es schon Tausende. Hast du dir jemals darüber Gedanken gemacht, wer oder was das Volk so zahlreich versammelt hat?

V — Ich habe mir Gedanken gemacht, und darüber haben wir schon gesprochen. Ich weiß nur eines: Wir haben in keiner Weise irgendjemanden eingeladen.

J — Gut. Trotzdem sagst du mir auch hierüber etwas, ja?

V — Ich erinnere mich, dir schon gesagt zu haben, daß es die Sorge der Gospa war. Ihr half aber auch der Lärm, der um uns gemacht wurde. Wer hätte denn sonst, z.B. den Leuten aus Smederevo, Negotin — und so weiter — gesagt, daß am Podbrdo etwas Wunderbares geschieht?

J — Und auch sie kamen anscheinend?

V — Ja, selbstverständlich! Und zwar: Sie kamen zuerst in unsere Ortschaft. Die Leute waren müde, elend, hungrig. Da mußte man sich um sie kümmern.

J — Da gab es große Schwierigkeiten.

V — Ja, ja, große Schwierigkeiten. Es war schwierig für die Nacht eine Unterkunft zu finden. Gott gab, daß es Sommer und Frühherbst war, so daß man irgendwie zurechtkam.

J — Sonst war das Volk, soviel ich weiß, ziemlich ordentlich und es verhielt sich euch gegenüber mit gewisser Achtung.

V — Das stimmt. Aber niemand kann sich vorstellen, welch große Schwierigkeiten es mit dem Volk gab.

J — Inwiefern?

V — Oh, mein Pater, denk dir nur dies: Bereits vom vierten Tag an kamen Tausende von ihnen zum Podbrdo schon gegen Mittag oder noch früher. Und sie schwitzten in der Sonne und in den Dornsträuchern ohne Essen, ohne Wasser, ohne irgendetwas.

J — Hoffentlich nahmen sie etwas mit sich?

V — Selbstverständlich taten sie das! Aber was ist eine Flasche Wasser, oder ...?

J — Wahrscheinlich haben sie sich dann ins Dorf gedrängt und von euch zu Essen und Trinken verlangt?

V — Ja, natürlich! Besonders nach den Erscheinungen. Da kamen sie alle zu uns gerannt und verlangten nach etwas, was immer man auch hatte: Wasser, Wein, Brot und anderes.

J — Und was tatet ihr?

V — Man gab, solange man selbst was hatte. Das Wasser ging aber auch bei uns schnell aus. Ich kenne einen Mann, auch du kennst ihn, der nicht nur Wasser ausgab, sondern auch Wein und Schnaps, solange es irgendetwas gab. Er hat auch sieben, acht Zisternen Wasser gekauft und an das Volk verteilt.

J — Das ist gut. Er hatte zumindest die Gelegenheit, Wein und Schnaps gut zu verkaufen!

V — Wie, zu verkaufen? Er nahm von niemand einen Pfennig!

J — Das ist wirklich schön! Gott und die Gospa werden es ihm einmal reichlich vergelten.

V — Sicherlich! Du kennst ihn. Das ist der Mann, der wegen uns und wegen der Gospa sehr belästigt wurde. Deswegen segnete ihn die Gospa einmal ganz besonders und küßte ihn sogar.

J — Wie geschah das?

V — Es war im Herbst 1981. Wir hatten unsere regelmäßige Begegnung mit der Gospa, gerade bei uns zu Hause. Damals erzählte uns die Gospa viel über Pater Jozo. Und dann sagte sie zu uns, wir sollten diesen Mann einladen. Er war bei irgendeinem Kessel, denn er brannte gerade Schnaps. Wir sagten zu ihm: ,,Komm! Die Gospa ruft dich!'' Er kam angerannt, und wir erzählten ihm, die Gospa habe gesagt, daß es nur wenige Leute wie ihn gebe und daß sie ihn besonders gesegnet habe. Und dann küßte sie ihn.

J — Ich weiß, ich weiß. Das war euer Marinko.

V — Ja, ja. Ausgerechnet Marinko!

J — Einmal habe ich mit ihm darüber gesprochen. Er hat mir das alles genauso erzählt. Ich habe ihn sogar gefragt, ob er den Kuß der Gospa gespürt habe?

V — Was hat er darauf gesagt?

J — Er hat mir gesagt, daß er den Kuß nicht besonders gespürt habe, aber daß er in diesem Augenblick ganz wie von einem ,,Strom'', wie man so sagt, durchdrungen worden sei und daß er das im Leben nie vergessen werde. Aber nun weiter! Wir kamen vom Gegenstand unseres Gespräches ab. Sage mir nur noch, wann das Volk jeweils heimging?

V — Je nachdem. Es gab Leute, die zwei bis drei Tage blieben. Doch am schwierigsten war, daß sie uns Seher nicht in Ruhe ließen. Jeder wollte mit uns sprechen. Der eine fragte dieses, ein anderer jenes. Und wer kann jedem antworten! Wir wollten das auch.

J — Und wie kamt ihr dann zu Rande?

V — Ich hatte bald eine glänzende Idee: Ich bestieg einen Balkon. Mit lauter Stimme sprach ich von dort zu ihnen.

J — Wie ein richtiger Redner!

V — Ja, wie ein richtiger Redner. Die Straßen waren voller Leute, der Hof genauso, wie hätte man denn das anders meistern können!

J — Und was hast du zu ihnen gesprochen?

V — Ich sagte zu ihnen das, was ich wußte, was mir damals einfiel und was sie interessierte.

J — Über die Erscheinungen oder worüber?

V — Ich erzählte, wie es zu den Erscheinungen gekommen war, wie die Gospa aussieht, was sie als Botschaft bringt und so weiter.

J — Das Volk hörte zu?

V — Es hörte zu, aber einer fragte halt dieses, der andere jenes.

J — Und du antwortetest?

V — Ich antwortete was ich wußte und was mir gerade einfiel. Ich wußte ja auch nicht viel.

J — Und die anderen Seher? Haben sie auch mit den Leuten gesprochen und ihnen geantwortet?

V — Ja, aber am meisten ich. Alle schoben es irgendwie auf mich ab. Ich hatte keine Angst. Was ich weiß, das weiß ich.

J — Und so hatte sich das Volk endlich beruhigt und war weggegangen?

V — Was konnte es sonst tun! Jedoch das dauerte viele Male bis nach Mitternacht.

J — Und wie lange war es so?

V — Zwei bis drei Monate. Auch länger! Nur nicht gerade jeden Tag. Später, im Herbst, meistens samstags und sonntags.

J — Vicka, ich sehe, daß dies alles für euch nicht leicht war. Es ist ein richtiges Wunder, daß ihr das ausgehalten habt.

V — Oh, mein Pater, es geht uns jetzt genauso. Auch in diesem Sommer konnte ich mich fast den ganzen Tag über nicht richtig ausruhen. Oftmals hat man nicht einmal Zeit etwas zu essen, geschweige denn...

J — Man hat aber trotzdem ausgehalten?

V — Das sehen wir ja. Aber nur dank der Gospa.

J — Wie meinst du das?

V — Sie hat uns ja besonders geholfen. Das hätte man anders keinesfalls aushalten können!

* * *

Pater Janko Bubalo im Gespräch mit Vicka

DIE SEHER MIT DEN ZIVILEN UND
KIRCHLICHEN BEHÖRDEN

J — Vicka, du hast mir schon gesagt, daß euch am Anfang niemand recht verstanden hat. Das war gar nicht so einfach. Und es ist ganz normal, daß sich in euer damaliges Leben sowohl die zivilen als auch die kirchlichen Behörden eingemischt haben. Nun ein paar Gedanken darüber.

V — Ja, ich weiß nicht, was ich dir sagen sollte! Du hast ja schon gesagt, daß uns niemand verstanden hat und das reicht. Sowohl die einen als auch die anderen haben uns geplagt.

J — Gut. Es ist mir schon klar, daß die zivilen Behörden euch gar nicht verstehen konnten und daß sie deswegen beunruhigt waren. Und wir wissen im großen und ganzen, wie sie sich euch gegenüber verhalten haben. Wie haben sich aber die Leute aus den kirchlichen Behörden euch gegenüber verhalten?

V — Auch sie haben uns genug geplagt.

J — Und wer hat dies getan?

V — Im Anfang am meisten Pfarrer Pater Jozo, aber auch die anderen Priester. Man hat uns ständig irgendwie verdächtigt ... geprüft ... geplagt ... Doch darüber möchte ich jetzt nichts mehr sagen.

J — Ich habe erfahren, daß auch unser Bischof euch einmal am Anfang geprüft hat?

V — Ja, ja! Das war, so meine ich, vor dem Fest des heiligen Jakobus. Damals war bei uns Firmung, und so kam er vor der Firmung.

J — Gut. Aber was habt ihr damit zu tun gehabt?

V — Damals hatte man überall von Medjugorje gehört, und er nutzte die günstige Gelegenheit, um mit uns zu sprechen.

J — Wahrscheinlich hat er euch etwas gefragt?

V — Ja, selbstverständlich! Zuerst hat er von jedem von uns getrennt einen Eid abgenommen, daß wir die Wahrheit sagen werden. Dann befragte er uns.

J — Was hat er euch gefragt?

V — Dieses: Ob wir die Gospa wirklich gesehen haben? Wie es war? Wie die Gospa aussieht? Was sie uns gesagt hat? Solche Dinge halt.

J — Habt ihr ihm frei davon erzählt?

V — Völlig frei, obwohl es nicht so einfach war. Wir Kinder — und

Pilger vor der überfüllten Pfarrkirche während eines Gottesdienstes

Die Seherin Vicka im Gespräch mit Pater Bubalo

Bischof ist Bischof.

J — Es scheint mir aber, daß es damals doch zu einem Mißverständnis zwischen dem Bischof einerseits und Mirjana und Ivanka andererseits gekommen war?

V — Ja, es war etwas. Sie haben später aus Angst vor einem Eid gesagt, daß sie dort auch geraucht hatten.

J — Und haben sie geraucht?

V — Wenn sie es zugegeben haben, dann haben sie es auch sicher getan. So zum „Scherz". Aber sie gingen nicht hin, um zu rauchen. Sie konnten ja auch zu Hause rauchen! Der Bischof jedoch sagte, sie hätten gelogen, weil sie es nicht gleich zugegeben hätten.

J — Und haben sie gerade deswegen das Dorf verlassen?

V — Nein, nein! Wir haben schon am Morgen abgesprochen, daß wir am Nachmittag ein bißchen in jene Richtung spazieren gehen wollen. Und ich habe dir gesagt, daß sie ohne mich hingegangen sind und wie ich später zu ihnen gekommen bin.

J — Gut. Aber hast *du* geraucht?

V — Jetzt fängst auch du damit an! Nein. Was wäre, wenn ich es getan hätte? Der Bischof hat auch bei mir darauf bestanden, aber ich kann nicht sagen, daß ich geraucht habe, wenn ich es nicht getan habe.

J — Nun, lassen wir das. — Hat der Bischof eure Antworten aufgeschrieben?

V — Nein. Warum soll er, wenn er doch alles auf Tonband aufgenommen hat.

J — Gut. Hat er versucht, euch zu überzeugen, daß es in euren Visionen nichts gibt, daß euch nichts in Erscheinung kommt und Ähnliches?

V — Nein, nein! Damals war er ganz anders als jetzt. Er hat uns gesagt, daß wir gut sein sollen, daß wir zu der Gospa viel beten sollen. Und bei der Firmung sagte er öffentlich und laut vor dem ganzen Volk, daß wir nicht lügen würden, daß uns niemand verführt habe und daß wir die Wahrheit sagten.

J — Und wie war der Abschied?

V — Fein! So freundlich! Es war alles fein.

J — Das hat euch damals wahrscheinlich gefreut?

V — Ja, selbstverständlich! Warum denn nicht?

J — Und später kam es zu manchen Mißverständnissen zwischen dem Bischof und euch?

V — Ja, aber wir sind nicht daran schuld, daß man davon erfahren hat.

Du kannst dich erinnern, daß gerade du mich einmal darüber gefragt hast. Sage nun, was ich dir gesagt habe!

J — Ja, ich erinnere mich. Ich bat dich, daß du mir dieses Mißverständnis ein bißchen erklärst, und du sagtest mir, daß du mit mir darüber nicht sprechen könnest, ohne die Gospa zu fragen. Ich habe dir gesagt, daß du die Gospa fragen und mir dies dann erklären solltest.

V — Was sagte ich dir dann?

J — Ich weiß nicht, ob du die Gospa jemals darüber gefragt hast, ich erinnere mich nur, daß du mir später nichts darüber gesagt hast.

V — Gut. Dann vergessen wir das.

J — Ja gut, gut! Jetzt interessiert mich das auch wirklich nicht mehr. Ich glaube, daß dies alles einmal klarer sein wird.

V — Ich hoffe es auch.

* * *

BEUNRUHIGUNGEN DURCH JOURNALISTEN
UND DAS FERNSEHEN

J — Vicka, nun gehen wir weiter. Wir alle wissen, daß euch in den ersten Tagen und Monaten sowohl die christlichen als auch die nichtchristlichen Zeitungen beunruhigten, weil sie allerlei sowohl über euch als auch über die Erscheinungen der Gospa geschrieben haben. Doch darüber möchte ich jetzt nicht reden, sondern sage mir nur, wenn du dich erinnerst: Hast du selbst damals ein Interview, eine Erklärung für irgendeine Zeitung abgegeben?

V — Ja, ja.

J — Erinnerst du dich, welche Zeitung es war?

V — Meinst du den Namen der Zeitung?

J — Ja, gerade das möchte ich wissen.

V — Die Zeitung hieß »Reporter«.

J — Erinnerst du dich an die Journalisten, die dich interviewt haben?

V — Nein, ich erinnere mich nicht. Ich kannte damals nicht einmal ihre Namen.

J — Und haben sie wirklich mit dir gesprochen?

V — Wirklich, was denn sonst!

J — Wo war das?

V — Im Pfarrhaus.

J — Wie lange habt ihr miteinander gesprochen?

V — Ziemlich lange. Ich glaube länger als eine Stunde.

J — Warst du allein mit ihnen?

V — Nein. Bei mir war Pater Slavko, und sie waren zu zweit. Wir zwei und sie zwei.

J — War noch jemand dabei?

V — Jetzt erinnere ich mich nicht. Ich glaube, niemand.

J — Und was haben die Journalisten dich alles gefragt?

V — Alles mögliche. Du kennst ja die Journalisten! Sie fragten, was war und wie es war.

J — Haben sie dir gesagt, daß es für die Zeitung ist?

V — Ja, daß es für die Zeitung ist, aber nicht, daß es für »Reporter« ist.

J — Was hast du ihnen wirklich gesagt?

V — Alles, über was sie mich gefragt haben, sofern ich es wußte. Später wäre es mir wirklich lieber gewesen, ich hätte es nicht getan, aber ich habe es getan.

J — Hast du die Zeitung jemals gesehen?

V — Ja.

J — Hast du das in ihr gelesen?

V — Das auch.

J — Hast du sie vielleicht aufgehoben?

V — Nein! Was soll ich aufheben! Das ist eine schmutzige Zeitung.

J — Weißt du, ob die Journalisten auch alles wortgetreu wiedergegeben haben?

V — Ja, ziemlich.

J — Gut, Vicka! Doch auch das Fernsehen hat euch, soviel ich mich erinnere, einige Male vorgestellt?

V — Ja, einmal den kleinen Jakov.

J — Und euch?

V — Uns nicht. Wir wehrten uns dagegen.

J — Und haben sie es versucht?

V — Ja, natürlich! Einmal kam das ganze Team aus Sarajevo, um uns aufzunehmen.

J — Und?

V — Wir wehrten uns dagegen. Wir versteckten uns im Haus von Jakov und gingen nicht raus.

J — Und haben sie euch gerufen?

V — Ja, selbstverständlich! Sie belagerten das Haus. Sie riefen uns durchs Fenster, aber — umsonst!

J — Gut. Warum habt ihr ihnen nicht erlaubt, euch aufzunehmen? Normalerweise haben es Kinder gern, im Fernsehen oder irgendwoanders gesehen zu werden?

V — Das hatten wir nicht gern. Besonders in diesem Fall nicht. Warum soll jemand über uns oder über die Gospa spotten? Sie haben auch was anderes zu tun.

J — Erinnerst du dich, wer sich aus dem ganzen Team besonders darum bemüht hat?

V — Eine gewisse Dubravka. Sie hat am meisten gedrängt.

J — Und, am Ende?

V — Am Ende nichts. Als sie eingesehen haben, daß es nicht geht, sind sie dort hingegangen, woher sie gekommen sind.

* * *

EIN NACHTERLEBNIS AM PODBRDO

J — Vicka, es wurde erzählt, daß ihr am Anfang (aber auch später) oft sogar nachts zum Podbrdo gegangen seid, zum Ort der ersten Erscheinungen der Gospa. Mir fällt jetzt besonders euer Nachtspaziergang, ungefähr zwanzig Tage nach der ersten Erscheinung, ein. Erinnerst du dich daran?

V — Vielleicht denkst du an den Spaziergang, als uns der helle Ballon erschien und ...?

J — Ja, ja! Gerade daran.

V — Ich erinnere mich — wie soll ich mich nicht erinnern! Das werde ich nie vergessen.

J — Nun etwas darüber. Wer ging denn hin? Was hat euch nach oben gezogen? Um wieviel Uhr geschah das?

V — Es war nach zehn, vielleicht gegen elf Uhr. Genau erinnere ich mich nicht mehr. Wir waren viele, vielleicht an die vierzig Personen.

J — Wer von euch Sehern war dabei?

V — Auch daran erinnere ich mich nicht genau. Doch ich weiß, daß ich, Ivan und Marija dabei waren.

J — Und warum so spät?

V — Weil die Gospa uns gesagt hat, daß wir zu dieser Zeit nach oben kommen sollen. Das sagten wir unseren Leuten in der Nachbarschaft. Und so gingen wir hin. Viele von uns waren barfuß.

J — Und was geschah, als ihr oben angekommen seid?

V — Wir fingen an zu beten.

J — Habt ihr die Gospa erwartet?

V — Ja, selbstverständlich! Wir wußten, daß sie kommen wird. Warum hätte sie uns sonst gerufen? Aber zuvor geschah etwas wunderbares.

J — Was denn, Vicka?

V — Als wir anfingen zu beten, geschah etwas, als ob sich der Himmel geöffnet hätte. Es leuchtete ein mächtiges Licht auf, und da kam etwas wie ein Ballon zu uns herab.

J — Hell, oder wie.

V — Ja, hell, aber etwas gelblich.

J — Und dann?

V — Der Ballon kam langsam herab, und wir beteten aufgeregt. Es war merkwürdig!

J — Vielleicht hattet ihr sogar Angst?

V — Es war uns nicht gleichgültig! Der Ballon kam zu uns herab (da hatte man keine Zeit zum überlegen!) und platzte auf über der Erde. Aus ihm heraus flogen tausende von herrlichen Sternchen ... Manche, wie ich hörte, sahen auch ein helles Kreuz. Ich erinnere mich nicht mehr so genau.

J — Wer hat überhaupt, z.B. den Ballon gesehen, und ...?

V — Das haben, soviel ich weiß, alle, die damals dabei waren, gesehen. Man hörte damals, daß auch einige Leute aus dem anderen Dorf das gleiche gesehen hätten. Von Vasiljs, Čilićs und ... Manche, besonders die Kinder, sind sehr erschrocken. Wir haben versucht, sie zu beruhigen. Wir sagten ihnen, daß sie sich beruhigen sollten, weil die Gospa unter uns sei und daß wir gleich beten wollten.

J — Und ihr habt zu beten angefangen?

V — Ja, selbstverständlich. Wir knieten auf die Steine nieder und fingen an zu beten. Noch nie hatte man so gebetet. Man betete und weinte zugleich.

J — Wie lange hat es gedauert?

V — Ich weiß es nicht genau. Für mich ging es schnell vorbei, man sagt aber, daß es etwa vierzig Minuten gedauert habe.

J — Und was geschah dann?

V — Wir Seher haben gesagt, daß die Gospa alle Anwesenden sehe und daß sie uns gesagt habe, jeder, der wolle, dürfe sie berühren.

J — Und haben sie die Gospa berührt?

V — Manche ja, aber manche nicht. Sie drängten alle auf einmal zu ihr hin. Dabei traten ihr einige auf den Schleier, einige auf das Kleid, und sie ging dann weg.

J — Und ihr?

V — Auch wir standen dann auf. Wir sangen ein bißchen, erzählten und gingen langsam nach Hause. Zu Hause kamen wir gegen ein Uhr an. Wir beruhigten uns ein wenig und gingen bald ins Bett.

J — Vicka, ihr habt wirklich wunderschöne Dinge erlebt!

V — Niemand weiß, was wir alles erlebt haben. Nur Gott und die Gospa wissen es. Denn auch wir haben vieles vergessen. So viele Tage, so viele Erlebnisse! Sieh, hättest du mich nicht gefragt, hätte ich mich jetzt nicht daran erinnert, und du hast nun gehört, wie wunderschön es war.

* * *

DIE ZEICHENHAFTE ERMAHNUNG

J — Es ist schon sonderbar, Vicka, daß du mir nie von einer der wichtigsten Begebenheiten aus den Erscheinungen der Gospa erzählt hast.

V — Was meinst du damit, mein Pater?

J — Es war am 2. August 1981. Und es ist nicht zufällig, daß es gerade an diesem Tag geschehen ist! Wenn du willst, könnte ich es ein bißchen erläutern?

V — Warum nicht! Das ist mir lieber.

J — Also, am damaligen zweiten August, soviel ich mich erinnere, im Jahre 1216, erschien in einer kleinen Kirche in Assisi die Gospa mit einer Schar von Engeln dem heiligen Franziskus. Sie sagte zu ihm: „Wer immer hierher kommt, fromm beichtet und kommuniziert, wird einen vollkommenen Ablaß gewinnen." Später hat dies der Papst bestätigt. Und dann hat ein anderer Papst dieses Privileg allen franziskanischen Kirchen in der Welt erteilt. Jetzt ist es etwas verändert, aber deine Oma erinnert sich (und auch die Mutter) immer noch, daß es bis vor kurzem der Tag war, an dem man am meisten gebeichtet hat, ich meine in unseren franziskanischen Kirchen.

V — Nun lassen wir lieber die Oma! Was willst du denn sagen?

J — Ich will sagen, daß es nicht ganz zufällig ist, daß die Gospa euch ausgerechnet an diesem Tag auf solche Weise erschienen ist.

V — Ich verstehe dich noch immer nicht.

J — Vielleicht würdest du, Vicka, das besser zu Ende erzählen. Doch nun, ich will mal weiter davon sprechen. Ihr seid an diesem Tag, nachdem ihr aus der Kirche gekommen seid, nach unten zum Dreschplatz (zum Feld, wie ihr sagt) gegangen und dort erschien euch die Gospa noch einmal.

V — Das ist richtig, nur hast du nicht gesagt, daß der Marija, nachdem wir aus der Kirche gekommen waren, die Gospa zu Hause erschien. Sie sagte ihr, daß wir später zum Dreschplatz herunterkommen sollten. Die Gospa sagte ihr auch, daß zwischen dem Satan und ihrem Sohn ein großer Kampf um die Seelen der Menschen geführt werde.

J — Siehst du, Vicka, daß du es besser weißt als ich. Fahre nun fort ...

V — Nein, nein! Du hast damit angefangen! Ich werde nur etwas hinzufügen, wenn du es nicht weißt.

J — Erzähle, ich bitte dich!

V — Die Gospa sagte ihr, daß der Satan sich besonders wünsche, sich unter uns Seher einzuschleichen, doch wir dürften nicht nachgeben.

J — Und auf welche Weise hat es der Satan versucht?

V — Das kann ich dir nicht sagen, und das mußt du auch nicht wissen.

J — Gut. Und so seid ihr dann zum Dreschplatz gegangen.

V — Ja. Aber wenn du schon angefangen hast, so fahre jetzt fort.

J — In Ordnung! Ich habe es so gehört: ihr seid (etwa vierzig Personen) heruntergegangen. Ihr habt mit Beten begonnen, und die Gospa kam.

V — Gut. So war es mehrmals.

J — Ja, das stimmt, aber trotzdem war es damals etwas Besonderes. Denn nachdem ihr gebetet hattet, sagte die Gospa, daß alle Anwesenden sie berühren dürfen.

V — Und was geschah dann?

J — Man sagt, daß die Leute Schlange standen und dann der Reihe nach hinzutraten und die Gospa berührten. Marija sagte ihnen, wo sie berühren sollten.

V — Und dann?

J — Das war merkwürdig. Nach der Berührung von vielen blieb an der Gospa ein Flecken am Kleid, so daß die Gospa am Ende befleckt und beschmutzt aussah.

V — Das kenne ich. Wenn sie von denjenigen berührt wurde, die unreinen Herzens waren, blieb an der Gospa ein Flecken.

J — Und hast auch du das so gesehen?

V — Nein, nein! Damals war ich überhaupt nicht dabei.

J — Da hat man es jetzt! Ich habe das alles auch deinetwegen erzählt, um deine Meinung darüber zu erfahren, und jetzt ist nichts.

V — Wieso nichts! Du hast ja alles gut erzählt. So hat man es auch mir erzählt, gleich nachdem sie von unten zurückgekehrt waren. Und dir hat es sicher Marinko erzählt?

J — Ja. Einmal hat mir Marinko davon ausführlich berichtet und einmal genauso auch Marija.

V — Nun gut. Jetzt ist dir alles klar.

J — Vicka, ich bin aber noch nicht fertig!

V — Was gibt es denn noch?

J — Marinko sagte mir, daß Marija, nachdem die Gospa erschienen war, in Tränen ausgebrochen sei. Marinko kam zu ihr geeilt und fragte sie: „Marija, was ist denn, warum weinst du?" Marija sagte ihm: „Was denn, was mit mir ist? Wie sollte ich nicht weinen! Siehst du, wie schmutzig die Gospa ist." Dann sagte ihm Marija, daß von der Berührung der Gospa durch die vielen Hände an ihrem Kleid ein häßlicher Flecken geblieben sei. Marija sagte auch mir, daß alle Seher die anwesend waren, dies gesehen hätten. Sie sagte mir, daß der kleine Jakov damals nicht dabei war, und sieh, du sagst, daß auch du bei dieser Erscheinung nicht dabei warst.

V — Ich wäre gewiß gekommen, aber ich hatte Zahnschmerzen, und du weißt ja, wie das ist.

J — Gut, Vicka. Aber hier gibt es noch etwas besonders Interessantes.

V — Und das wäre?

J — Es ist interessant, daß niemand von den Sehern jemanden im Gedächtnis behalten konnte, nach dessen Berührung ein Flecken an die Gospa kam.

V — Ja, ja. So hat man es auch mir erzählt.

J — Aber noch dies: Nachdem Marija gesagt hatte, was und warum dies alles mit der Gospa geschehen war, flehte Marinko aus voller Kraft: ,,Leute, morgen alle zur Beichte!"

V — Das ist ja ihre Sache! Darüber weiß ich nichts und ich möchte auch nichts wissen.

J — Das ist gescheit von dir! Doch ich weiß, daß dieses Flehen nicht umsonst war, denn gerade in jenen Tagen kam eine große Anzahl der Pfarrkinder von Medjugorje zur Beichte und suchte Versöhnung mit Gott. Wir, die wir Beichte hörten und die Leute erwarteten, wunderten uns nicht wenig über die große Menge des Volkes. Gott ist sowohl mächtig als auch einfallsreich, wenn er auf besondere Weise ruft.

* * *

DAS SELTSAME SPIEL DER SONNE

J — Vicka, obwohl wir „die zeichenhafte Ermahnung" von eurem Dreschplatz vom 2. August erläutert haben, interessiert mich doch, ob du dich noch an etwas besonderes erinnern könntest, was am gleichen Tag geschah?

V — Ich weiß nicht. Ich erinnere mich an nichts besonderes.

J — Seltsam. Aber damals ereignete sich noch etwas, was sich für die große Mehrheit der Menschen normalerweise nie ereignet.

V — Ich weiß wieder nicht, worauf du hinauswillst!

J — Erinnerst du dich nicht an das nicht alltägliche Spiel der Sonne, das an diesem Tag eine große Anzahl von Leuten gesehen hatte?

V — Gut. Hast du es gesehen?

J — Leider nicht, doch ich hätte es gern gesehen!

V — Ich auch, aber ich sah es ebenfalls nicht. Ich glaube, daß wir damals bei der Begegnung mit der Gospa waren. Man hat mir später darüber erzählt, aber ich kann dir nichts sagen, wenn ich es nicht gesehen habe. So kannst du jemanden anderen fragen, wenn es dich so sehr interessiert. Ich habe genügend Zeichen Gottes gesehen.

J — Gut, Vicka, darüber habe ich schon mehrmals nachgefragt. Und hier will ich dir sagen, was mir ein jüngerer, helläugiger Mann darüber erzählt hat. Auf das Tonbandgerät sagte er folgendes: „Am 2. August 1981, ungefähr nach sechs Uhr abends, gerade zu der Zeit, wenn die Gospa gewöhnlich den Sehern erscheint, befand ich mich mit vielen Leuten vor der Kirche in Medjugorje. Auf einmal bemerkte ich ein seltsames Spiel der Sonne. Dann ging ich auf die südliche Seite der Kirche, um besser zu sehen, was da geschieht. Zuerst war, als ob sich ein Ring von der Sonne trennte und gleichsam zur Erde ging." Der Mann sagt, daß es wunderschön, aber doch schauderhaft zum Anschauen war.

V — Und was dann?

J — Er sagt weiter, daß dann die Sonne angefangen habe, hin und her zu schwanken. Danach hätten gleichsam irgendwelche Ballone begonnen, aus ihr herauszugehen, die vom Wind geschwenkt in Richtung Medjugorje getragen worden seien. Ich fragte den Mann, ob noch jemand dieses gesehen habe. Er sagte mir, daß dies viele um ihn herum gesehen hätten, und diese hätten sich genauso wie er darüber gewundert. Er ist ein Taxifahrer. Er erzählte, daß er dasselbe von manchen Leuten aus Vitina gehört habe ... Sowohl er, als auch diejenigen, die bei ihm waren, sagen, daß sie sehr erschrocken seien; sie hätten begonnen zu beten und hätten Gott und die Gospa um Hilfe angerufen.

Dasselbe, noch temperamentvoller, beschrieb mir ein Neffe von mir aus meinem Geburtsort Turĉinoviĉi. Damals versammelte sich, wie es bei ihnen Brauch ist, das ganze Dorf zur Beerdigung meiner letzten, neunzigjährigen Tante, der fünften Schwester meiner Mutter. Und ausgerechnet als der Trauerzug aus dem Hause ging, sahen einige — und dann alle — das seltsame Spiel der Sonne. Alle hielten an. Sie knieten hin, beteten aufgeregt und beobachteten dies länger als zehn Minuten. Die Aufregung wollte kein Ende nehmen, aber man mußte weitergehen und die Beerdigung zu Ende führen.

Selbstverständlich hat man die Wiedererzählung und Deutung der seltsamen Erscheinung an diesem Tag und an den darauffolgenden Tagen fortgesetzt. Sowohl mein Neffe als auch der Mann von Medjugorje sagen, sie alle seien sehr erschrocken gewesen. Sie hätten mehr und inniger als jemals zuvor gebetet und Gott und die Gospa um Hilfe angefleht.

V — Und so endete das dann?

J — Ja, das war es. In einer halben Stunde hat sich alles wieder einigermaßen beruhigt, doch diese große Aufregung haben bis heute wohl die wenigsten vergessen.

V — Es ist nicht wichtig, aber darf ich wissen, wer dir das erzählt hat.

J — Du darfst es wissen, wenn du willst. Der Mann hat mir gesagt, daß er jederzeit bereit sei, das zu beschwören, was er gesagt habe. Natürlich behauptet er nicht, daß jeder dies alles genauso sah. Er selbst steht zu dem, was er gesehen hat. Und damit du weißt: Fast das Gleiche hat mir ein gewissenhafter Priester beschrieben, der in Medjugorje dasselbe beobachtet hat. Nur er sagt nicht, daß er auch die Gospa am Turm gesehen habe.

V — Das ist gut, aber du sagtest mir noch nicht, welcher Mann es war?

J — Vicka, Entschuldigung! Andere Gedanken haben mich davon abgebracht. Dies erzählte mir Niko Vasilj, der Sohn von Ante aus Podmiletina. Den Namen darf ich dir sagen, weil er sagte, daß ich ihn als Zeugen angeben könne, wann immer ich es wolle. Und siehst du, Vicka, daß ich nicht nur frage, sondern daß ich auch erzählen kann, wenn ich will.

V — So soll es auch sein, daß nicht nur ich antworte.

* * *

DAS VERBOT DES BESUCHS AM PODBRDO

J — Vicka, ungefähr Mitte August 1981, das war genau am 12. 8. jenes Jahres, wurde euer Abendgang zum Podbrdo verboten. Mit Sicherheit erinnerst du dich daran?

V — Selbstverständlich erinnere ich mich daran. Und wie!

J — Gut. Kannst du dich auch daran erinnern, wer euch dieses Verbot mitgeteilt hat?

V — Daran erinnere ich mich nicht mehr genau. Jemand sagte es uns. Wer es war, weiß ich nicht mehr.

J — Gut. Wie hat das Verbot auf dich gewirkt?

V — Es war mir schwer zumute, obwohl ich nicht richtig wußte, was es bedeutet und worauf das hinauslaufen wird. Und ich sah plötzlich: Auf allen Seiten stehen die Wachen. Was kann man da machen!

J — Wer hielt Wache?

V — Die Polizei von Citluk, Mostar, und wer weiß, woher noch. Ich glaube, daß unter ihnen auch Leute aus unserem Dorf waren.

J — Dies tagsüber oder nachts?

V — Sowohl tagsüber als auch nachts. Immer!

J — Erinnerst du dich, wo überall Wache gehalten wurde?

V — Ach, wer weiß denn das! Ich weiß nur, daß man damals sagte, daß Wache an zehn, elf Stellen gehalten werde.

J — Gut, Vicka. Und wer hat die Wachen eingeteilt?

V — Auch das weiß ich nicht genau. Wahrscheinlich die Leute von Citluk. So schien es mir. Aber wozu brauchst du dies jetzt zu wissen?

J — Ich brauche es eigentlich nicht zu wissen, aber nun, wenn wir schon darüber reden, so gehört auch das dazu. Demnach habt ihr an diesem Tag keine Begegnung mit der Gospa gehabt?

V — Pater, ich habe dir schon gesagt, daß du manchmal ein wenig zu schnell bist. Wer sagt dir denn, daß wir an diesem Tag keine Begegnung mit der Gospa gehabt hätten?

J — Nun ja, ich weiß nicht, wo und wie ihr diese Begegnung gehabt haben könntet?

V — Mein Pater, die Gospa ist klüger als die Menschen! Wir haben uns zu der gewöhnlichen Zeit hinter einem Haus versammelt und haben angefangen zu beten. Wir haben wirklich nicht gewußt, ob die Gospa kommen wird, aber sie kam gleich. Sie war heiter und fröhlich! Sie betete mit uns, ermutigte uns, verabschiedete sich und ging weg.

J — Das ist wirklich interessant! Doch sage mir: Blieben die Wachen lange da?

V — Lange, jawohl. Ich glaube: fünf, sechs Monate. Doch diese Wachen wurden später von unseren Leuten übernommen. Sie haben sich selbst unterhalten und eingeteilt. Man sagt, daß sie dafür auch ein wenig bezahlt wurden. Mehr darüber weiß ich nicht.

J — Und dann hörte man damit auf?

V — Ja, sicher! Sie sahen alle ein, daß es keinen Sinn hat. Das Volk ertrug das alles geduldig und ließ sich nicht brechen.

J — Das ist gut, aber ihr, wie habt ihr Seher euch da zurechtgefunden?

V — Für uns war es günstiger als früher!

J — Wie denn?

V — Dies ist einfach. Zu unserer Zeit versammelten wir uns irgendwo und die Gospa kam zu uns wie früher. Noch fröhlicher als sie oben war. Sie blieb mit uns länger, betete, sang und ermutigte uns. Um uns gab es weniger Volk und Lärm. Was kann man sich besseres wünschen!

J — Gut. Aber hat euch die Gospa gesagt, daß sie kommen werde?

V — Sie hat es nicht gesagt, doch wir haben es gewußt. Mein Pater, Gospa ist Gospa! Wer kann mit ihr kämpfen!

J — In der Tat: Gospa ist Gospa!

* * *

NACHTBESUCHE AM PODBRDO

J — Nun, jetzt wissen wir, daß ungefähr vor dem Fest Mariä Himmelfahrt der Gang zum Podbrdo verboten wurde. Aber ist jemand von euch auch später noch nach oben gegangen?

V — Ja, selbstverständlich! Wir gingen sowohl vorher als auch nachher fast jeden Abend hin.

J — Warum das?

V — Irgendetwas zog uns an. Man konnte sich überhaupt nicht erwehren. Wir trafen uns in der Nachbarschaft, unterhielten uns, scherzten und sangen ... Auf einmal fällt jemandem ein: ,,Gehen wir nach oben'', und wir machten uns gleich auf den Weg.

J — Wieviele von euch gingen meistens hin?

V — Je nachdem. Etwa zehn bis fünfzig.

J — Und hattet ihr Angst vor den Wachen?

V — Ah, was für eine Angst!

J — Hat euch einmal jemand erwischt?

V — Nein, nein. Da ging auch die Polizei an uns vorbei, aber nichts.

J — Wieso das?

V — Ach, das weiß ich nicht! Ich weiß nur, daß uns nie jemand erwischt hat — und fertig!

J — Es ist gut. Doch was habt ihr oben gemacht?

V — Wir beteten wie gewöhnlich, nur etwas leiser. Und wir durften nicht singen.

J — Ihr habt ohne die Gospa gebetet?

V — Nein! Wieso denn ohne die Gospa! Die Gospa kam zu uns, besonders am Anfang, sobald wir anfingen zu beten. Nur selten kam sie nicht.

J — So ist es also. Wie lange blieb sie dann bei euch?

V — Je nachdem. Manchmal auch länger als zwanzig Minuten.

J — War sie fröhlich oder traurig?

V — Fröhlich! Fröhlicher als tagsüber. Das läßt sich nicht beschreiben.

J — Ging immer jemand von den Sehern mit?

V — Meistens ja. Doch ich weiß nicht, ob es immer der Fall war. Es kann sein, daß man hin und wieder auch ohne uns gegangen ist.

J — Hat dabei jemand außer euch Sehern etwas gesehen?

V — Manchmal schon. Du kennst ja die Vision mit den Ballonen. Und mancher sagte, daß er beim Kommen oder Gehen der Gospa ein merkwürdiges Licht, so etwas wie einen Stern, gesehen habe ... Ich weiß nichts Genaues und will besser nichts sagen, wenn ich es nicht weiß.

J — Und wann kehrte man nach Hause zurück?

V — Ungefähr nach Mitternacht. Je nachdem.

J — Vicka, du hast mir einmal geschrieben (damals war ich krank), daß ihr am 31. Dezember 1982, also an Silvester, du und Marija und noch mehrere mit euch barfuß hingegangen seid.

V — Das habe ich ja nicht von ungefähr geschrieben. Ich und Marija gingen barfuß, die anderen aber nicht. Es hatte Eis unter den Füßen, aber das machte uns nichts aus!

J — Und warum barfuß mitten im Winter?

V — Damals haben wir der Gospa irgendetwas geschenkt. Das weiß sie.

J — Vielleicht hat dir dies geholfen, als du später jene Probleme mit den Beinen gehabt hast?

V — Macht nichts. Das bedauere ich nicht!

J — Es ist ja wirklich so, daß euch niemand richtig kennt und richtig versteht.

V — Das ist auch nicht wichtig.

J — Gut. Vielleicht stimmt es auch. Aber geht jetzt noch jemand nachts zum Podbrdo?

V — Wir gingen bis vor zwei bis drei Monaten hin, aber jetzt nur noch ab und zu. Jetzt gehen wir tagsüber hin, vor dem Kirchgang, immer wenigstens am Mittwoch, manchmal auch an anderen Tagen.

J — Und warum gerade mittwochs?

V — An diesem Tag beten wir oben mit einem besonderen Vorsatz.

J — Darf ich erfahren, wofür man betet?

V — Gedulde dich ein bißchen! Mal später ... Doch manchmal gehen wir auch gleich, wenn wir aus der Kirche kommen. Wir ruhen uns ein bißchen aus, dann gehen wir nach oben.

J — Gut. Aber warum geht ihr dann noch nach oben?

V — Na ja, das ist seltsam. Unten beten und singen wir ja wirklich viel, aber ... Da kann man nichts machen. Das Herz zieht uns nach oben — und fertig!

J — Und wo, sagst du, singt und betet ihr wirklich viel?

V — In der Kirche.

J — Und was macht ihr jetzt, wenn ihr nach oben kommt.

V — Ich habe gesagt, daß wir beten. Wir singen ein bißchen. Wir unterhalten uns über irgendetwas und — dann gehen wir nach Hause.

J — Und die Gospa?

V — Die Gospa kommt jetzt nicht. Sie kam früher, aber jetzt kommt sie nicht mehr. Ich meine: zu dieser Zeit kommt sie nicht dahin.

J — Und wie lange bleibt ihr dann oben?

V — Je nachdem. Wir bleiben zumindest eine Stunde.

J — Es ist interessant. Je mehr du die Sachen beleuchtest, desto mehr Geheimnisse gibt es.

* * *

Die Seher Vicka, Jakov, Ivanka, Mirjana, Marija und Ivan während einer Erscheinung der Gottesmutter in der Kapelle der Pfarrkirche im Jahre 1982

Im Vordergrund: ruhende Pilger im Schatten der Kirche
Im Hintergrund: Pilger, die zur Beichte anstehen

DIE VERSUCHUNGEN DES KLEINMUTS

J — Nach alledem, was wir wissen, Vicka, kann ich mich nicht des Eindrucks erwehren, daß euch manchmal, gemeinsam oder getrennt, eine gewisse Versuchung des Kleinmuts ergriff. Was sagst du dazu?

V — Was ist denn Kleinmut?

J — Das ist ein seelischer Zustand. Kleinmut ist, wenn wir das Vertrauen zu uns selbst und zu dem, was wir tun, zu verlieren beginnen.

V — Ich verstehe das nicht recht!

J — Gut. Ich werde dich nun in diesem Zusammenhang etwas fragen, und du (wenn du willst) antwortest darauf.

V — Gut. Frage nur!

J — Es ist so: Wir wissen alle um eure Mühen und Schwierigkeiten die ihr, gemeinsam oder einzeln, besonders am Anfang im Zusammenhang mit den Erscheinungen erlebt hattet. Und jetzt möchte ich dich fragen: Wurdet ihr, beziehungsweise wurdest du in alledem einmal in Verwirrung gebracht, so daß du dir gewünscht hättest, dies alles überhaupt nicht erlebt zu haben?

V — Nein, nein. Das nie!

J — Wirklich nie?

V — Nein, nie! Die Gospa war mir immer nahe im Herzen, und ich wußte, daß sie siegen wird. Während der Visionen wußte ich nie von irgendwelchen Anstrengungen und ich dachte an nichts anderes. Nein, überhaupt nicht!

J — Gut. Das war während der Visionen, aber später?

V — Nein, später auch nicht! Manchmal dachte ich daran, daß man vielleicht mich festnehmen könnte. Aber die Gospa gab mir den festen Glauben, daß sie auch dann mit mir sein wird. Und was kann mir jemand antun!

J — Ich habe aber doch von einer deiner Kolleginnen gehört, daß sie Augenblicke hatte, wo sie sich wünschte, dies nie erlebt zu haben. Sie fügte zwar auch gleich hinzu: ,,Wenn die Stunde der Begegnung mit der Gospa kam, gab es keine Macht, die mich hätte abhalten können, zu der Begegnung mit der Gospa zu gehen!''

V — Vielleicht, vielleicht. Ich habe ja nur für mich geantwortet. Und ich weiß, von wem du redest. Was kann man da machen: So viele Menschen, so viele Köpfe! Die Arme hat auch mehr gelitten als wir alle.

J — Also, Vicka, du behauptest, daß es bei euch keinen Kleinmut gab?

V — Ja, ja. Kein bißchen! Jeden Tag wurden wir sowohl gefestigter als auch mutiger.

J — Gut. Ich muß dir glauben.

V — Und warum solltest du nicht? Sag nur, wenn du was auf dem Herzen hast. Warum hast du Angst?

J — Ich habe keine Angst. Es freut mich, daß es so ist. Aber, Vicka, ich wußte, und jetzt ist es mir noch klarer, daß ihr Seher von der ersten Erscheinung an wirklich unangenehme und schwierige Augenblicke erlebt habt. Könntest du dich an einen solchen jetzt erinnern?

V — Es waren ja so viele. Wer könnte sie alle aufzählen! Du kannst dir denken (und darüber haben wir schon gesprochen), was man alles mit uns gemacht hat. Es ruft dieser, es ruft jener. Man spottet über uns ... Es wird gedroht. Was soll ich dir erzählen! Es war schrecklich! Mehr kann ich dir nicht sagen. Und hätte uns die Gospa nicht ermutigt, ich weiß nicht, was mit uns geschehen wäre. Doch mit Gottes und der Gospa Hilfe hat man alles ausgehalten.

J — Es ist gut. Könntest du dich doch an einen, für euch besonders schweren Augenblick, erinnern?

V — Ich weiß nicht, was ich sagen könnte! Es will mir nichts Besonderes einfallen. Wir haben ja über fast alles gesprochen, und ...

J — Möchtest du vielleicht, daß ich dich an einen solchen Augenblick erinnere?

V — Ja, das wäre mir recht. Wenn ich es weiß ...

J — Sieh, ich bin der Meinung, daß für euch einer der schwersten Augenblicke war, als ihr gehört habt, daß euer Pfarrer, Pater Jozo, festgenommen wurde.

V — Pater Jozo! Vielleicht wirst du dich wundern, aber ich kann dir sagen, daß ich damals fast überhaupt nicht traurig war.

J — Und wieso das?

V — Ich weiß nicht. Es hat mich nicht gerade gefreut, aber auch nicht traurig gemacht. Auch die Gospa war nicht traurig. Sie tröstete uns gleich, daß wir um Pater Jozo keine Angst haben sollten. Daß er alles aushalten werde. Es ist wunderbar, wenn die Gospa tröstet!

J — Das verstehe ich wirklich überhaupt nicht.

V — Ich auch nicht, aber es war so, und was kann man da machen. In meinem Haus weinten alle, in der ganzen Nachbarschaft auch, aber ich weinte nicht. Vielleicht ist daran am meisten die Gospa „schuld".

J — Was bedeutet denn das jetzt?

V — Sie sagte uns ja gleich am Abend, daß wir um Pater Jozo keine Angst zu haben brauchen, daß er alles zur Ehre Gottes aushalten und daß alles gut enden werde. Ich dachte auch, daß dies alles schnell vorbeigehen wird. Er wurde festgenommen. Und, mein Gott, wieviele Menschen waren festgenommen! Das geht alles vorüber! So wird es auch diesmal sein.

J — Es ist gut so. Aber vielleicht kam noch etwas in Frage?

V — Woran denkst du?

J — Ich habe nun gehört, daß die Gospa euch an jenem Abend in der Kirche beim Gebet unterbrochen und euch in das Zimmerchen, wo ihr euch jetzt mit ihr trefft, eingeladen habe.

V — Ja, ja, das stimmt. Das habe ich dir einmal erzählt, und sieh, jetzt hatte ich das vergessen. Wir unterbrachen das Gebet auf einmal und gingen hin. Sie wartete schon auf uns.

J — Und was geschah dann?

V — Sie hatte uns zuerst wieder ermutigt, und dann sagte sie uns, daß wir dem Volk sagen sollten, daß es keine Angst zu haben brauche ... daß sie froh sein sollten, ... daß sie Pater Jozo beschützen werde.

J — Und dann?

V — Wir gingen hinaus und sagten das alles gleich dem Volk über den Lautsprecher.

J — Wer sprach?

V — Es sprach der kleine Jakov. Er war der Mutigste.

J — Und was sagte er ihnen?

V — Gerade das, was ich dir gesagt habe. Daß sie mutig sein sollten, daß sie keine Angst haben sollten, daß sie Pater Jozo schützen werde ... So ungefähr.

J — Und das Volk?

V — Das Volk begrüßte das mit langem Beifall. Wir setzten das Beten fort und auch das Singen. Dann gingen wir ruhig auseinander.

J — Gut, Vicka! Aber warum hast du mir dies nicht gleich gesagt?

V — Eh, mein Pater! In meinen Kopf paßt nicht so viel hinein, und dabei gibt es so viele Dinge, die man im Kopf behalten soll.

J — Es ist gut. Kam nicht noch etwas anderes mit ins Spiel?

V — Was, zum Beispiel?

J — Vielleicht hast du dich mit Pater Jozo nicht gerade gut verstanden, und ...?

V — Davon kann gar keine Rede sein! Aber damals konnte ich nicht weinen und mehr kann ich dazu nicht sagen.

J — Und die anderen Seher?

V — Das weiß ich nicht. Manchen ging es mit Sicherheit wie mir!

J — Vielleicht wird es Pater Jozo schmerzen, wenn er es erfährt?

V — Was kann ich denn dafür? Ich habe später jeden Tag für ihn gebetet, damit Gott ihn schütze und ihm helfe. Was kann ich anderes tun! Manchmal hat auch die Gospa mit uns für ihn gebetet. Hin und wieder hat sie ihn uns gezeigt. Und sieh, Dank sei Gott, alles hat gut geendet.

J — In der Tat! Dank sei Gott und der Gospa. Erinnerst du dich noch an irgendeinen anderen schweren Augenblick?

V — Wir haben doch darüber genug gesprochen. Nun möchte ich nichts mehr darüber sagen. Es ist wichtig, daß uns nie Kleinmut ergriff. Und es ist am besten, alles andere zu vergessen.

* * *

GEHEIME BEGEGNUNGEN

J — Ja, wir wissen, daß viele Dinge von denen man nicht weiß, wie und warum sie geschehen sind, die Menschen einfach „Zufall" nennen. So haben viele auch das Zufall genannt, was am 24. Juni 1981 das damals fünfzehnjährige Mädchen Ivanka Ivanković, Tochter von Ivan am Podbrdo von Bijakovići gesehen hat. Sie sah als erste zweimal eine lichte, mädchenhafte Erscheinung mit dem Kind auf dem Arm und nannte sie gleich ohne Bedenken „Gospa". Sowohl erstaunlich als auch zeichenhaft ist diese „Zufälligkeit"!

Für eine Erläuterung dessen ist es sinnvoll, sich des Todes der verhältnismäßig jungen Mutter von Ivanka zu erinnern, die ziemlich unerwartet etwa zwei Monate zuvor im Krankenhaus in Mostar gestorben ist. Und wenn die Gospa beschlossen hat, in der Pfarrei Medjugorje zu erscheinen, und wenn sie entschieden hat, in der Nachbarschaft von Ivanka zu erscheinen, war fast nichts geeigneter, als daß sie diesem Mädchen zuerst erscheint, und dann nach ihm auch den anderen.

Das können nicht einmal diejenigen verneinen, die vieles ganz einfach ablehnen. Besonders wenn dies so inspirativ für diejenigen ist, die erwarten und hoffen ...

Und noch etwas „Zufälliges": Sobald die Seher am 25. Juni mit der Gospa richtig Kontakt aufgenommen hatten, bediente sich schon wieder der „Zufall" der traurigen Ivanka. Und wiederum: Der „Zufall" wollte, daß das Mädchen ermutigt wird (was überhaupt nicht so einfach war) und daß es als erstes mit der Gospa spricht und sich nach seiner Mutter erkundigt. Niemand sagte der Erscheinung, daß die Mutter von Ivanka schon „von dieser Welt in die bessere" gekommen sei, aber die Erscheinung antwortete ohne Umschweife, daß ihre Mutter bei ihr sei, und daß es ihr gut gehe. Vicka, erinnerst du dich daran?

V — Ich erinnere mich sehr gut, als ob es erst jetzt gewesen wäre.

J — Und was hat Ivanka die „lichte Erscheinung" wirklich gefragt?

V — Sie fragte sie, wie es ihrer Mutter gehe.

J — Und was sagte ihr die Erscheinung?

V — Was für eine Erscheinung? Warum sagst du nicht Gospa! Du hast ja schon gesagt, was ihr die Gospa gesagt hat: Ihrer Mutter gehe es gut und sie sei bei ihr.

J — Bei ihr?

V — Ja, bei der Gospa, wo denn sonst?

J — Habt ihr gehört, daß Ivanka dies gefragt hat?

V — Wir haben es gehört. Wir haben sowohl Ivanka als auch die Gospa gehört.

J — Hat Ivanka noch einmal etwas über ihre Mutter gefragt?

V — Sie fragte sie gleich am nächsten Tag!

J — Was fragte sie die Gospa damals?

V — Sie fragte, ob die Mutter ihr etwas habe ausrichten lassen.

J — Und was sagte die Gospa?

V — Die Gospa vertraute ihr an, daß die Mutter gesagt habe, sie solle Oma gehorchen, denn sie sei alt. Du weißt wie es ist!

J — Habt ihr dies alle gehört?

V — Alle, und zwar all dies!

J — Gut, Vicka. Wenn wir schon angefangen haben, laß uns darüber noch etwas ausführlicher sprechen. Für mich sind es sehr interessante Dinge! Sag mir noch dies: Hat Ivanka später noch einmal die Gospa etwas über die Mutter gefragt?

V — Ja, noch einmal, mit Sicherheit.

J — Und was hat sie die Gospa gefragt?

V — Das fragte sie später, vielleicht nach einem Monat.

J — Was hat sie gefragt?

V — Sie fragte, ob ihre Mutter irgendetwas brauche, z.B. heilige Messen oder Gebete ...

J — Weißt du, ob die Gospa ihr etwas geantwortet hat?

V — Ja, ja! Sie sagte, daß es ihrer Mutter gut gehe, und daß sie nichts brauche.

J — Ich habe ja auch Ivanka gesagt, sie sollte froh sein, weil ihre Mutter jetzt vollkommen glücklich sei, aber Ivanka fügte nur mit einem Seufzer hinzu: ,,Es wäre mir lieb, wenn die Mutter noch bei mir wäre. Doch was kann man machen?'' Na ja! Was kann man machen, wenn jede menschliche Liebe zumindest einigermaßen egoistisch ist! Aber nun, Vicka, ich möchte noch ein bißchen in die Vergangenheit zurückgehen.

V — Gut, du hast ja hier das Sagen!

J — Nein, es geht nicht darum, sondern da gibt es wirklich interessante Dinge, zumindest wie mir Ivanka erzählt hat. Ivanka sagte mir, daß sie ihre verstorbene Mutter dreimal gesehen habe.
Gut! Mich interessiert jedoch, ob du sie auch einmal gesehen hast?

V — Ja, einmal. Ich sah sie nur kurze Zeit. Es war wie im Fernsehen.

J — Hast du erkennen können, daß sie es war?

V — Ich habe sie nicht besonders gut gesehen, aber ich habe klar gesehen, daß sie es war.

J — Aber Ivanka sagte mir, daß sie die Mutter klar gesehen habe und daß sie die Mutter unter tausend Frauen erkannt hätte.

V — Ich glaube ihr. Doch ich sage, was ich gesehen habe.

J — Und was sagen die anderen Seher darüber?

V — Das Gleiche wie ich.

J — Gut so. Jetzt sei ein bißchen geduldig und hör mir ein wenig zu. Vielleicht ist dies alles klar und bekannt, aber trotzdem.

V — Gut. Wohlan. Doch mir kann es langweilig werden.

J — Ja, ich mache es kurz und möglichst einfach! Ich habe mit Ivanka einige Male darüber gesprochen. Auch Ivanka sagte mir, daß ihr die Mutter dreimal kurz erschienen sei. Sie sah sie aber nie allein, immer war die Gospa dabei. Und das alles war am Anfang der Erscheinungen. Sie sagte, daß ihr die Mutter nun schon lange nicht mehr erschienen sei. Ivanka sagt weiter, daß sie die Mutter immer in der ganzen Körpergröße sah. Sie ist angeblich in ein weißes Kleid gehüllt mit einem Schleier auf dem Kopf. Sie sagt, daß die Mutter sie dreimal geküßt habe, aber immer hätte sie zuerst die Gospa und dann sie geküßt. Ich fragte sie weiter, ob sie die Mutter klar gesehen habe. Ivanka sagte: ,,als ob sie lebendig gewesen wäre‘‘! Und noch etwas sehr Interessantes erzählte sie mir!

V — Was denn?

J — Sie sagte, daß die Mutter ihr bei den Begegnungen nie ein Wörtchen gesagt habe. Sie hätte ihr nur einmal leicht zugelächelt und sie habe gesehen, daß die Mutter glückselig sei.

V — Gut, Pater Janko. Ich weiß im großen und ganzen dies alles, weil es uns Ivanka damals erzählt hat, doch es ist gut, daß du dies hier ergänzt hast.

J — Vicka, ich weiß nicht, was man alles darüber denken könnte, aber für mich ist dies eine der schönsten und geheimnisvollsten Offenbarungen der Gospa in Medjugorje. Doch darüber wollen wir etwas später noch etwas reden. Jetzt nur noch dies: Gerade über dieses Thema habe ich einige Fragen an die Gospa stellen lassen. Weil Ivanka damals keine Fragen stellen konnte, ließ ich die Fragen über Marija stellen.

V — Und was hast du gefragt?

J — Ich fragte: Können diejenigen für uns beten, die bereits im Paradies sind? Und weiter: Können es diejenigen, die im Fegefeuer sind? Das zu wissen scheint mir sehr wichtig.

V — Das ist auch für mich interessant. Du sagtest jedoch nicht, was die Gospa geantwortet hat.

J — Die Gospa sagte, daß für uns sowohl diejenigen, die im Paradies sind, als auch diejenigen, die im Fegefeuer sind, beten können. Vicka, das ist unsere „Gemeinschaft der Heiligen", die wir auch im Glaubensbekenntnis erwähnen. Mir fällt es jetzt leichter voll Überzeugung zu sagen: „Ich glaube an die Gemeinschaft der Heiligen!"

V — In der Tat! Jetzt ist es auch mir viel klarer.

* * *

EIN RAT OHNE VERPFLICHTUNG

J — Vicka, es ist fast allgemein bekannt, daß euch die Gospa ziemlich früh etwas über die Wahl eures Lebensweges geraten hat.

V — Ja, ja. Das haben wir nie geheimgehalten.

J — Und was hat sie euch gesagt?

V — Sie sagte uns, daß es gut wäre, wenn wir uns ganz Gott weihen würden. Daß wir ins Kloster gehen, oder ...

J — Hat euch dies in Verlegenheit gebracht?

V — Ich weiß nicht. Es kommt auf den einzelnen an.

J — Gab es genug Zeit für Überlegungen?

V — Selbstverständlich. Es gibt sie noch immer. Ivan mußte aber so schnell wie möglich sich entscheiden, er sollte bald darauf ins Seminar, wenn er das wollte.

J — Und was tat er?

V — Ach, das ging alles so schnell, denn er hat sich wirklich gleich entschieden!

J — Und er ging hin?

V — Ja, ja. Er ging hin.

J — Vielleicht wäre es besser gewesen, er hätte sich nicht beeilt, denn wir sehen, daß er später in Schwierigkeiten gekommen ist.

V — Ja, das stimmt. Doch wer weiß, was Gott mit ihm vorhat! Das kann man nicht so einfach einschätzen. Das weißt du besser als ich.

J — Gut, Vicka. Habt ihr anderen euch auch für etwas entschieden und wenn ja, wofür?

V — Wir hatten Zeit. Und die haben wir immer noch. Ich und Marija haben uns schnell fürs Kloster entschieden, wir wollen sehen, was Gott mit uns vorhat. Das weiß man noch nicht.

J — Sag mir, bitte, wie die Gospa eure Entscheidung angenommen hat.

V — Oh, sie war froh! Ich habe sie noch kaum so froh gesehen.

J — Und was ist mit den anderen, wenn es kein Geheimnis ist?

V — Vielleicht ist es eines, vielleicht auch nicht. Das hat man gar nicht so sehr geheimgehalten. Soviel ich weiß, haben sich Mirjana und Ivanka nicht fürs Kloster entschieden. Vielleicht überlegen sie es noch.

J — Ivanka sagte mir, daß sie das nicht vorhabe. Und Mirjana sieht man es ziemlich klar an. Und wir wissen auch aus ihrem Gespräch mit Pater Tomislav vom 10. Januar dieses Jahres, was sie vorhat.

V — Es ist wichtig, daß sie den guten Weg geht und Gott treu bleibt, und das andere ...

J — So ist es. Weiß man etwas über den kleinen Jakov?

V — Was kann der Kleine schon! Er hat noch Zeit zum Überlegen!

J — Er soll es sich recht gut überlegen.

* * *

BERÜHRUNG MIT DER GOSPA

J — Ich habe von vielen Personen gehört, bei der Beichte oder im Gespräch, daß sie das Glück gehabt haben, die Gospa zu berühren oder von ihr berührt zu werden. Erinnerst du dich an ein solches Erlebnis?

V — Ja, es gab solche Fälle. Es geschah mehrmals.

J — Gut. Könntest du mir etwas Näheres darüber sagen?

V — Ja, ich kann es. Du erinnerst dich doch an den Fall mit unserem Marinko. Die Gospa hat ihn geküßt, weil er so viel geopfert und für sie gelitten hat.

J — Das ist gut. Daran erinnere ich mich. Aber schon vorher ereignete sich eine bedeutende Begegnung mit der Gospa, wobei jeder Anwesende sie berühren durfte.

V — Wann meinst du?

J — Ich denke an jene Erscheinung der Gospa in der Nacht, bei der von manchen Berührungen Flecken am Kleid der Gospa geblieben sind.

V — Ah, ja! Sieh an, du hast dich daran vor mir erinnert. Und jetzt erinnere auch ich mich an etwas. Das war einen Tag bevor sie Marinko geküßt hatte.

J — Und was war?

V — Einmal haben einige Leute verlangt sie zu berühren, sie aber stimmte nicht zu, sondern verschwand sogleich.

J — Und dann, nichts?

V — Wieso nichts! Fünfzehn Tage danach lud die Gospa selbst — sie war in einen besonderen Glanz gekleidet — jeden im Raum ein, sie zu berühren und sie fragte, ob sie dies auch spürten.

J — Und was sagten sie?

V — Mancher sagte, er habe das gespürt, andere aber nicht. Dann segnete sie alle und ging weg.
Ich weiß: Du willst noch mehr wissen! Schau, vor kurzem habe ich beim Blättern eines Notizbuches erfahren, daß ungefähr vor Weihnachten des ersten Jahres der Erscheinungen bei der Abenderscheinung viele die Gospa berührt haben.

J — Wie haben sie die Gospa berührt?

V — Wir sagten ihnen, wo sie sie berühren sollten, und sie taten es.

J — Haben sie dies auch gespürt?

V — Die meisten ja. Ein Mädchen schrie auf, als sie die Gospa berührte.

Sie sagte, ihre Hand sei in der Krone der Gospa stecken geblieben.

J — Erinnerst du dich vielleicht an das Mädchen?

V — Selbstverständlich! Doch das ist nicht wichtig.

J — Wie verhielt sich die Gospa?

V — Die Gospa war froh. Sie verabschiedete sich von uns und ging weg.

J — Und du erinnerst dich nicht an weitere solche Ereignisse?

V — Niemand kann dies alles im Kopf behalten! Es wurden noch einige erwähnt, aber ich kann mir nicht alle merken. Lassen wir das!

J — Gut, Vicka. Hat die Gospa euch Seher irgendwann berührt?

V — Das zähle ich nicht! Viele Male hat sie uns umarmt und geküßt! Aber auch wir sie.

J — Ah, ja! Das hast du mir einmal erzählt. Jedoch du hast mit mir nie darüber gesprochen, wie du es empfunden hast.

V — Das läßt sich auch nicht beschreiben. Das ist so ähnlich wie das, als ich dir die Schönheit der Gospa beschreiben wollte, was aber nicht möglich war, weil sie unbeschreiblich schön ist. Dafür fehlen die Worte. Das waren Augenblicke, als ob man nicht auf der Erde gewesen wäre.

J — Vielleicht wie im Paradies?

V — Ich weiß nicht. Ich war nicht im Paradies. Nur: es war wunderbar!

J — Gut. Sage mir nun, hast du wirklich gespürt, daß du einen Körper geküßt hast?

V — Das ja. Der Körper der Gospa ist aber nicht wie unser Körper.

J — Sondern?

V — Ich kann das alles nicht beschreiben, leider! Weder die Schönheit, noch die Stimme, noch den Körper, noch ... Lassen wir das! Ich sagte dir, was ich wußte.

J — So etwas schönes hast du schon lange nicht mehr erlebt?

V — Schon lange nicht mehr. Das war, solange uns die Gospa ...

J — Gelockt hat, oder was willst du sagen?

V — Jetzt fängst du noch an zu rätseln!

J — Nein, Vicka, sondern ihr seid selig, und wir müssen noch warten.

V — Man sagt: Wer wartet, der empfängt auch.

J — In der Tat! Die Hauptsache ist, daß man es empfängt.

* * *

DIE BESONDERE FREUDE DER GOSPA

J — Es ist allgemein bekannt, und du hast mir selbst eingestanden, daß es unter euch Sehern auch zu Spannungen gekommen ist.

V — Gut. Sagen wir es so! Nur über unsere Spannungen wird gesprochen, wenn sich aber andere sogar schlagen, das macht dann nichts aus. Was willst du damit sagen?

J — Nichts besonderes. Wenn es so ist, wundert mich etwas anderes.

V — Laß nicht zu, daß dir irgendetwas verborgen bleibt!

J — Es ist nichts Besonderes. Ich meine nur folgendes: Im Gespräch mit euch und beim Lesen eines eurer Notizbücher habe ich erfahren, daß sich die Gospa besonders auf die Augenblicke gefreut hat, in denen ihr Seher euch zusammengefunden habt, um euch mit ihr zu treffen und sie zu sehen.

V — Das ist richtig. Das hat sie uns auch viele Male gesagt und man sah ihr an, daß sie damals besonders glücklich war.

J — Und was meinst du, warum dies?

V — Das weiß ich nicht genau. Doch ich weiß, daß sie dies besonders vor Weihnachten und vor Ostern erwähnt hat. ,,Seht, jetzt werdet ihr zusammen sein, so freut euch'', sagte sie uns oft.

J — Doch du sagst mir wieder nicht, warum sie dies so freut?

V — Ich sagte ja, daß ich es nicht weiß. Jedoch ich glaube, daß ich dir erzählt habe, daß die Gospa nicht so ganz zufällig uns sechs ausgewählt hat, um uns zu erscheinen und durch uns der Welt etwas mitzuteilen ... Sie wollte uns ständig in einer Gemeinschaft halten, denn sie übermittelte uns oft auch Grüße und Botschaften und gab uns manche Auskünfte über diejenigen, die von Medjugorje weit entfernt waren, besonders über Mirjana und Ivan. Ivan zeigte sie uns in der Kapelle in Visoko so, als ob ich ihn jetzt sehen würde. Die Augen zum Himmel erhoben. Er ist fröhlich ...

J — Und Mirjana?

V — Mirjana zeigte sie uns mehrmals. Einmal zeigte sie uns auch, wie sie weinte. Es war ihr etwas schwer zumute.

J — Das meinst du oder hat die Gospa euch dies gesagt?

V — Die Gospa sagte uns das und daß wir für sie beten sollten.

J — Gut. Aber wart ihr wirklich glücklich, wenn ihr euch manchmal alle versammelt hattet?

V — Ja, selbstverständlich! Es kam ab und zu auch zu gewissen Spannungen, aber die waren ganz unbedeutend. Ich habe, glaube ich, so viele Male gesagt, daß uns niemand kennt und versteht. Sieh, mancher spricht über unsere Spannungen, aber niemand erwähnt unseren Schmerz, unsere Tränen, wenn wir uns verabschiedeten, besonders am Anfang. Um einander zu ermutigen und zu helfen, blieben wir in Verbindung, übermittelten Botschaften und riefen einander an. Schwierigkeiten und Versuchungen waren groß, besonders für Mirjana. Wir andere haben uns doch öfters gesehen, aber sie war allein und weit entfernt. Niemand verstand sie, doch viele wollten sie versuchen und verführen. Sie hat es tapfer durchgehalten, sowohl mit den Menschen als auch mit dem Satan.

J — Die Gospa wird ihr das nicht vergessen!

V — Ich glaube es auch!

J — Und die Gospa half ihr sicher im Kampf.

V — Ja, selbstverständlich! Sie übermittelte ihr sowohl Botschaften als auch Grüße von uns, und für Mirjana war es wichtig.

J — Habt ihr noch Kontakte mit Mirjana?

V — Ja, früher jedoch mehr.

J — Und wie versteht ihr anderen euch untereinander?

V — Immer besser! Jetzt kennen wir uns näher, so treffen wir uns noch lieber. Auch die Gospa ist immer froh, wenn wir alle zusammen sind.

J — Vicka, Gott sei Dank, daß es so ist. Wir freuen uns mit der Gospa.

V — Das kannst du ruhig tun.

* * *

DIE LIEBSTEN GEBETE UND LIEDER

J — Wir wissen es, denn ihr habt es uns erzählt und auch in Notizbücher von euch steht manchmal geschrieben, daß die Gospa mit euch gebetet und gesungen habe. War es wirklich so?

V — Ja, ja, besonders am Anfang, während sie uns oben am Podbrdo erschien, und noch mehr, wenn sie uns unten im Dorf erschien.

J — Gut. Doch mich (und vielleicht auch manchen anderen) interessiert, was die Gospa am liebsten gebetet hat?

V — Sie betete, was auch wir beteten, doch sie betete nie das Ave Maria.

J — Nie?

V — Nein, nie!

J — Und was machte sie, während ihr das gebetet habt?

V — Sie lächelte ein bißchen. Und sie war sehr froh.

J — Du hast mir mal gesagt, daß die Gospa manchmal vorgebetet hat.

V — Ja, oft! Du hast es ja gesehen — auch jetzt tut sie es jeden Tag.

J — Und was betet sie vor?

V — Du hast es vor kurzem beim Abschluß der Erscheinung gehört. Sie betete das Vaterunser und Ehre sei dem Vater.

J — Hat sie irgendetwas am liebsten gebetet?

V — Vielleicht das Glaubensbekenntnis. Das hat sie immer mit Begeisterung gebetet. Und sie empfahl sowohl uns als auch dem Volk, dies öfters zu beten.

J — Das vielleicht anstatt derer, die nicht glauben?

V — Ja, das stimmt! Das sagte sie uns so viele Male.

J — Gut. Aber noch etwas ist mir nicht ganz klar. Ihr betet nämlich am Anfang der Erscheinung stets das Vaterunser und Ave Maria und noch etwas laut, wenn Zeit bleibt, bis die Gospa kommt. Dann kniet ihr hin und sprecht mit der Gospa, was wir jedoch nicht hören können.

V — Und?

J — Meistens wird das Vaterunser und Ehre sei dem Vater wieder fortgesetzt. Doch ihr betet dann die ersten zwei Worte vom Vaterunser nie.

V — Das macht die Gospa, und wir setzen dann das Gebet fort. Wir können ja nicht anfangen, wenn wir nicht wissen, wann man anfangen soll!

J — Gut, aber ich habe noch etwas Interessantes in diesem Zusammenhang bemerkt.

V — Und das ist?

J — Meistens übernimmst du das Gebet des Vaterunser, das die Gospa bei der Erscheinung anfängt, als erste, doch vor kurzem fing es der kleine Jakov zuerst an. Das hat mich sehr gefreut. Du hast mir aber noch nicht gesagt, welches Lied die Gospa am meisten liebt.

V — Am meisten „Komm, o Jesus, komm". Das hat sie selbst mehrmals mit uns angefangen zu singen. Manchmal sogar zwei- bis dreimal während einer Erscheinung.

J — Welches Lied noch?

V — Auch „Christus, in deinem Namen!" Diese zwei Lieder singt sie am liebsten.

J — Ja, es ist gut. Doch mich interessiert noch folgendes: Wenn die Gospa ein Lied anstimmt, wie übernehmt ihr ihre Stimme?

V — Mit ihrer wunderbaren Stimme können wir nicht mithalten! Wir singen so gut wir eben können. Du kennst uns ja, Gott sei Dank! Die Gospa hört es trotzdem gern.

J — Gut. Doch soviel ich weiß, singt ihr mit der Gospa schon lange nicht mehr?

V — Das stimmt. Wir singen nicht, seit wir uns mit der Gospa in der Kirche treffen.

J — Warum denn das?

V — Meistens betet man in der Kirche etwas, während wir bei der Gospa sind, und gleichzeitiges Beten und Singen wäre nicht günstig.

J — Ah, so ist es. Hören diejenigen, die um euch herumstehen, wenn ihr mit der Gospa betet oder singt?

V — Was ist denn mit dir los, Pater! Du warst schon so viele Male bei der Erscheinung dabei und du sahst, wie es zuging. Jeder der da ist, hört was wir mit der Gospa beten und singen. Die Gospa hören aber nur wir.

J — Vicka, auch ich entsinne mich dessen. Nur sage mir noch: Welche Haltung nimmt die Gospa beim Gebet ein, steht sie, oder ...?

V — Sie steht immer.

J — Wie hält sie die Arme?

V — Die Arme sind ausgebreitet. Nur manchmal sind die Hände zusammengefaltet. Manchmal beim Beten des Ehre sei dem Vater.

J — Einmal hast du mir erzählt, daß sie auch beim Beten des Vaterunser die Hände anders hält als sonst.

V — Ja, das stimmt! Sie hält sie etwas mehr auseinander und die Handflächen sind ganz nach oben gerichtet.

J — Hat die Gospa euch irgendwann mal gesagt, warum sie das tut?

V — Wir haben sie weder gefragt, noch hat sie darüber gesprochen.

J — Und wenn sie mit euch singt?

V — Hält sie die Hände auch ausgebreitet.

J — Gut, Vicka, doch du hast mir nie davon erzählt, wie die Gospa singt.

V — Was soll ich dir darüber sagen! Das läßt sich nicht beschreiben. Man müßte sie hören, und dann ... Das ist etwas Engelhaftes, wie man sagen würde. Nicht einmal Engelhaftes! Ich habe im Paradies die Engel gehört, aber Gospa ist Gospa.

J — Was meinst du, welche Lieder sie singen kann?

V — Fragst du das im ernst, oder ...?

J — Ja, im ernst, wie denn sonst!

V — Da hast du nun doch ein bißchen versagt.

J — Wie meinst du das?

V — So ganz einfach, mein Pater. Die Gospa weiß doch alles!

J — Gut. Die Gospa möge mir dies verzeihen! Du hast mir aber noch nicht beantwortet, wie die Gospa spricht?

V — Meinst du, in welcher Sprache, oder ...?

J — Ja, das auch!

V — Mit uns spricht sie natürlich kroatisch!

J — Wie ist ihre Stimme?

V — Von der Stimme habe ich gesagt, daß sie schöner ist, als die der Engel. Es ist, als ob sie singen würde, wenn sie spricht. Wunderbar! Ganz wunderbar!

* * *

DIE KÖNIGIN DES FRIEDENS

J — Es ist bekannt, Vicka, daß ihr Seher die Gospa auch „Königin des Friedens" genannt habt. Sage mir, wie kamt ihr darauf?

V — Nicht wir haben sie so genannt, lieber Pater, sondern sie selbst hat sich so genannt!

J — Erinnerst du dich, wann und wie es war?

V — Du weißt ja, daß sie gleich am Anfang oft über den Frieden gesprochen hat. Schon am dritten Erscheinungstag, als wir vom Podbrdo nach Hause zurückkehrten, erschien sie Marija erneut. Sie stand vor einem dunklen Kreuz und sprach zu ihr unter Tränen: „Friede, Friede, Friede und nur Friede!" Weiter sagte sie, daß Friede zwischen Gott und den Menschen, aber auch zwischen den Menschen herrschen soll. Du weißt dies alles besser als ich! Du weißt auch, daß die Gospa gleich am Anfang sagte, sie sei zu uns gekommen, damit sich die Menschen untereinander versöhnten.

J — Mit wem sollten sie sich versöhnen?

V — Unter sich. Sie sollen sich auch mit Gott versöhnen.

J — Gut, Vicka. Das eine geht ja gar nicht ohne das andere. Aber hat die Gospa noch auf andere Weise den Frieden verkündet?

V — Ja, so oft! Sie hat oft bei den Erscheinungen das Wort „Friede — Friede den Menschen", aufgeschrieben hinterlassen.

J — Gut. Das war für euch. Und für uns?

V — Für alle! Viele haben mehrmals am Himmel, besonders über dem Križevac, in goldenen Buchstaben geschrieben gesehen „Friede". Ich erinnere mich noch an folgendes: Einmal haben wir dieses Wort auch über dem Podbrdo leuchten sehen, genauso, in goldenen Buchstaben.

J — In welchen Buchstaben stand es geschrieben, in gedruckten oder von Hand geschriebenen?

V — Es war von Hand geschrieben, in hellen, goldenen Buchstaben.

J — Hat es noch jemand außer euch Sehern gesehen?

V — Was für Seher denn? Das hat jeder aus der Umgebung gesehen.

J — Das ist wirklich interessant! Das gleiche hat mir einmal auch ein gewissenhafter und kluger Priester erzählt.

V — Was hat er dir gesagt?

J — Gerade das! Auch er hat das, worüber du sprichst, klar gesehen. Dazu sagte er mir, daß er dies aus der Ferne gesehen habe, bzw. aus

Gradnići, mit einer Gruppe von Leuten und daß sie alle dieses große Wort über dem Križevac gesehen hätten. Ich habe dich noch nicht gefragt: Wie lange stand es geschrieben?

V — Ungefähr zehn Minuten.

J — In Ordnung. Wir wissen schon, daß die Gospa in Medjugorje zum Frieden aufgerufen hat und immer noch dazu aufruft. Doch es ist mir jetzt noch nicht ganz klar, wieso ihr sie „Königin des Friedens" genannt habt.

V — Ich sagte dir ja, Pater, daß sie sich selbst so genannt hat, also, merke dir, wie es war! Während wir uns noch dort in unserem Dorf mit der Gospa trafen, kam zu uns ein Franziskaner (wir beide kennen ihn wohl) und sagte uns, daß wir einmal die Gospa fragen sollten, ob sie einen besonderen Namen habe. Daraufhin haben sie es zwei- bis dreimal gefragt und sie sagte: „Ich bin die Königin des Friedens!" Wir haben diese Worte sofort aufgeschrieben und den Zettel bei den Franziskanern im Pfarrhaus abgegeben. Und das hat sie nicht nur einmal gesagt. Doch damals hat sie es geradezu „offiziell" gesagt. Ist es dir jetzt klar?

J — Und wer hat den Zettel bei den Franziskanern abgegeben?

V — Ich glaube, daß es der kleine Jakov war.

J — Jetzt ist es mir klarer. Das habe ich mir etwas anders notiert. Nämlich: Mir wurde gesagt, daß diese Frage von einem unserer alten Franziskaner aus den USA gestellt worden sei, der sich damals — bei der Feier seines sechzigjährigen Priesterjubiläums — in der Herzegowina aufhielt, und gerade an diesem Tag war er in Medjugorje und wollte wissen, wie die Gospa sich selbst hier nannte, um dies den Franziskanern, wenn er in die USA zurückkehrt, mitteilen zu können.

V — Das weiß ich nicht genau! Auch ich habe so etwas gehört, aber ich habe dir das gesagt, was ich sicher weiß.

J — Ja, ja! Das war unser ehrenvoller Senior Pater David Zrno. Und das ist jetzt in Ordnung. Das habe ich auch bei dem Franziskaner untersucht, der euch gebeten hatte, die Gospa darüber zu fragen. Und nun, vielleicht ist es auch nicht zufällig, wie man sagt, daß der kleine Jakov die Antwort der Gospa gerade damals gebracht hat, als der alte Franziskaner die Frage gestellt hat.

V — Es freut mich, daß dies jetzt besser geklärt wurde.

* * *

ENDLICH IN DER KIRCHE

DIE ERSCHEINUNGEN IN DER KIRCHE

J — Jetzt weiß man, Vicka, im großen und ganzen, wo die Erscheinungen der Gospa am Anfang stattfanden. Zuerst am Podbrdo, dann an verschiedenen Stellen unten im Dorf, unterwegs und im Pfarrhaus. Jetzt würde ich gern, wenn es geht, feststellen, wie und wann es zur ständigen Erscheinung in der Kirche gekommen ist?

V — Die Gospa erschien uns gleich am Anfang mehrmals auf der Empore. Sie sprach aber bei diesen Erscheinungen nicht zu uns.

J — Nein, ich denke nicht daran. Sage mir, seit wann erscheint sie euch jeweils in dem Zimmerchen, wo sie immer noch erscheint?

V — Ich weiß es nicht genau. Jedoch ich glaube ungefähr seit Anfang des Jahres 1982.

J — Du hast dich wirklich sehr gut erinnert. Das fing doch genau am 15. Januar 1982 an.

V — Das weißt du also so genau? Auch ich habe es gut getroffen.

J — Wirklich gut! Könntest du dich erinnern, wessen Plan es war?

V — Von Pater Tomislav?

J — Von welchem Pater Tomislav?

V — Von Pater Tomislav Vlašić.

J — Und was meinst du, warum er das gewünscht hat?

V — Ich glaube, damit wir in der Kirche sind und an der Messe teilnehmen können. Und wir beteten auch den Rosenkranz vor dem Volk.

J — Habt ihr euch dagegen gewehrt?

V — Nein! Die Gospa sagte uns früher, daß wir in die Kirche dürften.

J — Dann habt ihr keine Bedenken gehabt, ob die Gospa kommen werde oder nicht? Sie hat den Glauben an ihr Erscheinen unter euch damals schon sehr gefestigt gehabt.

V — Ja, aber auch unter euch!

J — Deswegen habt ihr euch auch nicht gewehrt?

V — Ich sagte dir ja, überhaupt nicht! Wir wußten, daß sie kommen wird. Sie kam zu uns ja auch früher, wo immer wir waren!

J — Ist die Gospa einmal nicht gekommen?

V — Nein, Pater, sie ist von da an immer erschienen!

J — Jetzt ist es euch sicher leichter. Ihr kennt sowohl den Ort als auch die Zeit, so könnt ihr euch besser vorbereiten.

V — Selbstverständlich ist es für uns auf diese Weise leichter. Doch das Volk drängt etwas mehr, um den Erscheinungen beiwohnen zu können. Aber es geht. Sobald wir zu beten anfangen, stört uns niemand mehr.

J — Gut. Das genügt.

* * *

DER JAHRESTAG DER ERSCHEINUNGEN

J — Wenn wir schon so viel darüber gesprochen haben, so sage nun auch einige Worte über die Jahrestage der Erscheinungen.

V — Da ist ja alles klar. Es wird der Jahrestag gefeiert und mehr wüßte ich dazu nicht zu sagen. Heutzutage werden ja vielerlei Jahrestage gefeiert, warum nicht auch diesen!

J — Gut. Das ist wirklich nichts außergewöhnliches, doch sag mir, warum der Jahrestag am 25. und nicht am 24. Juni, als die Gospa zum ersten Mal erschienen ist, gefeiert wird?

V — Die Gospa selbst hat es so bestimmt.

J — Wann hat sie es so bestimmt?

V — Voriges Jahr (1982). Es war ungefähr ein Monat vor dem Jahrestag.

J — Und wem hat sie das gesagt?

V — Uns Sehern! Sie teilte uns das mit, und wir sagten es dann dem Pfarrer, damit er es weiß und dem Volke mitteilen kann.

J — Gut so. Doch mir ist noch nicht klar, warum sie den 25. und nicht den 24. Juni als den Jahrestag bestimmt hat?

V — Klug bist du, Pater! Das weißt du sicher, aber du willst mich nur prüfen.

J — Vicka, ich muß dir gestehen, daß mir dies einmal jemand erläutert hat, aber ich will es jetzt von dir hören.

V — Gut. Es ist so: Wir haben die Gospa damals selbst gefragt. Sie sagte zu uns: ,,Meine Engel, ist es euch denn nicht klar, daß wir uns gerade damals richtig getroffen haben? Bis dahin war es nur eine Vorbereitung." Hat die Gospa das nicht gut gesagt?

J — Das ist wirklich eine gute Begründung! Und ich weiß aus euren Aussagen, daß die Gospa mit der Feier des Jahrestages sehr zufrieden war, sowohl voriges als auch dieses Jahr. Sie konnte auch zufrieden sein! Ich habe nie in meinem Leben so viele Menschen gesehen, die so gesammelt waren und fromm beteten, schweißgebadet und durstig in der großen Hitze, aber vor dem Abschluß der Feier nirgendwohin verschwanden. Einfach unwahrscheinlich!

V — Du hast dies gesehen! Du hättest aber auch die Gospa sehen sollen! Es ist immer wunderbar, sie zu schauen, doch wenn sie froh ist, dann ist es unbeschreiblich. Als ob man im Paradies wäre!

DIE BESONDERE OFFENBARUNG DER GOSPA

ÜBER DIE WUNDER DER GOSPA

J — Vielleicht wunderst du dich, Vicka, daß ich sehr wenig oder gar nichts über die Wunder, bzw. über die Heilungen in Medjugorje, gefragt habe.

V — Du fragtest wirklich nicht, aber ich habe manchmal etwas Schlimmes gedacht.

J — Und was hast du gedacht?

V — Es ist mir ein bißchen unangenehm, doch höre: Ich habe gedacht, daß du vielleicht überhaupt nicht daran glaubst.

J — Vicka, du hast es nicht getroffen. Das will ich dir gleich beweisen und zwar so: Ich war sogar Zeuge einer augenblicklichen Heilung, als damals eine Gruppe kanadischer Pilger nach der heiligen Messe öffentlich für die Kranken gebetet haben. Du weißt, wie aufregend das alles war. Damals bin ich, als ich am Ende des Gottesdienstes aus der Sakristei die Treppe herunterging auf eine Frau gestoßen, die vor Freude weinte und frohlockte, weil sie kurz zuvor der Herr von einer schweren Krankheit befreit hatte, die sie jahrelang in den Krankenhäusern von Mostar bis Zagreb erfolglos behandeln ließ. Sie war auch in vielen Kurbädern behandelt worden, jedoch alles war erfolglos.

Die Frau litt jahrelang unter „Multipler Sklerose" und am meisten litt sie darunter, daß sie das Gleichgewicht überhaupt nicht halten und daß sie ohne fremde Hilfe nicht auf den Beinen stehen konnte. Auch an diesem Abend mußte ihr Mann sie regelrecht schleppen. Und da sie wegen der großen Menge nicht in die Kirche hineinkamen, standen sie draußen beim Treppenhaus vor der Sakristei. Genau dann, als der Beter verkündete, daß der Herr in diesem Augenblick eine Frau heile, die an „Multipler Sklerose" leide, spürte sie, — wie sie mir später sagte — , daß ihr ganzer Körper wie von einem Strom durchdrungen wurde. Gleich darauf konnte sie ganz allein auf den Beinen stehen.

Als ich die Treppe herunterging, bemerkte ich gleich, daß mit jemandem etwas geschehen war. Sie sah mich, hob die Hände zu mir hin und wiederholte weinend vor lauter Ergriffenheit: „Mein Pater Janko, ich bin geheilt worden!" Und kurz darauf ging sie ohne fremde Hilfe zu ihrem

Auto, das über hundert Meter von ihr entfernt war. Vicka, siehst du, auch solche Erlebnisse hatte ich in Medjugorje. Nun, ich habe das ausführlich erzählt und sicher hast du dich gelangweilt.

V — Nein, nein! Das war wirklich interessant.

J — Und ich möchte nur noch dies hinzufügen: Diese Frau kenne ich seit ihrer Kindheit. Einst habe ich sie zur Firmung und Erstkommunion vorbereitet. Ich habe sie also nach dieser Heilung gesehen und bald danach, wie sie allein, ohne fremde Hilfe zum Podbrdo ging, zum Ort der ersten Erscheinung, um Gott und der Gospa für alles zu danken. Vor ein paar Tagen habe ich sie erneut gesehen, wie sie sich geschickt, wie auch andere ihrer Altersgenossinnen, in der Kirche von Medjugorje bewegte. Und somit konnte ich dir meine Grundeinstellung zu wunderbaren Heilungen, wie sie in Medjugorje geschehen, klar machen.

V — So, das ist mir lieb. Nicht, daß nur ich immer rede.

J — Gut. Obwohl ich genug weiß, rede ich nicht gern über die körperlichen Heilungen, vor allem deshalb, weil man früher alles als Wunder bezeichnet hat, was man sich nicht anders erklären konnte.
Außerdem möchte ich dir auch noch dies sagen: Für mich ist es ein größeres Wunder, wenn sich ein sozusagen gottloser Sünder, gleichsam augenblicklich so verändert, daß aus ihm ein gottesfürchtiger Mensch wird, so daß er bereit ist, für seine Freundschaft mit Gott die ganzen Versuchungen und die ganze Verachtung von seiten derjenigen, mit denen er bis vor kurzem gegen Gott „Krieg" geführt hat, zu ertragen. Vicka, der Aussatz der Seele ist schwieriger zu behandeln als der Aussatz des Körpers! Und in Medjugorje war ich Zeuge zahlreicher, gerade solcher Heilungen. All die körperlichen Heilungen sind, meiner Meinung nach, nur Hilfe für diese seelisch-geistigen Heilungen.

V — Nun könnte auch ich etwas erzählen, worüber ich später so viele, viele Male nachgedacht habe.

J — Und worum geht es?

V — Es geht nun gerade um die Bekehrung eines Intellektuellen. Ein seltsamer Mensch! Im Gespräch erzählte er mir zwei- bis dreimal von sich selbst ... Er war etwas Besonderes! Irgendetwas führte ihn zu mir, und wir unterhielten uns sehr lange. Man würde sagen, er glaubte nichts oder doch ... Ich wußte nicht, was man mit ihm machen sollte, und er wollte mich nicht in Ruhe lassen. Ich betete für ihn und versuchte, ihn zu überreden, zu einem Priester zu gehen. Er sollte es versuchen, und wer weiß ...

J — Wahrscheinlich machte er es nicht?

V — Ja! Aber als ich einmal am Abend in die Kirche kam (man hörte draußen Beichte), sah ich ihn: Er kniete vor dir. Ich dachte mir: Du bist ja genau dorthin gegangen, wo du hingehörst!

J — Und dann?

V — Ich ging vorbei und betete wieder kurz für ihn.

J — Und das endete so?

V — O nein! Nach drei bis vier Monaten kam er wieder zu mir nach Hause und erzählte, daß er ein anderer Mensch geworden sei. Das war für mich ein großes Wunder. Ich erkannte, wie mächtig als auch gut Gott ist.

J — Das siehst du ja! Du siehst, was Gott alles macht und wie er Menschen heilt. Es freut mich, daß du mir dies gesagt hast. Es ist eine große Freude, so etwas zu erleben. Und jeder von uns, der oft dabei ist, erlebt so etwas. Dies nicht nur einmal, sondern mehrmals. So war es auch zur Zeit Jesu. Er brachte oft körperliche und seelische Heilung in Verbindung. Jesus sagte oft, nachdem er jemanden geheilt hatte: ,,Geh und sündige nicht mehr." Es ist derselbe Jesus, der auch heute heilt.

V — Gut, gut! Ich wußte, daß du dich herausziehen wirst.

J — Woraus denn?

V — Ja, aus meinem Zweifel.

J — Es fiel mir leicht, mich herauszuziehen, weil du nicht recht hattest. Und wenn du willst, merke dir dies: Auch beim Beichtehören habe ich viele Auskünfte über diese körperlichen Heilungen bekommen. Ich habe jedem geraten, mit den Dokumenten ins Pfarramt zu gehen und seine Heilung zu melden. Dies als Zeichen der Dankbarkeit Gott und der Gospa gegenüber, die ihm geholfen haben. Das ist in Ordnung. Jetzt interessiert mich aber etwas anderes.

V — Und das wäre?

J — Mich interessiert, ob die Gospa jemals für irgendjemanden im voraus gesagt hat, er werde geheilt werden?

V — Soviel ich weiß, sagte sie es für niemanden. Sie empfiehlt immer den festen Glauben, Gebet und Fasten, alles andere überläßt man Gott.

J — Und ohne dies?

V — Ohne dies geschieht meistens nichts!

J — Gut, Vicka! Aber es war doch etwas seltsames mit dem kleinen Danijel Šetka aus Krivodol. Da hat jemand, gleich am Anfang, nach der Tonbandaufnahme gesagt, der Kleine werde geheilt werden, ohne daß er über diese Bedingungen gesprochen hätte.

V — Wer konnte in jener Hektik immer an alles denken. Derjenige, der das gesagt hat, wußte auch, daß die Gospa den Eltern von Danijel gesagt hat, daß sie fest glauben, beten und fasten sollten. Und er hat vielleicht auch nicht alles laut gesagt. Das konnte nur so sein.

J — Es ist gut. Doch du hast mir, jetzt entsinne ich mich, einmal einen Fall beschrieben, wo die Gospa für einen Jungen gesagt hat, er werde geheilt werden, ohne daß sie dafür irgendwelche Bedingungen gestellt hätte.

V — Über wen habe ich das gesagt? Jetzt erinnere ich mich nicht.

J — Das sagtest du mir für einen Jungen, der bis oberhalb des Knies kein linkes Bein hat.

V — Was habe ich dir darüber gesagt?

J — Du hast mir gesagt, daß ihn die Gospa, ohne irgendeine weitere Bedingung, nach der Offenbarung ihres versprochenen Zeichens, heilen werde.

V — Ah das! Wenn ich dir das gesagt habe, dann habe ich dir die Wahrheit gesagt. Die Gospa hat gesagt, daß dann viele geheilt werden würden. Und dem Jungen gegenüber verhielt sie sich besonders seltsam.

J — Wie denn?

V — Er kam fast jeden Tag zu den Erscheinungen der Gospa, und die Gospa hat ihn irgendwie besonders liebgewonnen, und ...

J — Woher weißt du das?

V — Es ist so: Sie hat uns einmal, es war vor Weihnachten des ersten Jahres, sein krankes Bein gezeigt. Sie nahm von ihm den künstlichen, plastischen Teil ab und anstelle dessen erschien sein gesundes Bein.

J — Wozu das?

V — Ja, das weiß ich auch nicht! Vielleicht wollte die Gospa sagen, er werde geheilt werden.

J — Hat er dabei etwas gespürt?

V — Er sagte uns später, daß es ihm schien, als ob jemand ihn am Kopf berührt habe. So irgendwie ...

J — Aber die Gospa hat doch nicht gesagt, er werde geheilt werden!

V — Nun langsam! Ich habe noch nicht abgeschlossen. Gleich zwei bis drei Tage danach kamen einige Jugendliche zu mir, da spielte man und sang, und da war auch der Junge ...

J — Und?

V — Kurz davor erschien uns die Gospa. Neben sich zeigte sie den Jungen. Er war wie von einem Glanz umhüllt. Das wußte er nicht. Aber gleich nach der Erscheinung sagte er uns, daß er während der Erscheinung gespürt habe, als ob ein Strom durch das Bein gezogen wäre.

J — Durch welches Bein?

V — Natürlich durch das kranke!

J — Und was geschah dann?

V — Gerade das! Ich habe es dir bereits gesagt.

J — Du hast nicht gesagt, ob das Bein geheilt werden wird oder doch?

V — Die Gospa sagte uns, es werde geheilt werden. Dies teilte sie uns jedoch später mit.

J — Wann später?

V — Sie berichtete, er werde kurz nach ihrem Zeichen ganz geheilt werden. Das sagte sie uns ungefähr Mitte 1982.

J — Wem hat es die Gospa gesagt, ihm oder euch?

V — Uns, und wir sagten es dann ihm.

J — Könntest du dich erinnern, wann ihm die Gospa dies versprochen hat?

V — Das nicht. Das könnten wir ihn fragen. Das weiß er sicher.

J — Das ist gut. Glaubt er auch daran?

V — Wie soll er denn nicht glauben! Das weiß ich! Schließlich fand er weitgehend zum Glauben hin. Du weißt auch dies!

J — Ich weiß es. Das ist in Ordnung. Wer es erlebt, wird es sehen ... Doch sage mir, ob dir die Gospa für irgendjemanden im voraus gesagt hat, er werde nicht geheilt werden?

V — Das sagt sie in der Regel nicht. Ich erinnere mich nicht genau, aber ich weiß, daß sie einmal zu einem Kranken gesagt hat, er werde bald sterben.

J — Also, nach deiner und der Überzeugung der Gospa ist für die Heilung ein fester Glaube, Fasten, Gebet und andere guten Taten immer notwendig?

V — Natürlich, Gott kann jemanden auch ohne dies heilen, aber meistens ist es so.

J — Von wem verlangt die Gospa dies?

V — Zuerst von den Kranken, aber auch von seinen Angehörigen.

J — Doch wie ist es, wenn der Kranke so schwach ist, daß er nicht beten kann?

V — Er kann wenigstens, wenn er es weiß, glauben. Seine Angehörigen müssen auch fest glauben und möglichst viel beten. So sagt es die

Gospa. Und es ist nun so, mein Pater! Du sagtest mir noch nicht, wieviele Heilungen in Medjugorje bis jetzt gemeldet sind?

J — Ich weiß es nicht genau. Die vor etwa einem Monat angegebene Zahl überstieg zweihundertundzwanzig. Zunächst mal so viel. Das muß man alles noch untersuchen und nachprüfen. Man wird dann sehen. Sicherlich gibt es noch ungemeldete Heilungen.

V — Dies ist ja nicht so wichtig. Gott und die Gospa wissen, was sie tun.

* * *

DIE SEGNUNG VON SACHEN UND MENSCHEN

J — Es ist uns bekannt, Vicka, daß fast seit Beginn der Erscheinungen es zur Gewohnheit geworden ist, vor der Gospa gewisse Gegenstände hinzulegen, damit sie von ihr gesegnet werden.

V — Das wissen wir, und?

J — Aber wie fing es an?

V — Das Volk brachte sie einfach her. Es waren z.B. Kleidungsgegenstände der Kranken oder etwas Ähnliches. Und sie wollten, daß die Gospa dies alles segnet. Wir baten die Gospa darum, und sie tat es gern.

J — Woher wißt ihr das?

V — Wir sehen es ja, wenn sie es tut.

J — Was tut sie, wenn sie segnet?

V — Sie schaut die Sachen an und segnet sie mit dem Kreuzzeichen.

J — Spricht sie etwas, wenn sie segnet?

V — Nein, nichts. Sie macht nur das Kreuzzeichen darüber. Vielleicht spricht sie auch, aber wir hören davon nichts.

J — Ist es immer so?

V — Immer!

J — Vicka, ich habe gesehen, daß man zur Segnung allerlei Sachen bringt. Lehnt die Gospa manchmal etwas ab, es zu segnen?

V — Wir haben es nie bemerkt und sie hat mit uns nie darüber gesprochen. Etwas anderes wissen wir nicht.

J — Gut. Aber du hast mir gesagt, daß die Gospa manchmal irgendetwas auch anders segnet.

V — Du meinst, durch Berührung mit ihrer Hand?

J — Ja, ich denke gerade daran!

V — Und warum fragst du das, wenn du es schon weißt? Du weißt, daß sie dies auf meine besondere Bitte hin auch für dich mal getan hat. Einmal hast du mich herausgefordert, so daß ich es dir auch unter Eid bestätigt hatte.

J — Das ist richtig! Und es wäre mir lieber, wenn ich es nicht getan hätte. Du hast mir noch nicht gesagt, wann die Gospa die Sachen segnet?

V — Gleich, sobald sie kommt.

J — Ihr bittet sie darum, und sie ...?

V — Nein, nein! Schon lange bitten wir sie nicht mehr darum. Sie tut es von selbst.

J — Und was würde passieren, wenn jemand — nachdem die Gospa die Sachen schon gesegnet hat — etwas bringen und vor die Gospa hinstellen würde mit dem Wunsch, daß sie auch dies segnet?

V — Das würde sie auch segnen.

J — Sicher?

V — Sicher! Das habe ich viele Male gesehen.

J — Ja gut. Hat die Gospa irgendwann auch Menschen gesegnet?

V — Du weißt es, denn darüber haben wir schon gesprochen. Erinnerst du dich, wie wir über unseren Marinko gesprochen haben, wie ihn die Gospa gesegnet und geküßt hat. Ich habe dir auch erzählt, wie die Gospa einen und dann noch einen Priester gesegnet hat. Dasselbe weiß ich auch von einer Frau. Und du kennst einen Franziskaner sehr gut, den die Gospa gesegnet hat. Aber wenn du das nicht erwähnen willst, will ich es auch nicht ...

J — Gut. Sag mir nur noch: Wie segnet die Gospa die Menschen?

V — Genauso wie auch die Sachen: mit dem Kreuzzeichen. Nur dazu sagt sie noch etwas.

J — Darf ich wissen, was sie dabei gesprochen hat?

V — Du weißt schon so viel, nun sei damit zufrieden.

J — Sag mir doch zumindest, was die Gospa gesprochen hat, als sie, wie du sagtest, einige Leute von Varaždin segnete. Einmal hast du mir davon erzählt, aber es sei jetzt nochmals erwähnt.

V — Wie ich dir ja schon gesagt habe: Mit uns war im Zimmer der Erscheinungen auch eine Gruppe von Leuten aus Varaždin.

J — Genau aus Varaždin oder aus der Umgebung von Varaždin?

V — Das weiß ich nicht. Die Busse waren von Varaždin.

J — Und was geschah dann?

V — Während der Erscheinung segnete die Gospa besonders sie. Uns befahl sie, wir sollten es ihnen sagen. Sie hatten viele Opfer auf sich genommen. Damals waren sie schon zum dritten Mal in Medjugorje, und sie sind gute Gläubige. Sie sagte, sie wünsche allen eine glückliche Reise.

J — Habt ihr ihnen das mitgeteilt?

V — Ja, selbstverständlich! Und zwar gleich.

J — Und sie?

V — Sie waren überglücklich! Einige fingen vor Freude zu weinen an. Es war wunderbar!

J — Für sie mußte es in der Tat wunderbar sein!

DIE GOSPA UND DIE SEHER IM KAMPF MIT DEM BÖSEN

J — Vicka, wir wissen, daß wir alle mit dem Satan kämpfen müssen, um Gott dienen und unsere Seelen retten zu können. Das bezeugen uns sowohl Jesus Christus als auch die Heilige Schrift, ja auch das Leben vom ersten Menschen bis heute.

V — Es ist gut. Doch was meinst du damit?

J — Ich möchte nun gerne etwas darüber wissen. Es interessiert mich nämlich ganz besonders, ob die Gospa euch einmal etwas darüber gesagt hat?

V — Ja, selbstverständlich! Und das so viele Male. Darüber sprach sie besonders zu Mirjana.

J — Was sagte sie ihr?

V — Das weißt du sicher. Besonders im Gespräch mit Pater Tomislav. Auch zu uns sprach sie viel darüber.

J — Verrate mir nun: Was hat sie euch gesagt?

V — Die Gospa oder Mirjana?

J — Jetzt Mirjana, und dann kommen wir zur Gospa.

V — Sie sprach zu uns, wie ihr der Teufel erschienen sei und versucht habe, sie zu verführen, damit sie auf Gott und die Gospa verzichte und daß sie alles von ihm bekomme, auf daß sie schön und glücklich werde. Er sagte ihr noch einiges in dieser Weise!

J — Vicka, ich weiß viel darüber. Mirjana sagte uns, wie man nach dem Rezept der Gospa den Satan auch überwinden kann. Und noch so manches sagte sie uns.

V — Was hat sie euch gesagt?

J — Sie sagte, daß man feststehen muß, fest glauben und kein bißchen dem Teufel nachgeben soll und sich mit Weihwasser besprengen. Sie sagte aber noch mehr über diesen Punkt. Es hat aber keinen Sinn, dich jetzt mit diesen Dingen noch weiter zu plagen. Mir fällt aber gerade etwas besonderes ein, worüber ich etwas sagen möchte.

V — Und das wäre?

J — Die Tatsache, daß die Gospa das Besprengen mit Weihwasser empfiehlt. Das hat man fast vollkommen vergessen.

V — Manche haben es vergessen, manche aber auch nicht!

J — Ich meine das so im allgemeinen. Aber auch wir Priester haben es zum größten Teil vergessen. Früher hat man mit Weihwasser z.B. sowohl am Anfang als auch am Ende der heiligen Messe gesegnet, und jetzt tut es kaum noch jemand. Aber lassen wir jetzt das! Mirjana sagte, daß der Satan, wenn wir uns im Kampf mit ihm so verhalten werden, doch „zu kurz kommen" würde, wie man so sagt. Das ist in Ordnung. Doch sag mir jetzt: Was hat euch die Gospa gesagt?

V — Du weißt ja, was sie schon am Anfang Marija gesagt hat.

J — Was hat sie ihr gesagt?

V — Das von damals, als sie ihr im Haus erschienen ist und uns eingeladen hat, nach dem Abendessen zum Dreschplatz zu kommen.

J — Das ist gut. Das weiß ich, doch was hat ihr die Gospa gesagt?

V — Du erinnerst dich, daß ihr die Gospa damals gesagt hat, daß ihr Sohn um unsere Seelen kämpfe, aber daß auch der Satan etwas für sich erobern wolle. Er kämpfe auch. Er fechte um uns herum, täusche ...

J — Und noch etwas?

V — Sie sagte ihr noch, daß sich der Teufel unter uns Seher einschleichen wolle, um uns zu verfeinden und dann ...

J — Also, damit ihr euch verfeindet, haßt und dann würde er euch führen ...

V — Ja, ja. Für ihn ist Streit und Haß alles! Dann ergreift er leicht die Herrschaft. Das sagte uns die Gospa mehrmals.

J — Es ist gut, Vicka. Etwas Ähnliches las ich auch in deinem Notizbuch vom 10. 11. 1981. Da steht geschrieben, daß die Gospa euch gesagt habe, wie der Teufel die Oberhand übernehmen wolle, aber daß ihr nicht nachgeben dürft, daß ihr euren Glauben hüten, daß ihr fasten und beten sollt, so werde sie auf Schritt und Tritt mit euch sein.

V — Sieh, das hast du gesehen! So hat sie zu uns viele Male gesprochen. Das habe ich nicht aufgeschrieben, aber ich habe es mir sehr wohl gemerkt.

J — Gut! Hat dies die Gospa nur für euch Seher oder für uns alle gesagt?

V — Selbstverständlich für alle! Manchmal erwähnte sie dabei besonders die Jugendlichen, doch sie machte immer darauf aufmerksam, daß die Welt große Gnade von ihr und von ihrem Sohn empfange. Die Menschen sollen nur vertrauen und fest glauben.

J — Und spricht die Gospa auch darüber, wie dieser Kampf enden wird?

V — Selbstverständlich wird Gott siegen. Aber auch der Satan wird viel erreichen. Du siehst ja, wie das Volk ist!

J — Und was dann?

V — Wir müssen fest glauben, fasten und beten, das andere ist dann Sache Gottes. Die Gospa sagte so viele Male, daß man durch Fasten und Beten viel erreichen könne. Nun, die Menschen können sich entscheiden. Die Gospa sagte sehr oft: ,,Ihr sollt beten, betet nur und beharrt im Gebet!‘‘

J — Vicka, es sieht danach aus, daß die Strafe doch kommen wird?

V — Wir wissen nicht, was noch alles über uns kommen wird. Glückselig ist derjenige, der ausharrt im Gebet. Gott ist stärker als der Satan! Und die Macht liegt bei Gott ...

J — Lasset uns dann beten, damit Gott die Oberhand gewinnt!

V — Lasset uns beten, aber alle zusammen!

* * *

Pater Janko Bubalo im Gespräch mit Jakov

DIE GOSPA MIT DEM KREUZ

J — Wir haben schon etwas darüber gesprochen, wie euch die Gospa manchmal mit dem Kreuz erschienen ist. Sag mir bitte, wie oft ist es der Fall gewesen?

V — Nicht oft. Am Anfang einige Male. Vielleicht vier bis fünfmal.

J — Gut. Wir kennen den Fall, als sie am Anfang nur Marija so erschienen ist. Wir wissen auch, wie erschrocken Marija war und was ihr die Gospa gesagt hat. Aber wie und wem erschien die Gospa noch auf solche Weise?

V — Allen!

J — Wem allen?

V — Uns sechs Sehern!

J — Hat sie euch dazu etwas gesagt?

V — Ja, am Anfang. Sie sagte uns, daß es das Zeichen unserer Erlösung sei. Und so ... Doch später sagte sie nichts.

J — Wie hielt sie das Kreuz?

V — Gerade so.

J — Zeigen hilft hier nichts, liebe Vicka, denn das Tonbandgerät kann das nicht aufnehmen. Sag es mir bitte!

V — Gut, Pater, es war so: Die Gospa hielt die ausgebreiteten Hände vor, und das Kreuz war auf ihnen.

J — Du zeigst, daß ihre Handflächen nach oben gerichtet waren!

V — Ja, ja nach oben.

J — Wie groß war das Kreuz?

V — Es war so groß. Ungefähr einen Meter.

J — Woraus bestand das Kreuz?

V — Aus irgendeinem Holz.

J — War etwas darauf?

V — Nein, gar nichts.

J — Wie lange hielt es die Gospa so?

V — Je nachdem. Mal länger, mal kürzer. Es kam darauf an, wie lange sie mit uns beisammen war.

J — Das heißt, sie hielt es während der ganzen Zeit der Erscheinung?

V — Ja. Die ganze Zeit!

J — Und wann verschwand es vor euern Augen?

V — Wenn die Gospa verschwand, verschwand es auch.

J — Du sagst, daß die Gospa schon lange nicht mehr so — mit dem Kreuz — erschienen ist?

V — Schon lange nicht mehr.

* * *

DIE GOSPA AUF DEM KRIŽEVAC

J — Wir wissen, daß beim Kreuz auf dem Križevac oft ein geheimnisvolles Licht erschienen ist.

V — Kein Licht, sondern die Gospa!

J — Ja gut, sagen wir, daß es die Gospa war.

V — Es war die Gospa! Wir haben sie manchmal klar gesehen. Einmal, es war ganz am Anfang, erschien sie unserer ganzen Nachbarschaft. Es war gegen elf Uhr vormittags. Alles ging aus dem Haus und schaute.

J — Und was haben die Leute zu sehen behauptet?

V — Sie behaupteten alle, es sei die Gospa gewesen. Nicht jeder sah sie gleich, aber alle fingen an zu beten und zu flehen.

J — Und ihr Seher?

V — Wir haben sie klar gesehen.

J — Wie klar?

V — So klar, als ob sie bei uns gestanden wäre.

J — Wie lange dauerte die Erscheinung insgesamt?

V — Ich kann die Dauer nicht genau angeben, doch wenigstens zwanzig Minuten.

J — Gut, erinnerst du dich vielleicht noch an irgend eine andere Situation?

V — Ich erinnere mich. Du hast sie ja auch gesehen. Darüber hast du mit mir gesprochen. An Pater Ljudevit hast du auch eine Erklärung darüber abgegeben.

J — Ja Vicka, ich habe sie klar gesehen und zwar mit dem Fernrohr, am 22. Oktober 1981, ungefähr gegen fünf Uhr nachmittags. Und das habe nicht nur ich gesehen. So knieten und beteten wir damals zwischen Pfarrhaus und Kirche. Es waren mindestens siebzig Leute anwesend. Es ist nicht zufällig, Vicka, daß es gerade damals geschehen ist. Das war einer der ernsthaftesten Augenblicke während der Erscheinungen von Medjugorje gewesen. Das Volk wurde etwas in Verlegenheit gebracht, es brauchte eine Ermutigung. Doch darüber möchte ich jetzt nicht reden. Ihr habt, soviel ich weiß, gleich einen Tag darauf die Gospa gefragt, ob das Kreuz ihr Zeichen gewesen sei, oder ...? Ihr habt doch gesagt, sie habe ihre Anwesenheit zu diesem Zeitpunkt bestätigt.

V — Ja, ja! Sie hat das bestätigt. Manche Leute haben erzählt, sie hätten sie am nächsten und übernächsten Tag beim Kreuz wieder gesehen.

J — Hat die Gospa euch Sehern darüber einmal etwas gesagt?

V — Ja, selbstverständlich!

J — Was hat sie euch gesagt?

V — Wer kann sich jetzt an all das erinnern! Ich weiß, daß sie sich einmal auch gewundert hat, als wir sie gefragt haben, ob sie beim Kreuz gewesen sei.

J — Wie hat sie sich geäußert?

V — Sie sagte uns: ,,Warum fragt ihr mich dies? Habt ihr mich nicht gesehen, meine Engel?"

J — Vicka, vielleicht kannst du dich sonst noch an etwas erinnern. Dies ist ja wirklich interessant.

V — Vielleicht noch dies: Einmal sagte sie uns, daß sie oft auf dem Križevac beim Kreuz gewesen sei, und daß sie ihren Sohn gebeten habe, der Welt die Sünden zu verzeihen.

J — Demnach ist der Križevac ihr Lieblingsort?

V — Ja. Das sagte sie uns mehrere Male.

J — Aber jetzt ist die Gospa dort seltener zu sehen?

V — Das wissen wir nicht. Vielleicht ist sie dort, ohne daß wir sie sehen.

J — Vielleicht. Ich habe sie dort zum letzten Mal am 28. April 1983 gesehen. Damals habe ich sie gut gesehen.

V — Ja nun, was soll ich dir noch erzählen?

J — Ähnlich war es doch am 22. Oktober 1981. Das Kreuz verschwand ganz im Licht. Ich habe die Gestalt der Gospa nicht klar gesehen. Ich sehe nämlich ziemlich schlecht, besonders in die Ferne. Neben mir stand eine Nichte von mir und eine Schwägerin. Sie sagten, sie sähen sie klar. Und sie fingen vor Aufregung zu beten und zu weinen an. Genauso auch die anderen fünfzig Personen, die um uns herum standen.

V — Und nun, was willst du noch mehr!?

J — Ich brauche eigentlich nicht einmal dies. Doch sollte jemand unser Gespräch einmal abhören, dann ist er froh um diese Mitteilungen. Ich möchte nur noch folgendes hinzufügen. Es scheint mir nämlich nicht zufällig zu sein, daß vor fünfzig Jahren das Kreuz auf dem Križevac gebaut wurde.

V — Sicher nicht!

J — In der Tat, Gott regiert diese Welt wirklicher als wir es denken. Er hat dies bei diesem Kreuz, besonders in der letzten Zeit, vielen klar bestätigt, indem er sich so deutlich über Maria geoffenbart hat. Vicka, niemand von uns weiß, wie sein mächtiges Licht vom Križevac her, die menschlichen Herzen berührt hat. Davon zeugt auch die Aussage eines Zagreber Priesters, die ich dir — wenn du dies wünschest — kurz erzählen könnte.

V — Ich glaube, daß ich schon etwas darüber weiß, aber erzähle nur.

J — Vielleicht ist es am besten, wenn ich dir das vorlese. Der Priester sagt in seinem ausführlichen Bericht über seine Erlebnisse in Medjugorje wörtlich dies: „Nach der heiligen Messe, am 26. Juni 1982, nach halbsechs Uhr, als wir durch die Tür der Sakristei hinausgegangen waren, schauten alle anwesenden Pilger (hinter der Kirche waren wir an die achtzig Personen) seltsame Phänomene am Kreuz. Auf den Križevac kam vom Himmel eine weiße Wolke herab. Das Kreuz verschwand vollkommen. In der Wolke sah man die Silhouette einer Person im weißen, langen Kleid. Die Person sah man durch die durchsichtige glänzende Wolke. Aber man sah nicht deutlich, wer es war. Dann entstand auf einmal gleichsam eine große weiße Hostie, ein vollkommen weißer Kreis mit einem kleinen Kreuzchen über der Hostie. Die Frau, die neben mir stand und die erste Szene mit der glänzenden Wolke photographierte, bekam ein scharfes Photo ohne Kreuz. Diese Szene beobachteten, nach den Aussagen der Anwesenden, alle Leute, sowohl vom Hügel auf dem die Kirche steht, als auch von allen Orten, Wegen und Feldern um Medjugorje herum, am 24., 25. und 26. Juni von halb 6 Uhr bis 7 Uhr morgens. Durch diese Szene erschüttert, kehrten wir mit frommer Stimmung nach Zagreb zurück."

Siehst du, Vicka. Soweit der Priester in seiner Aussage nach seiner Rückkehr nach Zagreb. Da gäbe es noch viele andere Dinge zu erzählen, aber diesmal nur soviel.

V — Das ist gut. Fein, daß du dich daran erinnert hast. Ich wußte davon, aber es fiel mir im Moment nicht ein.

J — Es freut mich, daß auch ich dir mal etwas erzählt habe.

V — Das freut auch mich. Kannst du mir sagen, welcher Priester es gesagt hat?

J — Mit Sicherheit erinnerst du dich an ihn, denn in seiner Aussage behauptet er, er sei auch bei dir gewesen. Es ist Rudolf Kadlec, der damals eine große Gruppe von Pilgern aus der Umgebung von Zagreb anführte, von denen viele das gesehen haben, was er beschrieben hat.

V — Ah ja, ich erinnere mich an ihn, ich erinnere mich. Das sind ja die Botschafter der Gospa, die am klarsten darüber sprechen, was hier geschieht.

DIE GOSPA MIT JESUS

J — Und nun, Vicka, etwas über die Gospa mit Jesus. Vielleicht scheint die Aussage: ,,die Gospa mit Jesus'' ein wenig befremdend. Aber da hier die Gospa die wichtige sichtbare Rolle spielt, kann man es auch so sagen. Ich habe viele Male versucht, von euch Sehern zu erfahren, ob die Gospa auch manchmal mit Jesus erscheint. Nun könnten wir es hier ein bißchen näher betrachten.

V — Gut. Doch ich glaube, daß ich dir schon viel darüber gesagt habe, aber wenn du willst, so erzähle ich nochmals, was ich weiß.

J — Gut, Vicka. Könntest du mir sagen, wieviele Male Jesus und die Gospa zusammen erschienen sind?

V — Ich weiß dies nicht genau. Vielleicht sieben- bis achtmal.

J — Erschien Jesus als Kind oder als Erwachsener?

V — Sowohl als auch. Ich habe es mir gut gemerkt, und davon erzählte ich dir, daß er dreimal als Kind erschienen ist.

J — Und wann und wie war es?

V — Daran erinnere ich mich genau. Zum ersten Mal bei der ersten Erscheinung am Johannestag. Zum zweiten Mal am Fest Mariä Empfängnis, im ersten Jahr der Erscheinungen. Und zum dritten Mal am letzten Weihnachtsabend.

J — Letzte Weihnachten?

V — Ja, ja. Gerade damals! Er sah wunderschön aus. Das läßt sich ja nicht beschreiben! Auch die Gospa war besonders froh. Als ob man im Himmel wäre. Was soll man da sagen!

J — Vicka, gut, daß du dich erinnert hast. Und als Erwachsener?

V — Ich habe dir ja gesagt: einige Male.

J — Wie sah er damals aus?

V — Meistens sah er schrecklich aus: mit Blut besudelt, bespuckt, verwundet ... schrecklich! Einmal brachen wir alle ins Weinen aus, als wir ihn gesehen haben.

J — Du sagst ,,meistens''. Das bedeutet, daß er nicht immer so aussah?

V — Nein. Einmal war er vollkommen rein. Wir sahen nur den Oberkörper. Das Gesicht göttlich, unbeschreiblich ... Aber damals blieb er nur kurz bei uns.

J — Noch irgendetwas, Vicka?

V — Ah ja! Am letzten Karsamstag sah er auch wie mit Blut besudelt und bespuckt aus, aber darunter glänzte ein wunderbares Gesicht ...

J — Gut. Doch wer hat euch gesagt, daß es Jesus war?

V — Wir wissen ja auch ein wenig! Auch die Gospa sagte uns das.

J — Was sagte sie euch?

V — Sie sagte uns, daß es ihr Sohn sei, wieviel er gelitten habe, aber daß er doch gesiegt, und daß sie da sei, um ihren Sohn zu verherrlichen ... Sie sprach zu uns viel darüber.

J — Gut, Vicka. Hat Jesus euch auch einmal etwas gesagt?

V — Ja, einmal. Ähnlich wie die Gospa, daß er sehr viel gelitten, aber doch gesiegt habe. Er sagte uns: ,,Glaubt nur fest, betet und habt keine Angst, meine Engel. Auch ihr werdet siegen ...''

J — Und ist euch jemals Jesus allein erschienen?

V — Nein, nein! Nie.

J — War Jesus in solchen Situationen zusammen mit der Gospa gekommen, oder ...?

V — Er kam meistens etwas später, und er ging etwas früher.

J — Du sagtest mir nicht, wie Jesus so allgemein aussah.

V — Wie meinst du das?

J — Ich meine das Gesicht, die Augen, die Haare und ...

V — Man konnte nicht immer alles sehen. Er hatte Augen gleichsam kaffeebraun-schwarz, er trug einen kleinen Bart, etwas lockige Haare ...

J — Ist das alles, was du darüber wüßtest?

V — So ungefähr. Wer kann sich an alles erinnern?

J — Gut. Damit können wir dann auch abschließen.

V — Ah ja! Vielleicht könnte ich noch dies sagen: Einmal hat uns die Gospa eine schöne Landschaft gezeigt. Ein wunderschönes Wäldchen, Hügel und kleine Täler ... Alles voller Blumen und Vögel ... Da spielte ein bildschöner Knabe. Wir wußten nicht, wer es war. Und dann sagte uns die Gospa, das sei ihr Sohn gewesen, während seiner Jugend, in der er sich für uns vorbereitet habe.

J — Und daran erinnerst du dich gerade jetzt?

V — Das werde ich nie vergessen! Etwas Unbeschreibliches!

* * *

DIE SYMBOLE DER GOSPA

J — Wir sagten schon, daß die Gospa euch manchmal mit dem nackten Kreuz in den Händen erschienen ist und daß es auch Erscheinungen gab, bei denen sie mit Jesus erschienen ist. Wir wissen auch einigermaßen, wie sich dies alles zugetragen hat. Es ist uns auch bekannt, daß die Gospa euch neben den Erscheinungen noch einige Zeichen, die wir gewöhnlich Symbole nennen, gegeben oder hinterlassen hat. Nun sag mir: Welche Zeichen oder Symbole waren es?

V — Du hast es ja schon gesagt. Meistens waren es Bilder oder Zeichen des Kreuzes, des Herzens und der Sonne.

J — Ja, gut. Nun sag mir noch: Hat euch die Gospa diese Zeichen jemals gedeutet?

V — Du weißt auch das, aber ... Für das Kreuz sagte sie, daß es das Zeichen unserer Erlösung sei.

J — Und für das Herz?

V — Für das Herz, daß es das Zeichen der Liebe Gottes zu uns sei.

J — Und für die Sonne?

V — Sie sagte, daß die Sonne das Zeichen des Lichtes unseres Glaubens sei, daß Jesus unser Leben erleuchtet habe. Und alles ... Und das habe ich später so oft auch in den Predigten gehört. Jetzt verstehe ich den Priester viel besser, wenn er darüber spricht.

J — Gut. Und so nebenbei: Hörst du gern die Predigten?

V — Es kommt darauf an, wer predigt. Es gibt auch langweilige ...

J — Was kann man machen! Es ist ganz natürlich, jeden Tag spricht man, und jeden Tag hört man auch, und ...

V — Das stimmt, aber insgesamt ist es ausgezeichnet!

J — In Ordnung, Vicka. Ich möchte noch gerne etwas über die Symbole wissen. Es interessiert mich nämlich, wann die Gospa aufgehört hat, euch diese Symbole zu hinterlassen?

V — Wer hat dir gesagt, sie habe aufgehört?

J — So habe ich gedacht, denn ihr redet nicht mehr davon.

V — Warum sollten wir reden! Wir reden ja auch von anderen Dingen nicht, es sei denn, wir würden von jemandem gefragt oder die Gospa würde uns bitten, etwas zu sagen.

J — Die Gospa hinterläßt also noch manchmal diese Zeichen?

V — Nicht manchmal, sondern jeden Tag.

J — Und sie spricht zu euch nichts über sie?

V — Was soll sie uns sagen! Sie sagte es ja so oft.

J — Es ist seltsam. Doch was meinst du, warum zeigt sie euch immer wieder diese Symbole?

V — Das weiß ich leider nicht! Und niemand fragt sie etwas darüber. Vielleicht deswegen, damit wir nicht vergessen, was sie uns mal darüber gesagt hat.

J — Vielleicht, um den Glauben in euch zu festigen?

V — Auch das. Du meinst, damit wir keine Schwierigkeiten und Probleme haben.

J — Gut. Um nicht zu weit zu gehen, nur noch dies: Wann zeigt euch die Gospa die Symbole? Wenn sie kommt oder irgendwann später?

V — Früher zeigte sie die Symbole gleich bei der Ankunft und sie blieben, bis sie wegging.

J — Und später?

V — In der letzten Zeit hinterläßt sie die Symbole, wenn sie weggeht.

J — Wie lange bleiben sie nach ihr sichtbar?

V — Nur kurz. Einige Sekunden.

J — Und wie verschwinden sie?

V — Wie das Bild im Fernsehen.

* * *

DIE GEHEIMNISSE DER GOSPA

J — Vicka, wann immer man über die Marienerscheinungen spricht, verbindet man damit auch manche Geheimnisse der Gospa von anderen Erscheinungsorten. So war es doch jetzt in Medjugorje.

V — Davon weiß ich nichts. Du kannst mir glauben, daß ich fast nichts von den Erscheinungen der Gospa in Lourdes gewußt habe, während ich schon mehr als ein Jahr der Gospa am Podbrdo und in Medjugorje begegnet bin. Ich konnte irgendwie schon das Lied ,,Inmitten der Höhle''* singen, aber ich hatte keine Ahnung, worum es da ging. Und um ganz aufrichtig zu sein, ich möchte kein Wort über irgendwelche andere Geheimnisse der Gospa verlieren, außer über diejenigen von Medjugorje. Wenn du dich da an etwas interessiert?

J — Selbstverständlich interessiert es mich. Bisher habe ich immer wieder versucht, in die Sache hineinzukommen, aber trotzdem blieb für mich alles ein Geheimnis!

V — Da kann ich dir nicht helfen! Geheimnisse sind halt Geheimnisse!

J — Ich bin der Meinung, daß ihr dabei irgendwie zu sehr verschlossen seid?

V — Du kannst es ja meinen, aber ich weiß, was ich darf, und was ich nicht darf.

J — Gut. Soviel ich weiß, redet ihr weder über das Zeichen noch über die Geheimnisse nicht einmal untereinander.

V — Wenig oder überhaupt nicht!

J — Warum das? Wenn ich euch darüber irgendetwas frage, z.B. ob euch die Gospa dies wirklich verboten hat, so verhaltet ihr euch so, als hättet ihr die Frage nicht gehört.

V — Das hören wir ja auch nicht! Darüber wollen wir nicht reden.

J — Warum denn das?

V — Frage weiter, wenn du noch etwas wissen willst!

J — Gut. Sag mir dann zuerst, wieviele Geheimnisse die Gospa versprochen hat, euch mitzuteilen.

V — Das weißt du sicher. Doch nun: Sie versprach, uns jeweils zehn Geheimnisse mitzuteilen.

J — Jedem von euch Sehern?

---

* Es handelt sich um das Lourdes-Lied: ,,Die Glocken verkünden mit lieblichem Laut ...''

V — Jedem, soviel ich weiß.

J — Sind die Geheimnisse für jeden gleich?

V — Ja und nein!

J — So erkläre mir das.

V — Es ist so. Die Hauptgeheimnisse sind gleich, aber vielleicht hat mancher ein Geheimnis, das nur ihn angeht.

J — Hast du irgendein solches?

V — Ja, ich habe eines. Das ist nur für mich, weil es nur mich angeht.

J — Haben die anderen auch solche Geheimnisse?

V — Das weiß ich nicht. Ich glaube, daß Ivan eines hat.

J — Ich weiß, weil sie selbst es sagten, daß Mirjana, Ivanka und Marija solche Geheimnisse nicht haben. Nur weiß ich es nicht vom kleinen Jakov. Er wollte mir diese Frage nicht beantworten. Und Ivan sagte einmal, er habe drei, die nur ihn angehen.

V — Gut. Ich habe dir gesagt, was ich weiß.

J — Nun sag mir noch, welches Geheimnis ist es, der Reihe nach, das nur dich angeht?

V — Lassen wir das bitte! Das ist nur für mich wichtig.

J — Du kannst mir etwas sagen, ohne das Geheimnis zu offenbaren.

V — Gut, es ist das vierte. Und jetzt muß ich schweigen!

J — Kannst du mir nicht mehr darüber sagen?

V — Ich sagte dir, was ich konnte.

J — Und nichts mehr?

V — Gar nichts! Denn dann wäre Geheimnis kein Geheimnis mehr.

J — Gut, Vicka. Aber kannst du mir sagen, wieviele Geheimnisse du bis jetzt empfangen hast?

V — Bis jetzt acht.

J — In Ordnung. Es ist allgemein bekannt, daß in den Geheimnissen die Gospa etwas Schauderhaftes für den Menschen angekündigt hat. Ist es wirklich so?

V — Du sagst ja, daß man das wisse. Und was nun?

J — Kannst du darüber nicht mehr sagen?

V — Nein. Das reicht aus.

J — Mirjana hat uns sowohl im neunten als auch im zehnten etwas noch Schwereres angekündigt.

V — Ja gut. Wir haben es gehört. Es ist gut, daß man sich darüber Gedanken macht.

J — Und du sagst nichts mehr?

V — Was soll ich sagen. Ich weiß darüber nicht mehr als du auch.

J — Kannst du mir wenigstens dies sagen: Weißt du, was nach jedem Geheimnis einmal geschehen wird?

V — Ich weiß es für diese, die ich bis jetzt empfangen habe.

J — Weißt du auch, wann was geschehen wird?

V — Ich weiß es erst, wenn es mir die Gospa sagt.

J — Mirjana sagt, daß sie genau weiß, was geschieht und auch wann etwas geschehen wird.

V — Sie weiß es. Das hat ihr die Gospa gesagt, weil sie ihr nicht mehr erscheint.

J — Demnach dürftest du nicht sagen, ob irgendein Geheimnis der Welt vor der Offenbarung des angekündigten Zeichens der Gospa mitgeteilt werden wird?

V — Ich habe ja gesagt, daß ich es nicht weiß. Was ich nicht weiß, weiß ich eben nicht!

J — Was meinst du, wissen es Ivanka und Marija?

V — Ich bin mir nicht sicher, aber ich vermute, daß sie es nicht wissen.

J — Gut. Aber weißt du, ob jedes Geheimnis verwirklicht werden soll?

V — Nein. Deshalb hat die Gospa gesagt, wir sollen beten und fasten, damit Gottes Zorn gemildert wird.

J — Da hast du dich wirklich gut zurechtgefunden. Doch sage mir noch: Kennst du ein Geheimnis, das Gott schon wegen dem Fasten und Beten der Gläubigen gemildert oder es sozusagen widerrufen hat?

V — Ich weiß nicht.

J — Ja doch, doch! Das hat er, nach Aussage von Mirjana, mit dem siebten Geheimnis getan. Erinnerst du dich, worum es da geht?

V — Warte mal. Ja: Ich erinnere mich!

J — Ist es für uns gut, daß es widerrufen ist?

V — Ja. Doch vielleicht würde es manchem gut tun, damit er zur Vernunft kommt!

J — Gut, Vicka. Wahrscheinlich habe ich dich schon genug geplagt, aber doch noch dies. Sag mir, ob es dir schwer fällt, die Geheimnisse zu hüten?

V — Überhaupt nicht!

J — Es fällt mir schwer, dies zu glauben.

V — Das verstehe ich nicht ganz!

J — Kommst du wirklich nie in Versuchung, darüber etwas zu sagen, z.B. deiner Mutter, deiner Schwester, einer Kollegin, oder sagen wir ...?

V — Nein, nie!

J — Wie ist das nur möglich?

V — Ich weiß nicht. Das müßte man vielleicht die Gospa fragen. Das ist ihre Sache.

J — Gut. Weiß der kleine Jakov auch all dies über die Geheimnisse der Gospa?

V — Er weiß alles, und zwar besser als ich!

J — Und wie hütet er es?

V — Auch besser als ich!

J — Vicka, ich sehe, daß du hier allzu wortkarg bist und daß die Geheimnisse nach diesem Gespräch noch größere Geheimnisse bleiben. So sollten wir darüber hier abschließen?

V — Vielleicht ist es so am besten.

* * *

DAS ZEICHEN DER GOSPA

J — In der Tat, wir haben schon genug über die Geheimnisse der Gospa gesprochen. — Vicka, bitte erzähle mir jetzt noch etwas von ihrem besonderen Geheimnis, bzw. von ihrem versprochenen Zeichen.

V — Ich habe dir darüber ja schon so viel gesagt! Reicht das wirklich nicht aus, lieber Pater?

J — Das stimmt, aber was hilft es, wenn sich nun einmal so viele Menschen dafür interessieren und einiges darüber erfahren wollen.

V — Wenn du noch mehr wissen willst, kann ich ja ...

J — Gut, dann erzähle ruhig!

V — Ja, ja, aber nun weiter ...

J — Jetzt sieht man sowohl aus eueren Aussagen als auch von einigen Tonaufnahmen, daß ihr gleich am Anfang die Gospa gedrängt habt, ein Zeichen zu hinterlassen als Bestätigung, daß sie da ist, damit das Volk glaubt und damit man euch nicht verdächtigt.

V — Ja, das stimmt.

J — Wie reagierte die Gospa auf euere Bitte?

V — Sie verschwand gleich, besonders am Anfang, wenn wir das fragten, oder sie fing an, etwas zu beten, zu singen ...

J — Das heißt: Sie wollte nicht antworten?

V — Ja, das ist sehr wahrscheinlich!

J — Und wie ging es weiter?

V — Wir drängten aber weiterhin darauf, und sie fing ziemlich bald an, mit Kopfnicken uns zu versprechen, daß sie ein Zeichen hinterlassen werde.

J — Hat sie euch das auch mit Worten versprochen?

V — Selbstverständlich tat sie das. Jedoch nicht gleich. Wir mußten die Feuerprobe durchstehen und Geduld aufbringen. Ihr denkt, daß wir mit der Gospa tun konnten, was wir wollten! O, mein Pater ...

J — Was meinst du, wieviel Zeit vergangen ist, bis euch die Gospa versprochen hat, das Zeichen zu hinterlassen?

V — Das weiß ich wirklich nicht!

J — Ungefähr?

V — Vielleicht zwei Monate, vielleicht auch länger!

J — Ja, ja, auch länger! In deinem Notizbuch steht geschrieben, daß euch die Gospa am 26. 10. 1981 lächelnd gesagt habe, daß sie sich etwas

Die Seher Ivan, Vicka und Marija

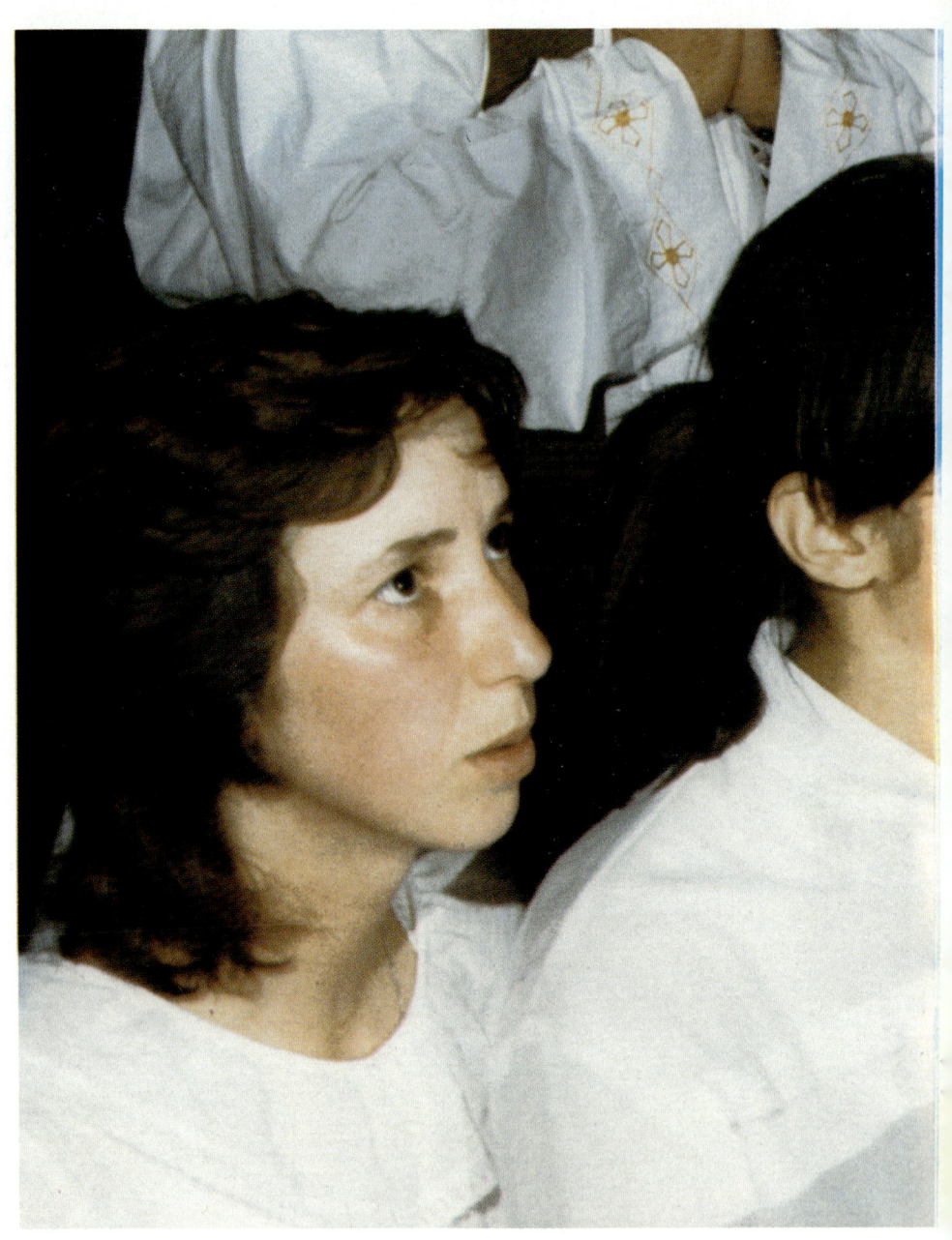

Die Seher Marija, Ivanka, Jakov und Vicka schauen die Gottesmutter

Das Kreuz auf dem Križevac, an dem verschiedene Zeichen sichtbar wurden

wundere, weil ihr nicht mehr nach dem Zeichen fragt. Aber sie wolle es wirklich hinterlassen, ihr sollt keine Angst haben, denn sie werde ihr Versprechen einlösen.

V — Das ist gut. Doch ich meine, daß es nicht ihr erstes Versprechen war, uns das Zeichen wirklich zu hinterlassen.

J — Das ist richtig, denn in einem kleinen Notizbuch, das deine Schwester Ana führte, steht dreimal geschrieben, daß euch die Gospa schon Ende August versprochen habe, ihr Zeichen „bald" zu hinterlassen, und sieh, das hat sich hinausgezögert.

V — Darüber weiß ich nichts. Das Notizbuch habe ich nie gelesen, und mit Ana habe ich nicht darüber gesprochen. Das muß jemand anderer getan haben.

J — Ich glaube, daß mir Jakov und Ivanka davon erzählt haben, aber jetzt ist es schwer, dies restlos zu klären, denn das „bald" ist ausdehnbar, so daß wir darauf nichts Sicheres aufbauen können.

V — Man braucht es auch nicht aufzubauen!

J — Es ist gar nicht so einfach. Nun laß mich zu etwas anderem übergehen. Sag mir: Hat euch die Gospa auch gesagt, was für ein Zeichen es sein werde.

V — Nein, nein! Bis dahin verging viel Zeit.

J — Hat sie mit euch allen zusammen darüber gesprochen, oder ... ?

V — Mit allen zusammen, soviel ich mich erinnere, aber ich bin mir da nicht ganz sicher.

J — Nachher war euch wahrscheinlich leichter zumute?

V — Ja, selbstverständlich, das kannst du dir denken! Damals hat man uns von allen Seiten gedrängt. Zeitungen ... Gerede ... verschiedene Herausforderungen ... Und wir konnten nichts!

J — Ich weiß, Vicka. Auch ich erinnere mich daran. Doch lassen wir es jetzt. Würdest du mir bitte etwas Bestimmtes über das Zeichen sagen?

V — Ja schon, aber du weißt schon alles Wissenswerte darüber. Einmal hättest du mich fast getäuscht, doch die Gospa ließ es nicht zu. Gehen wir nun weiter.

J — Ich sehe, daß es dir wirklich langweilig geworden ist, doch sage mir wenigstens, wo die Gospa das Zeichen hinterlassen wird?

V — Auf dem Podbrdo. Auf der Stelle der ersten Erscheinung.

J — Wird das Zeichen am Himmel oder auf der Erde sein?

V — Auf der Erde.

J — Beim Erscheinen des Zeichens: Wird es plötzlich, bzw. auf einmal entstehen, oder wird es langsam entstehen?

V — Es wird auf einmal da sein.

J — Wird es jeder sehen können?

V — Ja, wer immer kommt.

J — Wird das Zeichen nur kurzfristig oder dauerhaft sein?

V — Dauerhaft.

J — Du bist wieder so wortkarg, liebe Vicka!

V — Mache nur weiter!

J — Gut. Wird jemand das Zeichen vernichten können?

V — Nein, niemand.

J — Das meinst du, oder ...?

V — Die Gospa hat es gesagt.

J — Weißt du genau, was für ein Zeichen es sein wird?

V — Sicher, mein Pater!

J — Weißt du auch, wann die Gospa uns anderen das Zeichen offenbaren wird?

V — Auch das weiß ich.

J — Weiß es jeder von euch?

V — Vielleicht, aber ich vermute, daß es noch nicht jeder weiß.

J — Marija sagte mir, daß sie das immer noch nicht wisse.

V — Also, siehst du!

J — Der kleine Jakov wollte mir auf meine Frage keine Antwort geben.

V — Ich glaube schon. Ich bin mir nicht ganz sicher, ob er es weiß.

J — Ich habe noch nicht gefragt, ob das Zeichen ein besonderes Geheimnis darstellt, oder ...?

V — Es ist ein besonderes Geheimnis, aber es ist auch eines von den zehn Geheimnissen.

J — Sicher?

V — Ganz, ganz sicher!

J — Gut. Warum hinterläßt die Gospa das Zeichen dort?

V — Damit will sie uns zeigen, daß sie unter uns weilt.

J — Was meinst du, ob ich das Zeichen noch erleben werde?

V — Das habe ich dir schon vor langer Zeit gesagt, nun gehe weiter ...

J — Gut. Was würde einem von euch passieren, wenn er irgendwie das Geheimnis des Zeichens jetzt schon offenbarte?

V — Darüber denke ich überhaupt nicht nach, weil ich glaube, daß das nicht passieren wird.

J — Einmal haben die Mitglieder der Bischöflichen Kommission von euch verlangt, daß ihr dieses Zeichen beschreibt, wie es sein und wann es sein werde. Sie würden die Aufzeichnung dann vor euren Augen versiegeln und bis zum Erscheinen des Zeichens ungeöffnet aufbewahren.

V — Das ist richtig!

J — Ihr habt dem nicht zugestimmt. Warum? Es ist mir auch nicht so ganz klar. Manche sagen, daß nur Ivan etwas darauf geantwortet habe, doch ich habe ihn nie deswegen gefragt.

V — Ich habe ihn auch nicht gefragt und ich werde ihn nie danach fragen, doch ich bin der Meinung, daß er darauf keine Antwort gegeben hat. Vielleicht hat er sie ein bißchen in Verwirrung gebracht. Darüber möchte ich kein Wort mehr sagen. Ich sage dir nur dies: Wer ohne das Zeichen nicht glaubt, wird auch dann nicht glauben, wenn er es sieht. Und ich sage dir noch dies: Wehe demjenigen, der mit seiner Bekehrung bis zum Erscheinen des Zeichens wartet. Ich habe dir, so scheint mir, einmal gesagt, daß viele kommen werden, sich vielleicht auch vor dem Zeichen verbeugen, und trotzdem werden sie nicht glauben. Sei glücklich, daß du nicht unter ihnen bist!

J — In der Tat! Ist das alles, was du mir darüber sagen kannst?

V — Das reicht dir bestimmt aus, Pater!

* * *

ART UND WEISE DER ERSCHEINUNGEN

ART UND WEISE DER OFFENBARUNGEN

J — Vicka, wir wissen, daß euch die Gospa meistens auf fast gleiche Weise erscheint. Ich war oft bei den Erscheinungen anwesend und ich versuche mir irgendwie vorzustellen, wie es geschieht. Aber trotzdem möchte ich, daß du das ein bißchen erklärst.

V — Das stellst du dir gut vor! Ich erinnere mich, wie du zum ersten Mal bei der Erscheinung im Haus vom kleinen Jakov anwesend warst. Gleich danach hast du mir gesagt, wie du bemerkt habest, daß die Gospa gekommen sei. Und du hast es wirklich gut getroffen. Daran erinnere ich mich genau.

J — Gut, aber ich habe auch andersartige Erscheinungen der Gospa erlebt, und du noch mehr. So erzähle mir doch etwas darüber.

V — Ja, aber hundertmal dasselbe sagen, mein Pater, verstehe mich doch! Aber gut: Wir haben schon darüber gesprochen, wie uns die Gospa am Anfang erschienen ist. Zuerst kam sie, oder sie zeigte sich uns mit dem Licht, dann kamen wir. Wir beteten etwas und sangen, dann fragten wir sie etwas.

J — Und später?

V — Du hast es gesehen. Später fingen wir an zu beten, und sie erschien: in Licht gekleidet, zuerst noch unklar, sie näherte sich uns, und in einem Augenblick stand sie vor uns, klar, schön, froh … Das weißt du schon! Wir knien dann hin, beten, und …

J — Erschien die Gospa euch immer auf die gleiche Weise?

V — Meistens, aber manchmal auch anders. Manchmal kam sie sobald wir uns bekreuzt hatten, bisweilen beteten wir aber jeweils zehn bis fünfzehn Vaterunser, und sie kam erst danach.

J — Hat sie euch jemals gesagt, warum sie es so macht?

V — Das hat sie niemand gefragt! Und das steht uns nicht zu. Sie tut, was sie will. Es muß nicht immer so sein, wie wir es wollen und wie wir es uns vorstellen.

J — Manchmal war es so, daß sie überhaupt nicht kam?

V — Das stimmt. Das geschah fünf bis sechsmal. Das ist alles bekannt. Sowohl mir als auch Jakov passierte einige Male, daß wir sie im

Zimmer vorfanden, ohne überhaupt gebetet zu haben. Ich weiß, einmal traf sie uns auf dem Weg zu Jakovs Haus und sagte zu uns: „Beeilt euch, ich warte auf euch." Als wir ins Haus kamen, war sie schon da. Ihr kommen geschah also auf verschiedene Weise!

J — Und ähnlich ging sie auch dann weg?

V — Ja. Am Anfang war es etwas anders, aber später hat sich das eingespielt. Aber auch da gab es einige Überraschungen. Doch meistens hat sie sich von uns verabschiedet und ist weggegangen.

J — Ist sie jemals gegangen, ohne euch gegrüßt zu haben?

V — Daran erinnere ich mich nicht. Doch ich glaube, daß es nie der Fall war.

J — Es ist gut. Mir schien, daß die Gospa schneller geht als sie kommt?

V — Ich weiß nicht, ob es gerade immer so ist, aber meistens ist es so.

J — Und wie fühlt ihr euch, wenn die Gospa weggeht?

V — Am Anfang war es uns sowohl seltsam als auch schwer zumute, aber jetzt haben wir uns daran gewöhnt. Wenn wir daran denken, daß sie am folgenden Tag wieder kommen wird, fällt es uns leichter. Und gleich nach ihrem Weggang tun wir irgendetwas. Wir sprechen mit jemandem, oder wir fangen an zu beten. So hat man keine Zeit, darüber nachzudenken.

* * *

DAS ERLEBNIS DER VISION

J — Und jetzt, Vicka, möchte ich gerne von dir etwas genaues über ein Thema erfahren, das dich gewiß überraschen wird.

V — Pater, mich kann nichts mehr überraschen.

J — Gut. Ich möchte ein bißchen ausholen: Ich habe mir so sehr gewünscht, wenigstens manchmal bei eurer Begegnung mit der Gospa anwesend zu sein. Dies ist mir zum ersten Mal am 3. Dezember 1981 gelungen. An diesem Tag wurde in dem Notizbuch, das man als deines bezeichnet, auch notiert: ,,Ich hatte ein Gespräch mit einem Franziskaner aus Ljubuŝki. Wir sprachen lange miteinander. Dann gingen wir zu Jakov, um auf die Gospa zu warten. Während wir beteten, kam die Gospa langsam. Als sie da war, knieten wir hin und sprachen miteinander (mit der Gospa). Dieser Franziskaner schaute ständig auf uns, um sehen zu können, wie wir uns in diesem Augenblick verhielten ...''

V — Gut. Was soll das nun damit zu tun haben?

J — Vicka, es hat etwas damit zu tun! Nun zuerst, woher weißt du, daß der Franziskaner dich so beobachtet hat?

V — Das hat man mir später gesagt. Auch er selbst hat mir das gesagt.

J — Es ist gut. Nun interessiert mich, ob du weißt, welcher Franziskaner es war?

V — Das konnte ich mir leider nicht merken!

J — Vielleicht wird es für dich doch interessant sein, wenn ich dir sage, daß der Franziskaner derjenige ist, der jetzt gerade mit dir spricht?

V — Wahrhaftig?

J — Ja. Du hast es ist gut aufgeschrieben. Ich erinnere mich, als ob es jetzt wäre: Ich hielt mich an deiner linken Seite auf, während wir in das Zimmer von Jakov hereinkamen, wo man auf die Gospa wartete. Das kleine Zimmer war voller Menschen, aber ich drängte mich irgendwie zu dir heran ...

V — Und was hast du gesehen?

J — Vicka, mein Erlebnis war sowohl tief als auch unwiederholbar. Ich werde es nie vergessen. Es war zum ersten Mal, daß ich so lebendig die Ankunft der Gospa und dein Flüstern mit ihr erlebt habe ...

V — Gut. Das weiß ich, und es freut mich, daß du es so erlebt hast. Was willst du mir damit sagen?

J — Dies kam mir im Zusammenhang mit dem, worüber ich mit dir noch ein bißchen sprechen möchte, zugute. Du weißt nämlich, daß ich später öfters bei euren Begegnungen mit der Gospa anwesend war. Wenn es mir möglich wäre, würde ich jeden Tag dabei sein, aber ...

V — Was möchtest du mir nun sagen?

J — Im großen und ganzen nur das, daß eure Begegnungen mit der Gospa für mich immer irgendwie geheimnisvoll und wie eine Eingebung waren, die mich erleuchtete.

V — Das freut mich wirklich! Die Gospa belohnt dich für irgend etwas.

J — Nun laß mich fortfahren! Ich habe bemerkt, obwohl die Begegnungen ähnlich sind, daß auch eine gewisse Verschiedenheit besteht. Das gilt sowohl für die Dauer, als auch für die Art und Weise der Begegnungen. Doch jetzt möchte ich nicht darüber sprechen. Darüber mal später bei einer anderen Gelegenheit. Erläutere mir jetzt ein bißchen euer Erlebnis mit der Gospa.

V — Ich glaube, daß wir darüber schon etwas gesprochen haben. Kurz gesagt, es ist so: Wenn wir anfangen zu beten, sehen wir zuerst so etwas wie ein Licht in der undeutlichen Form oder Gestalt eines Menschenkörpers. Das nähert sich uns dann ...

J — Mal schneller, mal langsamer?

V — Genau so. Manchmal sehen wir das Licht, und schon ist die Gospa bei uns. Und manchmal kommt sie langsamer.

J — Wie sieht sie dann aus?

V — So klar wie die Sonne!

J — Und wie kommt sie durch die Wand, vor der ihr fast immer bei der Erscheinung steht?

V — Es wundert mich ein bißchen, daß ausgerechnet du dies fragst! O, mein Pater, sobald wir anfangen zu beten, verschwindet die Wand sogleich. Alles verschwindet ...

J — Gut, Vicka. Ich habe mir auch selbst gedacht, daß es so ist. Nun sage mir: Stören wir, wenn wir uns bei euch einfinden? Ich erinnere mich besonders an einen Abend Ende Januar des Jahres 1983. An diesem Abend, konntet ihr nicht in das Zimmer hineingehen, in dem ihr euch meistens mit der Gospa getroffen habt, weil es neu gestrichen wurde. Euer Treffen war deshalb ausnahmsweise in der Sakristei, in der wir uns auch eingefunden hatten.

V — Was geschah dann?

J — Ja! Ich erinnere mich, wie wenn es jetzt wäre: Vor dir stand das große zweimeterhohe Kreuz aus Eiche. Du berührtest es fast mit der

Nase. Ich stand nahe bei dir, an deiner linken Seite. Mir kam der Gedanke: Mein Gott, wo wird jetzt die Gospa zu Vicka kommen? Ich fühlte mich etwas unangenehm.

V — Und dann?

J — Ihr habt mit Beten angefangen und gleich seid ihr auf die Knie gesunken. Wir anderen konnten fast nicht hinknien, weil es so eng war. Mir war sofort klar: Die Gospa ist angekommen. Ich beobachtete hauptsächlich dich. Du schautest nach oben hin (wie gewöhnlich) und sowohl dein Gesicht als auch deine Augen strahlten mit einer besonderen Glut. Du hast damals lange mit der Gospa gesprochen. Es schien mir, als ob dich das ganze Gedränge im Zimmerchen überhaupt nicht gestört hätte. Und nach der Uhrzeit sah ich, daß die Gospa es wirklich nicht eilig hatte.

V — Pater Janko, ich habe dir vielleicht schon gesagt und ich sage es dir nochmals: Mich stört das ganze Gedränge überhaupt nicht, aber auch gar nicht. Vielleicht ein bißchen am Anfang des Gebetes, aber später nicht.

J — Wirklich nicht?

V — Ich sagte dir ja, überhaupt nicht!

J — Wie ist dies zu verstehen?

V — Das ist so: Wenn die Gospa kommt, höre ich nichts und sehe ich nichts, außer ihr.

J — Vicka, um ehrlich zu sein: Das verstehe ich nicht.

V — Da kann ich dir nicht helfen! Ich weiß selber nicht, wie sich das Ganze zuträgt, aber, lieber Pater, es ist nun mal so!

J — Ich glaube dir, denn ich habe es manchmal, wie man sagt, „live" gesehen. So laß mich dies ein bißchen erläutern. Ich sah nämlich einige Male, wie ihr während der Erscheinung mit Blitz-Kameras aufgenommen wurdet, die manchmal nahe bei euern Köpfen aufgestellt waren. Mich durchzuckte irgendwie immer der Blitz, auch wenn ich weit von ihm entfernt war, aber ich habe oft gesehen, daß keiner von euch Sehern mit den Augen, ja nicht einmal mit den Wimpern, gezuckt hat.

V — Wenn die Gospa bei mir ist, dann vergesse ich alles um mich herum. Nichts stört mich im Geringsten!

J — Wie ist das erklärbar?

V — Das weiß ich nicht. Das bewirkt halt die Gospa.

J — Und wie erleben dies die anderen Seher?

V — Soviel ich weiß, genau wie ich. Aber trotzdem: Jeder hat sein eigenes körperliches Empfinden und ... darüber sprechen wir fast nie.

J — Warum denn das?

V — Das weiß ich auch nicht!

J — Gut. Nun sage mir, ob du jede Begegnung mit der Gospa gleich erlebst?

V — Meistens ja. Es gab aber auch seltsamere Begegnungen. Einige Male war ich sehr aufgeregt. Es schien mir, als ob ich nicht mehr auf der Erde wäre. Ich weiß, daß ich mich einmal am Bett gehalten habe, um nicht umzufallen. Es schien mir, als ob ich irgendwohin wegginge ... Das kann ich nicht beschreiben, aber es war so.

J — Hattest du Angst vor diesem Gefühl?

V — Nein, gar nicht! Solange ich die Gospa schaue, habe ich vor nichts Angst.

J — Gut, Vicka! Ich fragte dich jedoch noch nicht, ob es immer so war?

V — Meistens ja. Am Anfang hat uns das Volk ein bißchen gedrängt und geschoben, mit der Gospa hingegen war es immer schön.

* * *

DIE ZEIT DER ERSCHEINUNG

J — Wir haben das Erlebnis der Vision zumindest einigermaßen beleuchtet. Nun, Vicka, sag mir etwas über die Zeit, zu der euch die Gospa meistens erschien.

V — Meinst du von Anfang an bis jetzt?

J — Ja, ja! Von Anfang an bis jetzt.

V — Es war meistens gegen sechs Uhr nachmittags. Etwas früher oder etwas später.

J — Im Sommer und im Winter?

V — Ja, zu beiden Jahreszeiten.

J — Es war doch, soviel ich weiß, nicht immer so!

V — Nicht gerade immer. Aber bei mir fast immer. Nur wenige Male, z.B. als sie uns das Paradies und die Hölle zeigte, erschien sie zu einem anderen Zeitpunkt.

J — Ja, da war die Erscheinung zu einer anderen Zeit!

V — Damals erschien sie uns ungefähr nach drei Uhr nachmittags.

J — Und noch irgendwann?

V — Auch zu der Zeit, als sie uns mehrmals täglich erschien. Die Haupterscheinung war damals gegen sechs Uhr, und die anderen zu einer ganz anderen Zeit.

J — Kannst du dich an noch so etwas erinnern?

V — Ja! Wenn wir nachts zum Podbrdo gingen, erschien sie uns später.

J — Vicka, so war es hauptsächlich mit dir. Und mit den anderen?

V — Bei ihnen war es etwas anders. Denjenigen, die irgendwo weit entfernt von hier in der Schule waren, erschien die Gospa zu einer anderen Zeit.

J — Und wie war das?

V — Wenn sie nachmittags zur Schule gingen, hatten sie die Erscheinung morgens. Manchmal war es umgekehrt, je nach Vereinbarung.

J — Es gab also auch Vereinbarungen?

V — Ja, selbstverständlich! Keiner von euch weiß, was die Gospa vermag! Pater, vergiß nicht, daß sie unsere Mutter ist. Und was für eine Mutter!

J — Nur, ich weiß nicht, wie ihr der Mutter erwidert?

V — Wir könnten es auch besser tun. Sicher könnten wir es! Aber auch uns zerstreut das Leben ein wenig!

J — Und das ist alles, was du darüber sagen kannst?

V — Pater, was sollte ich da noch hinzufügen? Es ist ja alles soweit klar?

J — Gut, doch noch dies: Was meinst du, würde die Gospa euch auch zu einer anderen Tageszeit erscheinen?

V — Darüber gibt es keine Frage! Wir haben ja vor kurzem gesagt, daß die Gospa einigen von uns schon zu einer anderen Tageszeit erschienen ist. Die Gospa findet sich leicht zurecht.

J — Das sehen wir ja in der Tat.

* * *

DIE DAUER DER EINZELNEN ERSCHEINUNG

J — Vicka, wir sagten schon einiges über die Art und Weise der Offenbarung der Gospa, einiges über euer Erlebnis der Vision, aber auch über die Zeit der Erscheinungen, und nun etwas über die Dauer der einzelnen Erscheinungen. Im großen und ganzen wissen wir, daß die Erscheinungen nicht gleich lange dauern, und wenn du es weißt, so sage mir, warum es so ist?

V — Das weiß ich leider nicht. Darauf könnte nur die Gospa eine Antwort geben. Ich weiß nur, daß sich die Gospa am Anfang meistens länger bei uns aufhielt als später.

J — Hat dies irgend einen Grund?

V — Vielleicht deshalb, weil sie uns damals viel mehr zu sagen hatte. Sowohl uns als auch dem Volk. Sie muß uns ja nicht immer dasselbe wiederholen.

J — Es ist gut. Ich habe in deinem Notizbuch gelesen, daß die Gospa bei euch sogar 45 Minuten blieb.

V — Wenn du es gelesen hast, dann ist dir dies klar!

J — Es ist mir zwar klar, aber ich frage mich trotzdem was ihr so lange zusammen gemacht habt?

V — Das kann ich dir leider nicht sagen! — Doch, Pater, wann war das ungefähr?

J — Es war in der ersten Dezemberhälfte 1981. Damals war auch ein Junge bei euch, der angeblich Gitarre gespielt und mit euch gesungen und gebetet hat ...

V — Da siehst du, was wir gemacht haben! Gebetet, gespielt, gesungen, und ... Selbstverständlich haben wir mit der Gospa auch noch etwas gesprochen. Da geht die Zeit schnell vorüber ...

J — Und was machte der Junge so lange?

V — Dasselbe wie wir! Er hat nur unser Gespräch mit der Gospa gehört. Für ihn war auch dies interessant.

J — Könntest du dich jetzt an den Jungen erinnern?

V — Ich glaube, das war ein Junge aus Metković. Das hat mir jetzt ... aber, es ist gut. Gehen wir weiter!

J — Es scheint mir, daß du da etwas „verschluckt" hast. Sage mir bitte, wie er sich damals bei euch einfand?

V — Wie die anderen auch! Er kam wenigstens zwanzigmal von Metković nach Medjugorje zu Fuß.

J — Und dann wohnte er mit euch den Erscheinungen bei?

V — Ja, genau! Warum wäre er sonst gekommen? Aber einmal geschah mit ihm auch etwas Seltsames.

J — Ich mag seltsame Dinge. Und was war das?

V — Einmal küßte ihn die Gospa während der Erscheinung.

J — Sicher?

V — Ja, sicher, mein Pater!

J — Woher weißt du das?

V — Wieso soll ich es nicht wissen, wenn ich es gesehen habe. Wir alle haben es gesehen.

J — Wer, wir alle?

V — Alle Seher, die damals anwesend waren.

J — Und was geschah dann?

V — Wir sagten ihm alles, nachdem die Erscheinung beendet war. Mehr kann ich dazu nicht sagen.

J — Hat er euch geglaubt?

V — Selbstverständlich hat er uns geglaubt! Und das sah man ihm auch deutlich an ...

J — Was sah man?

V — Man sah, daß er besonders aufgeregt war. Er fing vor Aufregung fast zu weinen an.

J — Gut, Vicka. Ich glaube, daß ich jetzt weiß, um wen es sich handelt.

V — Vielleicht weißt du es auch, denn ich sah dich manchmal mit ihm etwas sprechen.

J — Ja, ja. Er beschrieb es mir einmal so: In einem Augenblick während einer Erscheinung, habe ihn gleichsam eine Flamme durchzuckt. Danach habe ihn ein kalter Schweiß durchdrungen. Es sei ihm irgendwie seltsam zumute gewesen, aber trotzdem habe er sich sehr wohl gefühlt.

V — Besonders nachdem wir ihm gesagt hatten, daß die Gospa ihn damals geküßt habe.

J — Ja, ja. Er sagte, daß er sich gerade damals glückselig gefühlt habe.

V — Warum soll er auch nicht! Es gab noch so etwas, aber ...

J — Gut. Gehen wir weiter, aber es freut mich sehr, daß wir uns auch daran erinnert haben. Nun, es interessiert mich, ob jedem von euch die Gospa manchmal so lange erschienen ist?

V — Das weiß ich nun nicht. Darüber habe ich die anderen nie befragt.

J — Du weißt trotzdem etwas darüber! Ich könnte auch etwas sagen, aber es ist besser, wenn du sprichst.

V — Gut. Nun wenigstens dies: Ich weiß, daß die Gospa bei Mirjana zum letztenmal am Weihnachtsabend länger als 45 Minuten blieb. So sagte uns Mirjana. Das ist auch verständlich, denn sie haben sich damals voneinander verabschiedet. Du weißt, daß man sich beim Abschied viel zu sagen hat ...

J — Siehst du, Vicka! Du weißt noch viel davon, aber es ist gut. Nun, euch erschien die Gospa einige Zeit sehr lange. Ich erinnere mich an einen Abend gegen Ende Mai des Jahres 1983. Die Seher gingen in das Zimmerchen zur Begegnung mit der Gospa, und der Priester am Altar fing an, den Rosenkranz zu beten. Er betete den Rosenkranz zu Ende, dann auch die Lauretanische Litanei und sieben Vaterunser, die ihr gewöhnlich nach der Erscheinung vorbetet. Die Seher aber kamen lange nicht aus dem Zimmer heraus. Niemand wußte was los ist. Die Seher sprachen die ganze Zeit mit der Gospa. Das sagten sie, als sie herausgekommen waren, und dasselbe sagten auch diejenigen, die mit ihnen im Zimmer waren.

V — Was kann man da machen! So wollte es die Gospa. Wir würden niemals die Gospa unterbrechen, auch wenn sie den ganzen Tag mit uns zusammen bliebe.

J — Das ist gut, aber dies ist für mich seltsam: die Gospa sprach mit ihnen so lange, und sie konnten und wollten uns nichts darüber sagen.

V — Was sollen sie denn euch sagen, wenn die Gospa nicht gesagt hat, daß man es euch sagen sollte!

J — Und hat sie euch gebeten, nichts zu sagen?

V — Das weiß ich nicht. Ich war damals krank und nicht bei dieser Erscheinung dabei.

J — Auch am nächsten Abend dauerte die Erscheinung länger als eine halbe Stunde. Auf diese Weise ging es noch einige Abende weiter. Die Erscheinungen dauerten jeweils zwanzig und mehr Minuten. Für uns aber ist dies alles ein Geheimnis!

V — Was kann man denn da machen! Das war damals, als die Gospa aufgehört hat, ihnen ihr Leben zu offenbaren. Du weißt, daß es vier bis fünf Monate gedauert hat. Die Gospa hat damals über nichts anderes gesprochen, und niemand konnte sie über irgendetwas fragen. Und du weißt, wie es ist! Damals haben sie sich irgendwie lange unterhalten.

J — Und für uns andere blieb nichts übrig!

V — Es war gewiß auch für euch interessant. Dies war eine Über-
raschung.

J — Natürlich war auch uns noch klarer geworden, daß die Gospa wirklich da ist und daß sie das Ihrige tut.

V — Und es wird bald allen noch klarer sein!

* * *

DIE ANZAHL DER ERSCHEINUNGEN DER GOSPA

J — Wir sprachen, Vicka, so vieles durch, doch das Eine besprachen wir noch nicht ausführlich. Es ist eine sehr interessante Frage. So sage mir, was meinst du, wieviele Male in diesen dreißig Monaten euch die Gospa erschienen ist?

V — Meinst du allen oder nur mir persönlich?

J — Ja, gerade dir persönlich.

V — Das ist wirklich interessant. Auch ich mache mir manchmal darüber Gedanken, aber wer könnte das jetzt ausrechnen?

J — Wir versuchen es gemeinsam, so wird es vielleicht gelingen. Doch es ist natürlich weder möglich noch notwendig, die Zahl genau zu treffen.

V — Ich wiederhole noch einmal, daß ich nur für mich etwas sagen könnte, denn keinem von uns ist die Gospa gleich viele Male erschienen.

J — Wem ist sie, nach deiner Meinung, bis jetzt am meisten erschienen?

V — Ich glaube mir und Jakov, aber mir doch am meisten.

J — Als ob du ihr irgendwie die liebste wärest?

V — Nein, nein! Ich denke nicht daran. Sondern, ich war ständig zu Hause, und die Gospa erschien am meisten hier.

J — Könnten wir nun die Anzahl der Erscheinungen von Anfang an bis heute ermitteln, bzw. in diesen 30 Monaten, über die wir eigentlich diese Gespräche führen?

V — Du weißt, daß ich in Mathematik durchgefallen bin. So werde ich zählen und du sollst zusammenrechnen.

J — Gut, es geht. Die Zahl wird, wie wir schon sagten, nicht ganz genau sein, aber das ist auch nicht wichtig. Nun berechnen wir zuerst die Tage von der ersten Erscheinung an bis heute.

V — Wir sagten ja dreißig Monate.

J — Das sind abgerundet 900 Tage. Jeden Tag eine Erscheinung: das gibt 900 Erscheinungen.

V — Es ist so, aber sehr oft ist sie mir zweimal, ja drei- bis viermal erschienen! Dies am Anfang und über ein halbes Jahr lang.

J — Das bedeutet: in 150 Tagen zumindest noch 200 mal. Das würde heißen, alles in allem mindestens 1100 mal bis jetzt, bzw. bis zu diesen Weihnachten 1983, wenn wir diese Gespräche beenden.

V — Rechne nur, lieber Pater!

J — Gut. Und nun runden wir auf insgesamt 1000 Erscheinungen ab.

V — Runde es ab, wie es dir beliebt! Sage mir bitte: Warum interessiert es dich so brennend?

J — Vor allem deshalb, weil viele überhaupt nicht wissen, wieviele Erscheinungen es gab. Aber auch diejenigen, die das einigermaßen wissen, fragen sich oft, wozu so viele Erscheinungen?

V — Ich glaube, daß es uns nicht zusteht, darüber nachzugrübeln. Das ist Sache Gottes und der Gospa.

J — Es ist gut. Jedoch ich glaube, daß du dich bei der Berechnung der Anzahl der Erscheinungen doch ein bißchen vertan hast.

V — Wie meinst du das?

J — Du warst ja lange auch krank. Damals kamst du nicht zu den Erscheinungen in die Kirche.

V — Pater, Entschuldigung! Gerade du müßtest wissen, daß mir die Gospa auch damals erschien.

J — Erschien sie jeden Tag?

V — Ja, jeden Tag!

J — Gut. Paß aber doch wieder auf, ob du dich nicht verrechnet hast.

V — Nein, nicht ein bißchen.

J — Erinnerst du dich, daß du zwei Tage auf der Reise nach Zagreb im Zug verbracht hast? Einmal, daran erinnere ich mich gut, fuhrst du von Čapljina um elf Uhr vormittags ab. Wo und wann konnte dir die Gospa damals erscheinen?

V — Ja, ja! Jetzt sehe ich, worauf du hinaus willst. Und es ist dir nicht gelungen! Die Gospa erschien mir auch damals zu ihrer Zeit, und zwar eher zu einem günstigeren Zeitpunkt als je zuvor.

J — Und wo ist sie dir erschienen?

V — Im Zug, mein Pater!

J — Ausgerechnet im Zug?

V — Ja, ausgerechnet im Zug!

J — Wo war das?

V — Zum ersten Mal war es in einem kleinen Ort nach Doboj. Ich habe mir damals den Namen gemerkt, aber jetzt habe ich ihn vergessen.

J — Und zum zweiten Mal?

V — Zum zweiten Mal ungefähr nach Banja Luka.

J — Der Zug hielt an, oder …?

V — Der Zug fuhr beide Male.

J — Gut, Vicka! Hier hast du mich wirklich in Verlegenheit gebracht.

Doch sage mir, wie es geschah?

V — Einfacher als zu Hause!

J — Sei so gut und sage mir noch etwas genaueres darüber!

V — Es scheint mir, daß du es diesmal gar nicht verdient hast, aber trotzdem: Beim ersten Mal war niemand von meinen Leuten dabei. Ich ging ungefähr nach sechs Uhr nachmittags ein bißchen in den Gang. Es war kalt. Niemand war sonst im Gang. Ich bekreuzte mich und fing an zu beten. Kaum hatte ich damit begonnen, so erschien mir die Gospa.

J — Nun sage ehrlich, ob du sie unter solchen Umständen erwartet hast?

V — Ich weiß wirklich nicht. Ja und nein.

J — Gut. Die Gospa kam, und was tatest du? Knietest du hin?

V — Nein. Mancher würde ja meinen ich wäre verrückt, wenn er mich knien sähe. Wir unterhielten uns ein bißchen. Die Gospa tröstete mich. Sie war fröhlich. Sie grüßte mich und ging weg.

J — Wie war es beim zweiten Mal?

V — Da war meine Mutter bei mir.

J — Gut. Ihr hattet, so sagtest du, Banja Luka passiert, und ...?

V — Es war auch etwa gegen sechs Uhr nachmittags. Damals war ich jedoch schwach und müde. Ich ging nicht aus dem Abteil heraus. Als meine Stunde kam, bekreuzte ich mich und fing an, still zu beten.

J — Und die Gospa kam nicht?

V — Wieso nicht! Du tust ja gerade so, als ob es dir lieber wäre, sie wäre nicht erschienen! Aber doch, Pater Janko, sie kam fast auf der Stelle.

J — War noch jemand bei euch im Abteil?

V — Das Abteil war voll. Ich glaube, daß wir mit meiner Mutter zu neunt waren.

J — Und was geschah dann?

V — Als die Gospa kam, hörte und sah ich niemanden um mich herum.

J — Nicht einmal die Mutter?

V — Nein, Pater, ich sah niemanden!

J — Und dann?

V — Ich habe mich mit der Gospa fröhlich unterhalten und die Gospa ging dann weg. Die Mutter sagte mir später, daß ich wie in einer Ekstase ausgesehen habe.

J — Hast du dabei gekniet?

V — Ich saß auf meinem Platz.

J — Hat später jemand von den Anwesenden etwas gesagt?

V — Niemand sagte etwas. Nur haben mich einige Leute etwas verwundert beobachtet.

J — Vielleicht dachten sie, daß du an irgendetwas leiden würdest.

V — Das weiß ich nicht. Jeder soll denken was er will ...

J — Vicka, um ehrlich zu sein muß ich dir eingestehen, daß ich darüber schon etwas gehört habe. Einiges davon hat mir deine Mutter erzählt. Doch diese Einzelheiten haben mich sehr erschüttert, fast schockiert!

V — Ich weiß nicht, was das Letzte bedeutet. Aber um auch ehrlich zu sein, muß ich dir sagen: Es deutet alles darauf hin, daß du mich hier ein bißchen in Verlegenheit bringen wolltest, aber das ist dir doch nicht gelungen.

J — Es ist ja nicht gerade so! Doch ich habe wirklich nicht gedacht, daß du dich so gut zurechtfinden würdest. Es freut mich, daß ich mich getäuscht habe.

V — Mich freut es auch!

* * *

DIE ORTE DER ERSCHEINUNGEN DER GOSPA

J — Vicka, während wir über die Anzahl der Erscheinungen der Gospa sprachen, fiel mir gleich ein, wir sollten ja auch die Orte aufzählen, wo euch die Gospa erschienen ist. Um nicht weit auszuholen: Fangen wir gleich an. — Ja, wir wissen, daß in den ersten vier Tagen oben am Podbrdo die Gospa euch an drei Orten erschien. Ist es so?

V — Genau. Aber du hast vergessen, daß sie uns am vierten Tag einmal auch auf dem Rückweg nach Hause erschien, sowie Marija beim Wasserloch.

J — Also an vier Orten (ich rechne nur für dich) und einmal in Cerno.

V — Fahre nur ruhig fort, Pater!

J — Und nachdem Mitte August verboten worden war, zum Podbrdo zu gehen, erschien euch die Gospa unten im Dorf. Meistens im Wäldchen, unterhalb der Häuser. Und an wievielen Orten?

V — Zumindest an fünf bis sechs.

J — Und dann?

V — Dann in den Höfen und Häusern.

J — In wessen Häuser?

V — Zuerst in den Häusern von uns sechs Sehern. Dann erschien sie bei unserem Marinko und noch in zwei bis drei Häusern. Aber, Pater, paß gut auf! Ich spreche jetzt nur für mich, denn ich weiß nicht, wo sie den anderen erschienen ist.

J — Gut, Vicka. Wir sagten: nur was dich betrifft. Doch erinnere dich: Habt ihr euch mit der Gospa auch im Pfarrhaus getroffen?

V — Ja, wir sagten irgendwo in unserem Gespräch, daß wir uns auch da getroffen haben. Und zwar in drei verschiedenen Zimmern ...

J — Und in der Kirche?

V — In der Kirche auch an drei Orten. In der Sakristei, in der Kapelle ...

J — Und wo noch?

V — Auch auf der Empore.

J — Gut. Ihr nahmt einmal an Exerzitien in Dubrovnik teil. Kam die Gospa auch dort hin?

V — Ja, selbstverständlich! Ich habe dir ja schon einmal gesagt, daß die Gospa zu mir kam, wo immer ich war.

J — Und wo in Dubrovnik?

V — In der Kapelle von Schwestern in Dance.

J — Gut. Du hast, durch Umstände gezwungen, ziemlich lange in Zagreb verbracht. Wo erschien dir die Gospa dort?

V — Wo immer ich mich abends aufhielt.

J — Nun erzähle mir, wo du dich überall aufgehalten hast?

V — Nun so: ich lag überhaupt nicht im Krankenhaus, sondern ich hielt mich in den Häusern meiner Verwandten und Bekannten auf. Das war in drei oder vier Häusern.

J — Und noch irgendwo?

V — Ich hatte eine Begegnung mit der Gospa in der Kapelle der Nonnen auf Rebro. Genauso auf Šalata in der Kapelle von Schwestern.

J — Ist dies nun alles?

V — Nein, nein! Die Gospa kam zu mir auch auf Kaptol an zwei Orten.

J — An welchen?

V — In der Franziskanerkirche und noch an einem Ort.

J — An welchem Ort?

V — Das weißt du schon, aber für die anderen ist es nicht wichtig.

J — Gut. Und noch irgendwo?

V — Ich erinnere mich nicht. Ich glaube, daß wir alles aufgezählt haben.

J — Vielleicht haben wir alle aufgezählt, aber noch nicht zusammengezählt. Jetzt gedulde dich ein bißchen, bis ich ... Ich habe mir etwas aufgeschrieben, so daß ich glaube, daß es gehen wird ... Nun so: Am Podbrdo an vier Orten; unten im Dorf im Freien an sieben und in den Häusern an neun Orten. In Cerno an einem Ort. Im Pfarrhaus an drei und in der Kirche an drei Orten. In Dubrovnik an einem und in Zagreb an acht Orten. Das wäre insgesamt an 36 Orten.

V — Pater, du hast es gut gerechnet, aber wir haben etwas vergessen.

J — Und das ist?

V — Wir haben vergessen, daß die Gospa mir zweimal auch im Zug erschienen ist.

J — Richtig, richtig! Also: dir ist sie zumindest an 38 Orten erschienen!

V — Nun, du hast gerechnet.

J — Vicka, demnach könnte man sagen, daß dir die Gospa dort erschienen ist, wo immer du dich zur gewohnten Zeit aufgehalten hast.

V — Ja, wie du siehst.

J — Und wie war es bei den anderen Sehern?

V — Ich glaube, daß es auch bei ihnen so war, aber da bin ich nicht ganz sicher.

J — Gut. Im Augenblick ist es auch nicht so wichtig.

DIE ERSCHEINUNGEN IM PFARRHAUS

J — Gut. Gehen wir weiter! Gerne würde ich etwas über folgendes erfahren: Wir haben zwei bis dreimal darüber gesprochen, warum die Gospa euch im Pfarrhaus erschienen ist, aber darin sind wir nicht ganz übereingekommen. Nun, könnten wir das jetzt klären?

V — Meinetwegen, wenn es sich klären läßt.

J — Du meinst, daß dies wegen mancher Schwierigkeiten der Fall war?

V — Ja, das meine ich.

J — In Ordnung. Aber vielleicht habt ihr manchmal selbst einige Schwierigkeiten geschaffen?

V — Wie meinst du das?

J — Nun, ist es nicht so: Eines Tages, möglicherweise waren es zehn oder etwas mehr Tage seit der ersten Erscheinung, kamen in eure Nachbarschaft zwei oder drei Polizisten ...

V — Und was dann?

J — Vielleicht kamen die Leute nur um sich etwas im Dorf umzuschauen, aber ihr Seher seid vor ihnen geflüchtet.

V — Ja, das stimmt! Daran erinnere ich mich. Wir haben uns schnell zusammengefunden und sind aus dem Dorf geflüchtet.

J — Und warum das? Vielleicht hätten die Polizisten euch nichts getan.

V — Vielleicht hätten sie es auch nicht, aber „wen die Schlange gebissen hat, der hat auch vor der Eidechse Angst", sagen unsere Alten.

J — Gut. Du hast mir einmal später auch dies erzählt: Du und der kleine Jakov seid einst von deinem Elternhaus zu seinem Elternhaus gegangen. Unterwegs seid ihr zwei Polizisten begegnet. Du sagtest mir, daß euch eine gewisse Angst ergriffen habe, aber ihr seid ohne irgendwelche Schwierigkeiten an ihnen vorbeigegangen.

V — Ich erinnere mich daran, aber was willst du damit sagen?

J — Du hast mir erzählt, daß euch die Gospa wenig später gesagt hat, daß ihr vor diesen Leuten keine Angst zu haben braucht, daß ihr sie schön grüßen und euren Weg gehen sollt.

V — Das stimmt. Aber das war viel später.

J — Gut. Doch laß mich auf eure Flucht zurückkommen. Sag mir nun: Wohin seid ihr geflüchtet?

V — Wir wußten nicht genau, wohin wir sollten. Wir gingen endlich in die Kirche, um uns dort zu verstecken, und zwar nicht durch die

Straße, sondern durch unsere Tabakfelder und Weinberge, damit sie uns nicht bemerkten. Wir kamen schnell bei der Kirche an. Aber die Kirche war geschlossen.

J — Was tatet ihr dann?

V — Wir dachten: Mein Gott, was machen wir jetzt? Aber glücklicherweise war in der Kirche ein Franziskaner. Er betete. Und später sagte er uns, daß er in der Kirche eine Stimme gehört habe: ,,Geh raus und rette die Kinder!" Er öffnete die Tür und kam zu uns heraus. Wir haben uns wie kleine Katzen um ihn geschart und ihn gebeten, uns in der Kirche zu verstecken.

J — Und was tat er?

V — Er führte uns schnell in das Pfarrhaus, brachte uns in ein Zimmer (es ist jenes Zimmer, wo jetzt Pater Veselko wohnt), schloß es ab und ging hinaus.

J — Was tatet ihr nun in dem Zimmer?

V — Wir haben uns ein bißchen gesammelt. Bald jedoch kamen jener Franziskaner und noch zwei Ordensschwestern zu uns herein. Sie trösteten uns, damit wir die Angst verlieren.

J — Was geschah dann?

V — Dann fingen wir an zu beten. Kaum hatten wir damit begonnen, kam die Gospa. Sie war fröhlich. Sie betete und sang mit uns und sagte, wir sollten keine Angst haben, wir würden alles aushalten. Sie grüßte uns und ging weg.

J — Jetzt war es euch sicher leichter zumute?

V — Ja, selbstverständlich! Aber trotzdem gab es noch Schwierigkeiten: Wird uns die Polizei finden; was wird sie mit uns machen? Und so.

J — Also doch, da erschien euch die Gospa im Pfarrhaus?

V — Sieh nun, das habe ich dir gesagt.

J — Und das arme Volk?

V — Was soll es tun! Sie beteten auch. Und es war ihnen schwer zumute. Sie meinten, man hätte uns irgendwohin abgeführt, wir wären festgenommen worden. Man hat ja allerlei geredet. Volk ist eben Volk, jeder redet was ihm einfällt.

J — Gut. Ist euch die Gospa da noch einmal erschienen?

V — Ja, ja! Und zwar einige Male.

J — Wann seid ihr von dort nach Hause zurückgekehrt?

V — Erst als es dunkel wurde. Vielleicht gegen zehn Uhr.

J — Ist euch unterwegs jemand begegnet, das Volk oder die Polizei?

V — Niemand, denn wir gingen nicht durch die Straße, sondern wieder durch die Felder.

J — Was sagten eure Leute, als ihr zu Hause angekommen seid?

V — Du weißt ja, wie es ist! Sie waren sehr besorgt. Wir haben ihnen dann alles erzählt.

J — Und wie konntest du einmal sagen, die Gospa sei euch im Pfarrhaus nicht erschienen?

V — Ich bin ja nun so! Ich vertiefe mich in eine Sache und denke nicht an die andere. Die Gospa sagte uns später einmal, daß sie uns in einem gewissen Zimmer des Pfarrhauses nie erscheinen werde. Wir hatten angefangen dort zu beten, damit die Gospa zu uns komme. Wir beteten und beteten ... und sie kam nicht und kam nicht. Wir beteten wieder, und sie kam wieder nicht.

J — Und dann?

V — Dann gingen wir in das Zimmer, wo die Gospa uns jetzt erscheint. Wir fingen an zu beten.

J — Und die Gospa kam wieder nicht?

V — Nun warte ein bißchen. Die Gospa kam beinahe sofort, sobald wir angefangen hatten zu beten.

J — Hat sie euch irgendetwas gesagt?

V — Sie sagte uns den Grund, warum sie dort nicht gekommen sei und daß sie in diesem Zimmer nie zu uns kommen werde.

J — Können wir den Grund dafür erfahren?

V — Du kennst ihn. Das habe ich dir gesagt. Und lassen wir das jetzt!

J — Gut. Es geht auch so. Es ist wichtig, daß wir uns doch verständigt haben. Und wir können sagen, daß die Gospa euch auch im Pfarrhaus erschienen ist.

V — Ja, das sagte ich dir. Zwei bis dreimal, bevor wir in die Kirche gingen, war sie auch im Speisesaal erschienen.

J — Warum gerade im Speisesaal?

V — Da unterhielten wir uns einmal mit einem Priester aus Zagreb. Ich glaube, daß es einer von »Glas Koncila« (Stimme des Konzils) war. Wir unterhielten uns, und als die Zeit der Erscheinung kam, bat er uns, wir mögen gerade hier beten und auf die Gospa warten.

J — Was tatet ihr?

V — Wir fingen an zu beten, und die Gospa kam bald.

J — Und was habt ihr dann gemacht?

V — Wie immer. Wir beteten, sangen und fragten die Gospa etwas ...

J — Was hat der Priester während der Erscheinung gemacht?

V — Vermutlich hat auch er gebetet.

J — Und so hat es geendet?

V — Ja, an dem Abend. Aber ich sagte dir, daß wir dort an zwei bis drei Abenden auf die Gospa so gewartet haben.

J — Und die Gospa kam immer?

V — Jeden Abend! Einmal hat uns der Priester auch auf die Probe gestellt.

J — Und worum ging es, wenn es kein Geheimnis ist?

V — Da gibt es nun kein Geheimnis. Er sagte uns, wir sollten probieren, ob wir die Gospa mit verschlossenen Augen sehen könnten.

J — Und ...?

V — Ich versuchte es, denn es war auch für mich interessant. Und alles war gleich. Gospa war eben die Gospa!

J — Es freut mich wirklich, daß du dich daran erinnert hast. Auch ich wollte dich einmal besonders danach fragen, aber jetzt ist es mir klar.

V — Vielleicht wird es dir einmal noch viel klarer sein.

* * *

HÄUFIGKEIT UND BESTÄNDIGKEIT DER ERSCHEINUNGEN

J — Vicka, es ist allgemein bekannt, daß euch die Gospa, wie ihr sagt, schon fast dreißig Monate erscheint. Also gegen 900 Tage. Viele meinen, das sei sowohl lange als auch unbegreiflich. Und sag mir ehrlich, scheint es dir nicht auch so?

V — So schien es mir früher auch einmal. Wir haben am Anfang die Gospa öfters gefragt: ,,Meine Gospa, wie lange wirst du uns erscheinen?"

J — Und was sagte sie?

V — Mal schwieg sie, als ob sie nicht gehört hätte, mal sagte sie uns: ,,Meine Engel, bin ich euch denn langweilig geworden?" Jetzt fragen wir sie nie mehr danach. Wenigstens ich nicht, und von den anderen weiß ich es nicht.

J — Die Gospa kam, wie ihr sagt, in den ersten Monaten vier bis fünfmal nicht, und manchmal kam sie wiederum mehrmals täglich. Geschieht so etwas immer noch?

V — Was denn, Pater Janko?

J — Daß die Gospa überhaupt nicht kommt!

V — Nein. Soviel ich weiß nicht.

J — Kommt sie jetzt mehrmals täglich?

V — Ich weiß nicht. Ich weiß, daß sie nicht mehrmals kommt, außer manchmal nachts am Podbrdo oder Križevac.

J — Es ist gut. Aber meint ihr, daß die Gospa euch immer erscheinen wird?

V — Ich denke nicht, und ich glaube, daß auch die anderen dasselbe denken. Darüber möchte ich mir überhaupt keine Gedanken machen. Was hat es für einen Sinn soviel darüber nachzudenken, wenn man doch auf keinen grünen Zweig kommt!

J — Was meinst du, warum euch die Gospa so lange erscheint?

V — Das weiß die Gospa, und wir ...

J — Und was denkst du darüber?

V — Ich sagte ja, daß es Sache der Gospa ist. Aber nun, wenn du willst: die Gospa sagte, daß es ihre letzte Erscheinung auf der Erde sei. So kann sie nicht so schnell alles erreichen, was sie will.

J — Erkläre mir das ein bißchen, ich bitte dich!

V — Nun, denke dir: Wie würde dies alles aussehen, wäre die Gospa nur zehn bis zwanzigmal erschienen und dann verschwunden. Das hätte man in dieser Hektik und in diesem Lärm schon vergessen. Wer würde glauben, daß sie überhaupt da war?

J — Dann müßte die Gospa nach deiner Meinung noch sehr lange erscheinen?

V — Genau weiß ich das nicht. Aber sie muß ja noch lange erscheinen, wenn sie will, daß ihre Botschaft in der ganzen Welt gehört wird. Und so ungefähr sagte sie uns auch.

J — Was sagte sie euch?

V — Sie sagte uns, daß sie auch noch dann erscheinen werde, nachdem sie uns ihr Zeichen hinterlassen habe ... So sagte sie uns.

J — Es ist gut. Nun, du sagtest, daß dies ihre letzte Erscheinung auf der Erde sei. Hast du dich da vielleicht versprochen, oder ...

V — Ich habe mich nicht versprochen. So hat es uns die Gospa gesagt.

J — Vielleicht wird sie nicht auf diese Weise erscheinen, oder ...?

V — Das weiß ich nicht. Ich kann nicht klügeln! Die Gospa hat gesagt, daß dies die Zeit ihrer besonderen Anstrengung und ihres besonderen Kampfes um die Seelen sei. Du hast wahrscheinlich gehört, was die Gospa darüber Mirjana gesagt hat. Aber auch zu uns sprach sie davon. Erinnerst du dich an das, was sie Marija gesagt hat! Das kann nicht so schnell enden!

J — Vicka, das ist mir noch nicht ganz klar!

V — Frage deswegen die Gospa! Sie möge dir das erklären. Ich weiß es nicht. Nun, ich möchte dir noch folgendes sagen.

J — Sprich nur, ich bitte dich!

V — Über dieses habe ich einmal mit einem guten Priester aus Zagreb gesprochen.

J — Und?

V — Er sagte mir, daß Jesus nur einmal auf der Erde auf jene Weise gewesen sei und daß es nie mehr so sein werde. So könne auch die Gospa einmal auf ihre Weise kommen. Das hat mir wirklich gefallen, so daß ich mir dies gemerkt habe. Und ich kann nicht mehr darüber sagen. Man sagt, daß niemand verpflichtet ist, dies zu glauben, so soll jeder denken was er will.

J — Vielleicht ist es wirklich so.

* * *

DER UMGANG DER GOSPA MIT DEN SEHERN

DIE GEHEIMNISHAFTIGKEIT DES UMGANGS

J — Gut, Vicka. Es ist uns allen bewußt, daß uns vieles in eurem Verhältnis mit der Gospa unklar ist. Aber mir ist euer Umgang mit ihr am allermeisten unklar. Manche Dinge kennen wir schon seit Anfang der Erscheinungen. So wissen wir z.B., daß ihr mit der Gospa sprecht, ohne daß jemand von uns, die wir nebenan stehen, es hören und erfahren.

V — Genau so ist es. So war es gleich von Anfang an.

J — Und wie geschieht denn das?

V — Nun, das weiß ich nicht! Ich wußte übrigens nicht gleich, daß es so ist. Die Gospa sprach zu uns. Wir hören ihre klangvolle, sanfte Stimme, als ob sie singen würde ... Die anderen sagten jedoch, daß sie davon nichts hörten.

J — Gut. Wann habt ihr eigentlich erfahren, daß wir anderen dies nicht hören?

V — Das haben wir bald erfahren. Man hat uns gleich gesagt, daß man nicht hört, was uns die Gospa sagt.

J — Habt ihr jemals die Gospa gefragt, warum es so ist.

V — Wir haben es versucht, aber sie ... Wir haben ihr gesagt, sie möge sich dem ganzen Volk offenbaren, denn das Volk hat allerlei herumgeredet. Wir sagten ihr dies und baten sie darum, damit alle sehen, daß sie wirklich da ist. Doch der Gospa können wir keine Befehle erteilen! Was kann man da machen!

J — Und die Gospa? Hat sie darauf etwas geantwortet?

V — Sie sagte: ,,Selig sind diejenigen, die nicht sehen und doch glauben!'' Manchmal fing sie nur an, etwas zu beten oder zu singen. Und so ...

J — Das ist gut, aber damit hat die Geheimnishaftigkeit eures Umgangs mit der Gospa nicht aufgehört. Ich war oft anwesend bei euren Begegnungen mit der Gospa. In Gesprächen mit euch, habe ich viel Unklares erlebt, so wäre es am besten, dich noch einiges zu fragen. Und du sagst mir nun, was du sagen willst und was du weißt ...

V — Was denn, zum Beispiel?

J — Vielleicht dies: Jemand von euch fragt die Gospa im Namen von allen (wir um euch herum hören nichts), hört aber dann jeder von euch sowohl eure Frage als auch die Antwort der Gospa?

V — Wir hören alle sowohl die Frage als auch die Antwort.

J — Und wenn jemand die Gospa etwas fragen will, und nicht will, daß jemand anderer die Frage und die Antwort hört, was geschieht dann?

V — Dann hört niemand anderer weder die Frage noch die Antwort.

J — Und wenn die Gospa von sich selbst jemandem nur für ihn selbst etwas sagen will?

V — Dasselbe. Wir sehen, daß die Gospa jemandem etwas sagt. Wir wissen auch, wem sie es sagt, aber meistens wissen wir nicht, was sie ihm sagt. Manchmal wissen wir es, manchmal auch nicht. Je nachdem, was die Gospa will.

J — Ist dies jemals mit dir passiert?

V — Nur einmal!

J — Wahrscheinlich hat sie dich etwas ermahnt, oder ...?

V — Fahre fort, Pater Janko!

J — Gut. Ihr habt Fragen gestellt, und immer noch stellt ihr sie, auch im Namen der anderen. Nun, nehmen wir an, die Person will nicht, daß jemand anderer dies erfährt, was dann?

V — Ich habe dir ja schon gesagt: Nur die Gospa und derjenige der fragt, hören was sie sagen..

J — Du weißt, daß auch ich über dich solche Fragen stellte und nicht wollte, daß sich jemand anderer darüber Gedanken macht.

V — Das wußte ja auch niemand außer mir und der Gospa.

J — Sicher?

V — Ja sicher!

J — Aber nicht einmal dies ist mir klar: Wann und wie sprecht ihr euch ab, wer wann die Gospa etwas fragen soll.

V — Wir sprechen uns überhaupt nicht ab. Wir können alle zur gleichen Zeit fragen, und sie antwortet jedem.

J — Kann so etwas passieren, daß jemand von euch so viele Fragen an die Gospa stellt, so daß ihr nicht gelingt, einem anderen die Antwort zu geben?

V — Ich habe dir ja gesagt, daß dies nicht passieren kann. Dies kann ich dir allerdings nicht erklären. Die Gospa bringt dies alles zustande.

J — Ich weiß nicht, vielleicht kann auch mein Erlebnis mit dem kleinen Jakov zur Klarheit beitragen. Ich habe nämlich einige Male versucht, gerade im Zusammenhang mit diesem geplanten Gespräch mit dir, die

Gospa zu fragen. Ihr habt mir ständig wiederholt, die Gospa lasse keine Fragen zu. Mittlerweile, da die Gospa etwas früher aufgehört hat, dem kleinen Jakov ihr Leben zu erzählen, hast du mir geraten, über ihn die Gospa das zu fragen, was ich wissen wollte. Das schien mir jedoch unmöglich, aber ich versuchte es doch. Ich stellte Jakov (und zwar schriftlich, weil ich mich auf sein Gedächtnis nicht verlassen wollte) einige Fragen.

V — Und was geschah dann?

J — Ich wollte, daß es ganz für mich, Jakov und die Gospa bleibt.

V — Bekamst du Antwort auf deine Fragen?

J — Ja, es war merkwürdig: Ich glaube, daß der kleine Jakov die Gospa alles gefragt hat, denn er hat mir etwas später alle Fragen mit der Antwort der Gospa zurückgebracht mit Datum und seiner Unterschrift.

V — Für dich ist es merkwürdig, für mich aber ist es ganz selbstverständlich. Und das ist nur eine Seite unseres Verhältnisses zur Gospa. Wenn du nur alles wüßtest!

J — Die Gospa kann also mit euch zur gleichen Zeit, wie man heute so sagt, auf mehreren „Kanälen" verkehren?

V — Natürlich kann sie es! So macht sie es auch.

J — Dies kann ich dir irgendwie leichter glauben, weil ich etwas davon, sozusagen, „live" erlebt habe.

V — Wie meinst du das?

J — Es wird vielleicht etwas lange dauern, aber trotzdem ... Es war am 29. November letzten Jahres. An dem Abend fing die Novene zum Fest der Unbefleckten Empfängnis der seligen Jungfrau Maria an. Und als ihr — zu viert — zur Begegnung mit der Gospa in die Kapelle gegangen seid, kam ich auch mit euch hinein. Ich nahm den Platz ein, wie ich es meistens in solchen Situationen mache, um euch während der Erscheinung gut beobachten zu können.

V — Und was geschah dann?

J — Dies: Während der Erscheinung sah ich zweifache Stimmung bei euch Sehern. Du warst heiter und hast gelächelt, wie übrigens meistens, obwohl du damals ernsthaft krank warst. Marija war heiter und doch ernst, wie sie auch meistens aussieht. Aber am Gesicht von Ivanka und Jakov sah man, daß sie etwas leidvolles erlebten. An Ivankas Gesicht sah ich einmal sogar auch einen Krampf. Fast als ob sie weinen würde. Auch die Gospa verhielt sich anders als sonst.

V — Wie meinst du das?

J — Sie kam ja gleich nach dem ersten Wort des ersten Vaterunsers. Und da trat das Schweigen ein, über welches ich nun sprach.

V — Und dann?

J — Dann habt ihr nach einigen Minuten mit der Gospa das unterbrochene Vaterunser fortgesetzt und gleich euer: „Sie geht weg!" hinzugefügt. Die Gospa verhält sich sonst meistens nicht so.

V — Es ist alles in Ordnung. Nur weiß ich nicht, was du damit sagen willst.

J — Es schien mir alles irgendwie ungewöhnlich zu sein. Aber es wurde mir etwas klarer, nachdem ihr aufgestanden seid und der kleine Jakov euch einzeln fragte: „Hat die Gospa dir ein Geheimnis gesagt?" Ivanka gab zu, sie habe es gemacht, du und Marija aber habt erwidert, bei euch sei es nicht der Fall gewesen.

V — Und was dann? Es war einfach so, die Gospa offenbarte damals den beiden das neunte Geheimnis, mir und Marija aber nicht.

J — Auch ich habe dies damals so gehört. Ivanka fragte ich etwas später darüber, ob die Gospa ihr irgendetwas vom Geheimnis gezeigt habe. Und Ivanka sagte, fast weinend, zu mir: „Ich wäre ja gestorben, hätte sie mir das auch gezeigt!"

V — Gut. Was sie dir gesagt hat, hat sie gesagt. Das ist ihre Sache.

J — Aber daraus läßt sich schließen, daß das Geheimnis etwas Schauderhaftes ankündigt.

V — Machen wir weiter, lieber Pater!

J — Vicka, da gibst du gar nicht nach! Gut. Sag mir nun dies: Hast du bemerkt, daß die Gospa ihnen etwas Besonderes sagte?

V — Das schon, aber ich wußte nicht, was sie ihnen sagte. Ich habe gesehen, daß es um etwas Ernsthaftes ging, weil auch die Gospa ernsthaft ausgesehen hat. Ernsthafter als sonst, nichts anderes.

J — Seltsam!

V — Für manchen seltsam, für manchen aber nicht.

J — Und habt ihr später etwas darüber gesprochen?

V — Nichts!

J — Wie denn?

V — Es ist einfach so!

J — Gut. Es sei so. Aber ich selbst habe auch am Fest der Unbefleckten Empfängnis etwas erlebt. Direkt nach dem Abschluß der Novene.

V — War es etwas Wichtiges?

J — Je nachdem. Für dich schon! Aber auch für mich einigermaßen.

V — Was war denn?

J — Ich war damals bei der Begegnung mit der Gospa dabei. Wieder war etwas Ungewöhnliches. Nämlich damals hast du, die du sonst bei den Begegnungen froh dreinschaust, irgendwie ernst ausgesehen.

V — Kann sein, kann sein. Damals habe ich allein das achte Geheimnis empfangen, und ...

J — Man sagt, daß auch dieses etwas Schauderhaftes ankündigt?

V — Ich darf dir leider nichts verraten!

J — Gut. Es sei, wie du willst. Nun, soviel ich weiß, verhält sich die Gospa in der letzen Zeit in bezug auf euch ähnlich.

V — Wie meinst du das?

J — Nun, dir allein erzählt sie schon lange ihr Leben. Zu Ivanka spricht sie über die ernsthaften Probleme der heutigen Kirche. Marija, Ivan und Jakov hören wieder etwas anderes. Und alles geschieht zur gleichen Zeit!

V — Ja, ja. Alles zur gleichen Zeit!

J — Und wie lange wird es so sein?

V — Das weiß ich nicht, und das interessiert mich auch nicht. Die Gospa weiß, was sie tut!

J — Gut. Nur vielleicht wäre es gut, wenn die Gospa auch uns noch manches etwas klarer sagen würde.

V — Gedulde dich nur ein bißchen. Die Gospa wird einmal mit allen reden ...

J — Meinst du, vielleicht durch die Offenbarung ihres Geheimnisses?

V — Du weißt wie. Gedulde dich nur ein bißchen.

J — Also, darüber soviel?

V — Vielleicht auch zu viel. Aber auf jeden Fall genug.

J — Vicka, ich bin noch nicht fertig. Mir fällt noch etwas ein. Du hast mir öfters erzählt, daß ihr, wenn ihr mit der Gospa sprecht, mit ihr in der gleichen Weise sprecht, wie ihr auch mit uns sprecht.

V — Wie denn sonst, Pater?

J — Gut. Sagen wir, daß es so ist, aber auch da habe ich etwas besonders Interessantes bemerkt. Dir sieht man es nämlich beim Öffnen des Mundes und der Form der Lippen nach an, daß du — obwohl wir es nicht hören — mit der Gospa etwas sprichst, aber den anderen, besonders Marija, sieht man es fast überhaupt nicht an. Ich stellte ihr nämlich vor kurzem eine Frage, damit sie die Gospa darüber frägt, und gerade an diesen Tagen war ich mit euch bei den Erscheinungen anwesend.

Marija beobachtete ich vor allem deshalb, um zu sehen, wann sie der Gospa meine Frage vorbringen wird. Es vergingen zwei Abende, an denen ich Marija genau beobachtete, doch ich bemerkte an ihr nichts. Später sagte sie mir, es sei ihr nicht gelungen, die Gospa zu fragen. Mittlerweile teilte sie mir am dritten Abend die Antwort der Gospa mit, ohne daß ich trotz aller Aufmerksamkeit bemerkt hatte, daß sie mit der Gospa gesprochen hätte.

V — Was soll da nicht stimmen?

J — Es wundert mich außerordentlich, daß man das Gespräch von Marija von außen nicht wahrnimmt, denn sie sagte mir, daß sie damals mit der Gospa genauso gesprochen habe, wie sie mit mir spricht. Das war für mich wirklich etwas Neues, obwohl ich mir gedacht habe, ich wäre soweit wie möglich in euer Geheimnis des Flüsterns mit der Gospa eingedrungen.

V — Ja nun, vermutlich bist du jetzt darin eingedrungen.

* * *

DIE HALTUNG DER GOSPA BEI DEN ERSCHEINUNGEN

J — Nun gehen wir soweit wie möglich weiter! Ich hoffe, daß wir einigermaßen geklärt haben, wie die Gospa kommt und wie sie weggeht. Nun möchte ich etwas über ihre Haltung bei den Erscheinungen selbst erfahren. So sag mir, Vicka, wohin schaut die Gospa, wenn sie euch erscheint?

V — Zuerst schaut sie ja auf uns, auf uns Seher.

J — Und dann?

V — Dann auf die Sachen, die da liegen und die sie segnet.

J — Und danach?

V — Wieder auf uns, weil sie dann anfängt, mit uns zu sprechen.

J — Gut. Aber auf wen von euch?

V — Auf jeden, der da ist.

J — Auf jeden zur gleichen Zeit?

V — Ja, wie denn sonst?

J — Wie geschieht denn das? Wenn ich z.B. auf dich schaue, kann ich nicht gleichzeitig auf den anderen schauen.

V — O mein Pater, du bist doch keine Gospa!

J — Gut. Sagen wir nun, daß es so ist. Aber auf wen schaut die Gospa, wenn jemand von euch etwas Besonderes fragt?

V — Sie schaut auf den, der fragt.

J — Wenn ihr alle sie zur gleichen Zeit etwas fragt?

V — Sie schaut auf jeden. Wie denn sonst!

J — Das ist mir etwas unklar.

V — Mir auch, aber ich weiß, daß es so ist. Da kann ich dir leider nicht weiterhelfen!

J — Schaut die Gospa auch auf jemand anderen außer euch?

V — Selbstverständlich! Sie schaut oft auf diejenigen, die da um uns herum stehen.

J — Schaut sie manchmal irgendwohin auf die Seite?

V — Ich habe dir schon gesagt: Das gibt es auch.

J — Auch nach oben in Richtung Himmel?

V — Wenn sie bei uns ist nicht. Ich kann mich nicht daran erinnern.

J — Und wann, wie du sagst, schaut sie auf die Seite?

V — Zum Beispiel, wenn sie uns etwas mit den Augen zeigt. So zeigte sie uns einmal einen Spion; einmal einen großen Ungläubigen. Auch wenn sie jemanden segnet, schaut sie auf ihn. So schaute sie z.B. auf die Varaẑdiner, als sie über sie sprach. Das habe ich schon gesagt. Oder auf einen Priester, der während des Rosenkranzes ein Gesätz besonders für uns Seher empfohlen hatte. Damals drehte sie sich zu ihm und zu uns und sagte: ,,Hört ihr das...'' Wer könnte denn das alles aufzählen!

J — Also, wenn sie zu jemandem oder über jemanden der anwesend ist spricht, dann schaut sie auf ihn?

V — Ja, gerade so ist es!

J — Gut. Aber wir sprachen noch nicht über dies: Auf wen schaut sie, wenn sie weggeht?

V — Auch dann schaut sie auf uns.

J — Wie kann sie denn das, wenn sie sich beim Weggehen von euch wegdreht?

V — O nein! Sie dreht sich nicht weg. Sie geht zu uns gekehrt weg, genauso macht sie es, wenn sie kommt!

J — Ja gut. Und wie hält die Gospa die Hände, wenn sie kommt?

V — Die Hände sind fast immer ausgebreitet. So ...

J — Zeigen nützt nicht viel, Vicka!

V — Ich habe ja gesagt: Die Hände sind ausgebreitet, so.

J — Sind die Hände ausgebreitet mit den Handflächen nach oben?

V — Meistens so, doch die Handflächen schauen nicht ganz nach oben.

J — Wenn sie mit euch betet?

V — Dann sind sie auch ausgebreitet.

J — Und beim Vaterunser?

V — Dann sind sie ausgebreitet, und die Handflächen schauen ganz nach oben.

J — Wie hält sie die Hände, wenn sie mit euch singt?

V — Genauso, wie ich es schon gesagt habe.

J — Deutet die Gospa euch mal irgendetwas mit den Händen?

V — Ich erinnere mich nicht, daß sie jemals so etwas gemacht hätte.

J — Gestikuliert sie manchmal mit ihnen?

V — Nie, nie, soweit ich mich erinnere.

J — Wie hält sie die Hände, wenn sie jemanden ermahnt?

V — Gleich, normal.

J — Wie hält sie die Hände beim Weggehen?

V — Genauso, wie bei der Ankunft.

J — Du hast mir einmal gesagt, daß sie die Hände doch etwas anders hält, wenn sie das Kreuz auf den Händen trägt.

V — Ich habe dir gesagt, daß sie die Hände dann ganz ausgestreckt hält. Die Handflächen sind nach oben gerichtet, und das Kreuz liegt auf ihnen.

J — Das ist gut. Du sagtest mir noch nicht, ob die Gospa Fingernägel hat?

V — Selbstverständlich hat sie Fingernägel!

J — Welche Farbe haben sie?

V — Sie sind normal. Nur sind sie zärtlicher und sauberer als unsere.

J — Vielleicht lackiert?

V — Du scherzt, aber der Scherz ist mißlungen!

J — In der Tat! Ich wollte scherzen, aber ... Nur noch dies: Hat die Gospa jemals die Hände gefaltet?

V — Daran erinnere ich mich nicht! Doch, ja, ja: Manchmal beim Ehre sei dem Vater.

J — Und wenn du schon alles gesagt hast, sag mir auch dies: Worauf steht die Gospa, wenn sie euch erscheint?

V — Ich habe dir schon gesagt, daß die Gospa nie auf irgendetwas steht. Sie schwebt immer. Und ihre Füße sind meistens vor unserem Kopf, wenn wir knien. So ungefähr ...

J — Ist es immer so?

V — Immer! Außer, wenn wir sie aus der Ferne sehen.

J — Nun haben wir genug darüber gesprochen!

* * *

DIE STIMMUNG DER GOSPA BEI DEN ERSCHEINUNGEN

J — Nun, wenn wir schon etwas über die Haltung der Gospa bei den Erscheinungen gesprochen haben, so wäre es gut, auch etwas über ihre Stimmung dabei zu berichten. Ich weiß, für euch ist es einfach, aber für uns ist es nicht so, deshalb bitte ich, Vicka, erzähle auch etwas darüber.

V — Ich weiß nun nicht, wie ich es dir so auf einmal sagen sollte. Aber ich könnte kurz sagen, daß die Gospa bei ihren Erscheinungen stets ziemlich guter Laune ist. Es ist zwar nicht immer gleich, denn sie ist an manchen ihrer Feste in besonderer Stimmung.

J — Und in welcher Stimmung ist sie dann?

V — Sie ist viel fröhlicher als gewöhnlich.

J — Mir ist dies nicht so verständlich und klar!

V — Was z.B. ist nicht klar?

J — Gerade das, was du gesagt hast, denn die Stimmung der Gospa ist irgendwie an einem ihrer größten Feste besonders ungewöhnlich.

V — An welchen Festen?

J — Zum Beispiel, am Fest der Unbefleckten Empfängnis. Du hast mir einmal erzählt, und das habe ich auch in einem Notizbuch von euch gelesen, daß die Gospa gleich an diesem ersten Fest schlechterer Laune gewesen sei, als ihr es erwartet hättet. Und daß sie gleich angefangen habe, für die Verzeihung der Sünden zu beten. Du sagtest mir auch, daß sich damals unter ihren Füßen so etwas wie eine Dunkelheit abgezeichnet habe, und daß die Gospa über einer Wolke von Asche und Dunkelheit gleichsam geschwebt sei. Als ihr sie etwas fragtet, soll sie euch nicht geantwortet haben, sondern sie habe nur gebetet. In dem Notizbuch steht auch geschrieben, daß euch die Gospa beim Weggehen leicht zugelächelt habe, aber auch dies sei nicht so fröhlich gewesen wie früher.

V — Das hast du wirklich gut gesagt. Auch ich erinnere mich an einiges. Doch was kann ich dafür, wenn es so war!

J — Es ist auch das interessant, was weiter in diesem Notizbuch aufgeschrieben steht, daß die Gospa mit euch noch am nächsten und übernächsten Tag über die Sünden gesprochen habe.

V — Aber was können wir dafür? Das sind ihre Sachen.

J — Gut, in Ordnung. Es ist jedoch etwas befremdend, daß die Gospa dies ausgerechnet mit diesem großen Fest verbunden hat.

V — Ich bin jetzt leider überfragt!

J — Vielleicht war es deshalb so, um uns zu sagen, daß die Sünden an diesem Fest besonders schlimm aussehen.

V — Vielleicht.

J — Und nun auch dies: Im Zusammenhang mit diesem Fest offenbarte sie letztes Jahr Ivanka und Jakov jenes, wie man sagt, neunte schauderhafte Geheimnis. Das war am ersten Tag der Novene zum Fest der Unbefleckten Empfängnis. Dir hat sie wiederum am Fest selbst das unfreudige achte Geheimnis geoffenbart. Und dieses Jahr hat sie Marija an diesem Festtag das schon erwähnte neunte Geheimnis mitgeteilt. Ich fand es als Fügung Gottes, daß ich sowohl letztes als auch dieses Jahr an diesem Tag der Erscheinung beiwohnen konnte und daß ich beide Male gesehen habe, wie unangenehm und unfreudig die Offenbarung dieser Geheimnisse auf euch gewirkt haben: letztes Jahr auf Ivanka und dich, dieses Jahr auf Marija. Wir haben schon irgendwo erwähnt, was mir damals Ivanka gesagt hat. Ähnliches sagte mir dieses Jahr Marija. Als ich ihr im Spaß sagte, daß sie etwas erschrocken aussah, sagte sie voll ernst zu mir: ,,Du wärest auch erschrocken, hättest du es gehört.''

V — Das war ja schließlich die Wahrheit!

J — Es ist gut. Aber es ist etwas seltsam, daß die Gospa jedes Mal mit diesem lieben Fest so schwere und unfreudige Dinge verbunden hat?

V — Ich bin da wirklich überfragt, Pater.

J — Und ich erst recht! Doch wie gesagt: Vielleicht wollen Gott und die Gospa im Zusammenhang mit diesem Fest die Unschuld betonen, zu der sie in diesem Augenblick besonders aufrufen, und wir beschmutzen uns mit Sünden.

V — Vielleicht. Sie wissen, was sie tun!

J — Vicka, ich bin aber noch nicht fertig.

V — Gut! Nur vergiß nicht, daß die Gospa wiederum an manchen Festtagen besonders freudig aussah. Ich habe dir schon gesagt, wie fröhlich sie am Fest Mariä Verkündigung, an Weihnachten und ähnlichen Festen war.

J — Das weiß ich. Aber sah die Gospa jemals besonders traurig aus?

V — Daran kann ich mich wirklich nicht erinnern. Ich sah ihr Gesicht schon sehr ernsthaft, aber außergewöhnlich traurig ...

J — Sahst du sie jemals weinen?

V — Nein, nie! Ich nie, und die anderen ...

J — Marija sagte mir, daß die Gospa weinte, als sie am Anfang ihr allein auf dem Weg vor einem dunklen Kreuz stehend erschienen ist.

V — Das hat Marija auch uns erzählt. Und ich glaube ihr. Doch ich spreche über das, was ich gesehen und erlebt habe.

J — Gut, Vicka. Ich wollte ja, daß du mir sagst, wie du sie gesehen und erlebt hast, und dies könnte nun genug sein.

V — Aber doch noch dies: Vielleicht habe ich sie damals mit der schlechtesten Laune gesehen, als gleich am Anfang jemand in der Nähe von ihr am Podbrdo laut über Gott geflucht hat. Sie runzelte ihre Stirne sehr. Ich habe sie nie mehr so gesehen. Sie verschwand darauf gleich, aber sie kam schnell wieder zurück.

J — Es ist gut, daß du dich daran erinnert hast. Vielleicht könnten wir jetzt darüber auch abschließen?

V — Gut. Es freut mich, daß auch du mal müde geworden bist!

* * *

DER GRUSS DER GOSPA

J — Ja! Auch darüber haben wir schon etwas gesagt. Doch erzähle mir trotzdem noch ein wenig darüber, ob euch die Gospa beim Kommen und Weggehen immer gegrüßt hat und ob sie jemals erschienen ist, ohne euch gegrüßt zu haben?

V — Nur dann, wenn sie uns gleichsam aus der Ferne erschien. Wie auf der Empore oder bei ähnlicher Gelegenheit. Sonst nie.

J — Gar nie?

V — Pater Janko, ich sagte dir ja: nie!

J — Und wie grüßte sie euch?

V — Immer mit ,,Gelobt sei Jesus''.

J — Wirklich immer so?

V — Ja, genauso!

J — Ich habe den Eindruck, daß sie doch manchmal wegging, ohne euch zu grüßen?

V — Manchmal ja. Das bedeutete für uns dann, daß sie wieder kommen wird.

J — Woher habt ihr das gewußt?

V — Das haben wir später erfahren. Es war immer so.

J — Und habt ihr irgendetwas darauf geantwortet?

V — Ja, selbstverständlich! Wir antworteten stets: ,,Für immer Jesus und Maria.'' So wie man bei uns auf diesen Gruß antwortet.

J — Und beim Weggehen, wie hat euch die Gospa da gegrüßt?

V — Beim Weggehen pflegte sie zu sagen: ,,Geht in Frieden'', oder ,,Geht hin in Gottes Frieden, meine Engel!''

J — Bei unserer Gospa gibt es sehr viel, aber ein Nichts doch nie ...

V — Nein, es gibt kein Nichts! Sage, was du sagen wolltest.

J — Vicka, du vermutest falsch!

V — Diesmal wirst du dich nicht herausziehen. Sag, was du wolltest!

J — Ich wollte ja nur scherzen: Bei unserer Gospa gibt es ja allerlei Engel! Aber der Scherz ist nicht gelungen. Und lassen wir das.

V — Er ist gelungen, er ist gelungen! Und jetzt kannst du weiter ...

J — Gut. Ich bin wirklich ,,aufgelaufen''. Nun sag mir nur noch dies: Erwidert ihr der Gospa irgendetwas auf ihren Gruß beim Fortgehen?

V — Was sollen wir denn sagen. Sie grüßt uns und geht weg.

DIE MÜTTERLICHE ERMUTIGUNG DER SEHER

J — Vicka, wenigstens du und ich (aber auch noch andere) wissen, daß die Gospa euch manchmal ermahnt und getadelt hat. Mich interessiert jetzt, ob euch dies schwergefallen ist?

V — Es war uns ja nicht leicht zumute, besonders am Anfang. Da flossen manchmal auch Tränen ... Aber sie fügte gleich etwas hinzu, und alles wurde wieder fröhlich und ruhig.

J — Hat sie euch jemals mit etwas gedroht? Mit einer Strafe, oder ...?

V — Nie! Wenigstens soviel ich weiß.

J — Seltsam!

V — Da gibt es aber nichts Seltsames! Sie wußte, daß wir gewöhnliche Kinder sind, daß wir vieles nicht wissen und nicht verstehen. Und so ...

J — Hat sie euch dabei jeweils ermutigt und getröstet, damit ihr keine Angst habt und damit ihr aushaltet?

V — Sie hat uns ständig ermutigt. Wie hätten wir sonst ausgehalten! Wir haben sie besonders am Anfang oft gefragt, ob wir aushalten würden. Und sie pflegte immer zu sagen: ,,Ihr werdet es schaffen, meine Engel!"

J — Und ihr habt daran geglaubt?

V — Warum sollten wir nicht glauben, wenn es die Gospa sagt! Jetzt sehe ich ein, daß sie uns auch die Kraft gab, daran zu glauben. Für mich kann ich sagen: Ich habe mich danach immer stark gefühlt. Ich hatte vor nichts Angst.

J — Vicka, wir wissen, daß euch die Gospa geholfen hat (sie hilft ja auch uns), aber könntest du dich jetzt an etwas Besonderes erinnern?

V — Da gab es ja so viel! Sie hat uns gewarnt: Hütet euch vor diesem, hütet euch vor jenem ... So verhaltet euch dem Volk gegenüber, so den Behörden gegenüber. Und so. Wie es eben eine Mutter tut. Nur ist sie viel besser und viel klüger.

J — Es ist gut, doch du sagtest mir nichts Bestimmtes.

V — Ich sagte dir ja, daß sie uns auf Spione und manche Ungläubige aufmerksam gemacht hat, die sich um uns als falsche Freunde geschart hatten ... Sie sagte uns, daß wir uns vor Herausforderungen hüten und daß wir auch nicht auf falsche Botschafter hören sollten ... Wer kann sich an das alles erinnern! Was das Wichtigste ist, darüber kann ich nicht sprechen.

J — Gut. Aber doch noch dies: Manchmal sagte euch die Gospa: „Morgen sollt ihr allein sein!" Es wäre interessant zu wissen, was sie euch da erzählte.

V — Das ist nun das Schönste, aber ich habe dir schon früher gesagt, daß wir, zumindest im gegenwärtigen Augenblick, nicht über alles sprechen dürfen.

J — Und wir sollten dieses Gespräch damit abschließen?

V — Ich glaube, daß dies reicht.

J — Gut. Und wenn die Gospa so gütig ist, so sage mir: Hat sie sich jemals eure Mutter genannt?

V — Ja, sowohl unsere als auch euere! Von allen! Und zwar mehrmals.

J — Wieso „von allen"?

V — Ja von allen! Denn sie hat oftmals gesagt, daß sie die Mutter von allen Menschen sei, daß nur die Menschen unter sich Unterschiede machen. Auch wir sagen ja, daß wir alle Kinder Gottes und somit auch Kinder der Gospa sind.

J — Vicka, das führst du wirklich schön aus. Wenn sich nur das alle merken würden!

V — Beten wir dafür!

* * *

VOR UND NACH DER ERSCHEINUNG

J — Es ist mir einigermaßen klar, wie ihr euch während der Erscheinung selbst fühlt. Und das ist in Ordnung. Jedoch mich interessiert auch, wie ihr euch unmittelbar vor der Begegnung mit der Gospa fühlt, wenn ihr in die Kapelle für die Begegnung mit ihr eintretet?

V — Ich kann dir sagen, daß ich mich immer noch in diesem Augenblick wunderbar fühle.

J — Das auch nach tausend und mehr solcher Begegnungen?

V — Das läßt sich nicht beschreiben. Das muß man erleben!

J — Ist es wirklich so, obwohl du im voraus weißt, wie es sein wird?

V — Das ist eben wunderbar! Als ob sich der Himmel vor einem öffnete. Die Augen, das Lächeln ... die Zärtlichkeit ... das Flüstern ... Wunderbar ist es!

J — Und was meinst du, wie die anderen dies erleben?

V — Ich glaube, ähnlich wie ich.

J — Das würde ich nicht gerade so sagen! Wenn ich euch bei solchen Begegnungen beobachte (und das war gerade vor einigen Abenden der Fall), sah ich manches Gesicht fast ohne jegliche Veränderung. Ohne besonderen Glanz und ohne besondere Aufregung. Ich weiß nicht. Vielleicht hängt es mit der Natur des einzelnen zusammen? Und Marija sagte mir, obwohl sie viel ruhiger aussieht als du, daß sie das in sich so stark erlebt. Auch sie sagt, daß sie sich dabei wie im Himmel fühle.

V — Was kann man da machen! Vielleicht gibt die Gospa auch dies. Und wer anderer könnte es tun?

J — Es ist gut. Aber wie fühlt ihr euch, wenn die Gospa ,,weggeht'', wie ihr sagt?

V — Bei mir wird etwas Seltsames vom Herzen abgerissen. Das kann ich nicht ausdrücken, so irgendwie.

J — Das habe ich kürzlich besonders bei dir angesichts deines ,,Sie geht weg'', gespürt! Du sprichst es irgendwie mit einem Seufzer aus.

V — Wie sollte ich es nicht! Wenn ich noch dazu denken müßte, daß ich sie morgen nicht mehr sehen würde! Ich würde mich ganz elend fühlen.

J — Was kann man denn da machen! Das kommt ja eines Tages.

V — Es kommt sicher. Doch jetzt denke ich nicht daran. Die Gospa wird uns auch dabei helfen. Was soll sie sonst mit uns!

J — Sie wird es tun. Und du hast gehört, wie es mit Mirjana war, als die

Gospa aufgehört hat, ihr zu erscheinen!

V — Ich habe es gehört, aber jetzt möchte ich nichts mehr darüber erzählen. Gott wird unsere Wege lenken!

J — Es ist so. Doch sag mir noch, wie sich die anderen dabei fühlen?

V — Ich weiß es nicht. Das frage ich wirklich niemanden.

J — Marija sagte mir, daß sie sich ähnlich fühlt wie du. Ivanka genauso. Und die zwei sind sowieso härter und weniger sensibel, und ...

V — Jeder hat seine Natur. Nun, ich bin der Meinung, daß wir hier mit unserem Gespräch aufhören sollten.

* * *

Marija zeigt Pater Janko Bubalo das Bild des Papstes

MERKWÜRDIGE EINZELHEITEN

DIE GOSPA KÜSST DEN PAPST

J — Es kann Anfang November 1981 gewesen sein. In einem von dir aufgeschrieben Notizbuch steht, daß die Gospa bei einer Gelegenheit den Papst geküßt habe.

V — Ah, ja! Das war im Haus von Marija während einer Erscheinung. Nur weiß ich nicht, warum dich das interessiert?

J — Sag mir nun, wie es war. Sag mir zuerst, wer das gesehen hat?

V — Wir vier Seher.

J — Welche Seher?

V — Daran erinnere ich mich gut. Es war Sonntag, und da waren wir alle außer Ivan und Mirjana beisammen. Sie waren auswärts, Mirjana in Sarajevo, Ivan in Visoko. Wir trafen uns bei Marija, um auf die Gospa zu warten.

J — Und dann?

V — Wir fingen an zu beten und, wie es gewöhnlich ist, die Gospa kam. In der Hand hielt sie das Bild des Papstes.

J — Was war das für ein Bild?

V — Das Bild des Papstes, das dort im Zimmer an der Wand hing.

J — Habt ihr gesehen, als die Gospa es von der Wand genommen hat?

V — Nein, nein! Als die Gospa kam, sahen wir die Wand nicht mehr. Wir sahen nur die Gospa und das Bild des Papstes in ihrer Hand.

J — Und du sagst, die Gospa habe das Bild geküßt. Und warum das? Sagte die Gospa euch dabei irgendetwas?

V — Sie sagte etwas, doch ich erinnere mich nicht genau. Ich weiß, daß sie uns gefragt hat, ob wir wüßten, wer das sei und warum sie ihn küsse.

J — Und was sagtet ihr?

V — Wir gerieten in Verlegenheit und sagten nichts. Dann hat sie uns selbst gesagt, er sei unser Vater und Vater aller Menschen, deshalb küsse sie ihn. So ungefähr sagte sie. Ich erinnere mich nicht mehr genau.

J — Du hast dich doch gut daran erinnert. So ungefähr steht es auch in dem Notizbuch geschrieben. Was geschah später mit dem Bild?

V — Das Bild ist immer noch bei Marija, denn die Gospa hat zu ihr gesagt, sie möge das Bild aufbewahren, und für den Papst sollte viel gebetet werden. Bei Marija hängt jetzt, anstatt dieses Bildes, das große Bild des Papstes an der Wand. Da beten wir oft für den Papst.

J — Es ist gut. Wie lange sah man damals den Papst mit der Gospa?

V — Nicht lange. Kurz, am Anfang der Erscheinung.

J — Hat die Gospa euch noch einmal etwas über den Papst erzählt?

V — Ja, ja! Sie sprach zu uns einmal später, als er verletzt wurde.

J — Was sagte sie euch damals?

V — Sie schilderte uns, wie die Feinde ihn töten wollten, aber sie habe ihn gerettet, denn er sei der Vater aller Menschen. Dann zeigte sie uns den Papst.

J — Hat man ihn ganz gesehen, oder ...?

V — Damals sah man ihn ganz.

J — Wie sah er aus? Verwundet, mit Blut besudelt?

V — Nicht mit Blut besudelt, aber er sah ziemlich schwach aus.

J — Wie lange sah man ihn damals mit der Gospa?

V — Nicht lange. Man sah ihn am Anfang der Erscheinung, und dann verschwand er.

J — Hat die Gospa euch später noch etwas über den Papst gesagt?

V — Jetzt erinnere ich mich wirklich nicht. Pater, weißt du denn nicht, wie leicht man das vergessen kann? Jeden Tag neue Leute und neue Ereignisse ...

J — Hat euch die Gospa irgendwann dem Papst etwas ausrichten lassen?

V — Mir ist nichts bekannt. Vielleicht machte sie es über jemand anderen.

J — Es ist nun gut. Das ist etwas über das Verhältnis der Gospa zum Papst. Und ihr Verhältnis zum Bischof?

V — Darüber möchte ich nichts sagen. Darüber werden ziemlich falsche Dinge erzählt. Die Gospa ist nicht gegen einen Bischof, wenn sie sagen sollte, daß ein Bischof einen Fehler gemacht habe. Jeder weiß, daß alle Menschen Fehler machen können, und ...

J — Nun gut! Es ist allgemein bekannt, daß es zwischen euch Sehern (besonders dir) und unserem Bischof zu manchen Spannungen gekommen ist.

V — Das stimmt. Aber das wird mehr betont, als es der Fall war. Ich bin der Meinung, daß dies alles geklärt und vergessen werden wird.

J — Das geschieht aber nur, wenn man sich darum bemüht, es zu vergessen.

V — Ich bemühe mich schon lange und bete dafür.

J — Damit meinst du die Gebete in der Kirche?

V — In der Kirche für das, was in der Kirche ist. Doch ich bete viel in diesem Anliegen außerhalb der Kirche.

J — Das gibt es also auch? Sag doch etwas darüber!

V — Was soll ich sagen? Es wäre besser, wenn du jemand anderen darüber fragtest.

J — Wen anderen?

V — Diejenigen, die mit mir beten.

J — Wer betet noch mit dir?

V — Wir sind da etwa zehn bis fünfzehn Leute.

J — Wo und wann betet ihr?

V — Jeden Mittwoch gehen wir gemeinsam zum Podbrdo, und sonntags zum Križevac. Dort beten wir.

J — Was und wofür betet ihr?

V — Wir beten für unseren Bischof.

J — Namentlich für ihn?

V — Selbstverständlich!

J — Vicka, dies ist für mich wirklich neu und interessant. Sag mir auch, was ihr meistens betet?

V — Wir beten immer fünf Vaterunser, sieben Vaterunser, den Rosenkranz zu Jesus und noch etwas.

J — Zu welcher Tageszeit macht ihr das?

V — Jetzt machen wir das nachmittags, bevor wir in die Kirche gehen. Weißt du, jetzt ist Winter, es ist kalt und es wird früher dunkel, und ...

J — Das haltet ihr so am Mittwoch. Und wie macht ihr es am Sonntag?

V — Sonntags gehen wir zum Križevac und beten dort. Ähnlich wie am Podbrdo, nur oben beten wir mehr, weil wir am Sonntag mehr Zeit zur Verfügung haben.

J — Was betet ihr oben noch zusätzlich?

V — Dies alles, und dann beten wir immer noch den ganzen Rosenkranz, die freudenreichen, schmerzhaften und glorreichen Geheimnisse. Wir singen auch noch etwas. So sieht es aus.

J — Und wieviele seid ihr dabei?

V — Wir alle, die auch zum Podbrdo gehen. Ab und zu fehlt jemand, aber meistens sind wir alle dabei.

J — Vicka, es ist weit nach oben. Wie verbringt ihr die Zeit unterwegs?

V — Auch unterwegs beten wir etwas. Bei jeder Kreuzwegstation den

Berg hinauf beten wir drei Vaterunser, Ave Maria und Ehre sei dem Vater. So vergeht die Zeit.

J — Vermutlich betest du auch dort vor?

V — Es ist ja nicht wichtig, aber das tue ich. Sie sagen, ich sei ohne Hemmungen und laut, und ...

J — Das ist wirklich wunderbar. Habt ihr einen besonderen Vorsatz bei den Gebeten?

V — Wir beten für unseren Bischof. Gott möge ihm helfen, damit er die Kirche in der Herzegowina gut leite. Gott weiß, was er braucht.

J — Vicka, ich wiederhole: Das ist wirklich wunderbar! Doch mich interessiert, wie ihr auf diese Idee gekommen seid?

V — Du weißt ja, daß die Gospa in der letzten Zeit besonders betont, daß man für Bischöfe und Priester zum Heiligen Geist beten müsse. So haben wir es miteinander ausgemacht.

J — Noch einmal, Vicka, das ist wunderbar! Marija sagte mir, daß auch sie nach dieser Meinung betet und daß sie oft alle ihre Tagesgebete so betet.

V — Das weiß ich. Und manchmal fasten wir auch dafür.

J — Gut. Dies also mittwochs und sonntags. Und an anderen Tagen?

V — Wir haben uns fest vorgenommen, jeden Tag sieben Vaterunser und einen Rosenkranz, nach freier Wahl, zu beten.

J — Gut, Vicka! Nur es wundert mich, daß du mit mir nie darüber gesprochen hast.

V — Es ist ja nicht so wichtig! Wichtig ist nur, daß Gott und die Gospa es wissen.

J — Das ist richtig, aber trotzdem. Ich bin erstaunt, dies nun von dir zu erfahren. Es scheint mir, daß euch — die Kinder der Gospa — und dich besonders, niemand richtig kennt.

V — Ja, das mag sein, wir sind auch nicht so wichtig!

* * *

DIE VISION VOM PARADIES UND DER HÖLLE

J — Nun sprechen wir über etwas, was mich besonders interessiert. Du sagtest mir nämlich, und das habe ich auch in deinem Notizbuch gelesen, daß am Allerseelentag 1981 die Gospa euch Sehern (und ihr wart außer Ivan alle dabei) das Paradies gezeigt habe. Da steht auch geschrieben, daß das Paradies „unaussprechlich schön" ausgesehen habe, mit einer Menge von Menschen und Engeln. Und als ihr die Gospa gefragt hattet, warum sie euch dies gezeigt habe, so steht im Notizbuch geschrieben, habe sie gesagt: Damit ihr seht, wie es denjenigen gehen wird, die Gott treu bleiben. Es wurde auch hinzugefügt, daß Ivanka im Paradies ihre Mutter und noch eine bekannte Frau gesehen habe.

V — Es ist gut, aber was willst du damit sagen?

J — Eigentlich nichts Besonderes, denn dies dient vor allem der Einführung in unser augenblickliches Gespräch. Es interessiert mich nun, ob du damals irgendjemanden wiedererkannt hast?

V — Nein, nein! Niemanden.

J — Gut. Und als Einführung in unser Gespräch möchte ich dir auch dies erzählen: Nur vier Tage danach steht in dem Notizbuch aufgeschrieben, daß an diesem Tag die Gospa vor euch gleichsam verschwunden sei und daß dann vor euern Augen die Hölle sichtbar wurde. Das habest du, Jakov und Marija gesehen. Da steht geschrieben, daß es schrecklich ausgesehen habe! Es war wie ein Feuermeer und drinnen viel „Volk". Es wird weiter mitgeteilt, daß man in der Mitte eine blaue häßliche langhaarige Frau mit Hörnern gesehen habe, und die Teufel sprängen zu ihr hin und zwar irgendwie von der Seite.

V — Ja, es ist etwa so beschrieben, wie wir es gesehen haben, aber das läßt sich nicht beschreiben.

J — Hat die Gospa euch damals gesagt, warum sie euch dies gezeigt habe?

V — Ja, ja. Selbstverständlich! Sie sagte uns, daß sie uns das deshalb gezeigt habe, damit wir wüßten, wie es denjenigen ergeht, die dorthin gelangten. Aber dies vergessen sowohl wir, als auch ihr, nur zu oft.

J — In Ordnung, Vicka. Damit sind wir nun erst am Anfang von dem Thema, worüber ich mit dir sprechen möchte. Es geht um eine andere Vision vom Paradies und der Hölle.

V — Um welche andere?

J — Um diejenige, bei der die Gospa dich und Jakov irgendwohin führte, um euch das Paradies und die Hölle zu zeigen.

V — Gut, aber ich habe dir davon bereits schon erzählt.

J — Das ist richtig. Doch diese Aufzeichnung habe ich leider nicht mehr. Deshalb sage mir bitte jetzt etwas darüber.

V — Ausführlich oder kurz?

J — Möglichst ausführlich!

V — Ja, gut! Das war ungefähr fünfzehn Tage nach der Vision von der Hölle, über die wir vorhin gesprochen haben. Ich und Jakov gingen nach Čitluk. Wir kehrten gegen drei Uhr nachmittags zurück. Wir kamen kurz bei uns vorbei und gingen gleich zu Jakov's Elternhaus, damit sich seine Mutter um ihn keine Sorgen zu machen brauchte.

J — Was geschah dann?

V — Die Mutter ging irgendwohin und gleich danach erschien uns die Gospa. Sie grüßte uns mit ,,Gelobt sei Jesus'' und sagte uns, daß sie uns in den Himmel führen wolle.

J — Und ihr?

V — Wir erschraken. Jakov fing an zu schreien und zu weinen. Er sagte, daß er nicht gehen möchte, denn er sei der einzige bei seiner Mutter, ich solle allein gehen.

J — Was sagte die Gospa dazu?

V — Sie sagte nichts. Wir knieten immer noch. Sie nahm mich bei der rechten und Jakov bei der linken Hand. Sie stand mit dem Gesicht zu uns gekehrt und wir erhoben uns augenblicklich ...

J — Dort im Haus?

V — Ja, ja! Es ging gleich nach oben, durch die Decke. Das Haus verschwand, und wir gingen ...

J — Wohin seid ihr gegangen?

V — Mir schien, daß wir irgendwohin nach oben gingen ...

J — Hattet ihr Angst?

V — Du kannst dir vorstellen! Nur, man hatte keine Zeit zum überlegen. Wir kamen schnell zum Paradies.

J — Habt ihr von dorther die Erde gesehen?

V — Was für eine Erde! Wir sahen sie gleich bei unserer Erhebung nicht mehr.

J — Wer hat euch gesagt, daß es das Paradies sei?

V — Die Gospa natürlich!

J — Gut, Vicka. Du sagtest mir, daß die Gospa mit dem Gesicht zu euch gekehrt war, während sie euch nach oben in Richtung Himmel führte. Und später?

V — Während sie uns das Paradies und die Hölle zeigte, schaute sie dorthin, wo auch wir hinschauten. Wie soll sie denn anderes tun?

J — Gut. Nun sag mir etwas über das Paradies!

V — Was soll ich dir schon sagen! Du hast darüber gelesen und gehört. Das kannst du dir besser vorstellen als ich. Später einmal, beim Lesen der Heiligen Schrift las ich zufällig bei Paulus, wie das menschliche Auge so etwas noch nie gesehen und das menschliche Ohr noch nie gehört habe. Paulus hat uns ja alles gesagt!

J — Vicka, ich möchte doch, daß du mir das ein bißchen beschreibst. Warum zeigte es die Gospa dir?

V — Ich wußte, daß du noch mehr wissen möchtest! Nun hier noch einiges: Vorher sprachen wir darüber und sagten, daß man das nicht beschreiben kann. Das ist so etwas Großartiges und Unbeschreibliches. Alles ist voll von einem wunderbaren Licht ... Menschen ... Blumen ... Engel ... Alles ist voll von einer unbeschreiblichen Freude. Das Herz möchte einem brechen, wenn man das sieht!

J — Ja, so! Du hast doch etwas gesagt. Nun sag mir: Wie groß ist das Paradies?

V — Wie soll ich dir das beschreiben?

J — So, wie du es kannst. Zum Beispiel: Hat es Grenzen, wie sehen sie aus, was gibt es sonst noch zu sehen?

V — Grenzen? Ja und nein. Man erlebt etwas Ähnliches, wenn man ans Meer kommt. Dort wo man steht, da gibt es Grenzen, schaut man aber in die Ferne, dann gibt es sie nicht. So ungefähr ist es.

J — Das ist ziemlich klar, aber jemand erzählte mir einmal etwas über das Paradies und er lachte darüber als er es erzählte, denn du hättest gesagt, daß das Paradies auch eine Tür habe. Was könntest du mir jetzt darüber sagen?

V — Dasselbe wie auch damals! Dort, wo wir mit der Gospa standen, gibt es so etwas wie einen Tunnel, eine Tür, und da steht ein Mann. Die Gospa sagte uns, daß nicht jeder hineingehen kann. Da braucht man auch einen Passierschein. Jeden erwartet ein Engpaß ...

J — Gut, Vicka. Es ist klar, daß die Gospa euch das Paradies nicht anders zeigen konnte, weil ihr es so besser verstanden habt. Aber, hat die Gospa euch damals sonst noch etwas gezeigt?

V — Ich habe dir schon früher davon erzählt! Sie zeigte uns noch das

Fegefeuer und die Hölle.

J — Was habt ihr da zuerst gesehen?

V — Zuerst das Fegefeuer.

J — Sag mir nun etwas über das Fegefeuer.

V — Kurzum, es ist so: Das Fegefeuer ist wie ein dunkler Abgrund, ein dunkler Raum zwischen Paradies und Hölle. Es ist voll von irgendeiner Asche. Es sieht schrecklich aus!

J — Wer sagte euch, daß es das Fegefeuer sei?

V — Die Gospa natürlich!

J — Hat sie euch etwas darüber gesagt?

V — Sie sagte uns, was wir wissen mußten.

J — Was zum Beispiel?

V — Daß es der Ort sei, wo die Seelen gereinigt werden: daß man für sie viel beten müsse.

J — Habt ihr irgendjemanden im Fegefeuer gesehen?

V — Nein, niemanden. Und daraus hörten wir auch nichts.

J — Es sieht also wie eine Gruft aus?

V — So ungefähr. Häßlich, furchtbar häßlich!

J — Dann führte euch die Gospa wahrscheinlich zur Hölle?

V — Ja, ja. Das habe ich dir schon gesagt.

J — Und würdest du sie ein bißchen beschreiben?

V — Nun ja, wir haben es im Gespräch vorhin beschrieben. Feuer ... Teufel ... schreckliches Volk! Alles mit Horn, Schwanz ... alle sehen wie Teufel aus! Sie werden geplagt ... Gott bewahre uns davor!

J — Hast du da zufällig jemanden wiedererkannt?

V — Nein, niemanden. Nur, ich habe wieder das gehörnte, blauhaarige, häßliche Mädchen gesehen. Sie wird in dem Feuer geplagt ... Die Teufel um sie herum. Es ist einfach schrecklich!

J — Und was war, nachdem ihr das alles gesehen hattet?

V — Wir kehrten auf die Erde zurück!

J — Wie geschah das?

V — Genauso, wie wir hingekommen waren.

J — Die Gospa hielt euch und ließ euch dann vor dem Haus herab?

V — Nein, nein! Sie ließ uns ins Haus herab, von wo sie uns auch mitgenommen hatte.

J — In wessen Haus?

V — Ich sagte dir ja, ins Haus von Jakov.

J — Richtig von oben?

V — Ja, und zwar nach unten in die Küche von Jakov.

J — Hat das irgendjemand gesehen, als sie euch herabgelassen hat?

V — Nein, niemand. Die Mutter von Jakov war draußen. Sie suchte nach ihm ...

J — Und die Gospa?

V — Die Gospa ließ uns herab, grüßte uns und ging weg.

J — Und ihr?

V — Wir gewöhnten uns langsam an das Ganze ... Und wir beruhigten uns schnell. Jakov sah etwas angegriffen und müde aus, aber auch er beruhigte sich schnell.

J — Und du?

V — Ich sah mich selbst nicht, aber ich kam schnell zu mir.

J — Wer hat euch dann als erster gesehen?

V — Die Mutter von Jakov.

J — Wie reagierte sie?

V — Sie fragte uns, wo wir uns versteckt hätten, denn sie habe uns gesucht. Und sie fing an zu weinen, als sie Jakov sah, wie er angegriffen aussah. Aber wir beruhigten uns alle irgendwie.

J — Habt ihr Jakovs Mutter etwas davon erzählt?

V — Ja, selbstverständlich! Dann kamen auch manche Leute aus der Nachbarschaft. Wir erzählten auch ihnen davon.

J — Haben sie euch geglaubt?

V — Ja, ja, Pater Janko! Man sah uns noch an, daß wir etwas erlebt hatten. Etwas Seltsames.

J — Die Gospa hat euch also nicht verboten, darüber zu reden?

V — Wir sollten davon sprechen! Wozu hätte sie uns das sonst gezeigt?

J — Gut, Vicka. Sag mir nur noch dies: Wie lange hat das alles, vom Weggehen bis zur Rückkehr, gedauert?

V — Ungefähr zwanzig Minuten. Mir schien, daß es etwa so lange gedauert hat.

J — Vicka, ich danke dir. Du warst wirklich geduldig.

V — Mit dir muß ich ja immer geduldig sein, lieber Pater!

J — Auch dafür danke ich dir.

* * *

DIE GOSPA OFFENBART IHR LEBEN

J — Uns, die wir etwas mehr über die Ereignisse in Medjugorje wissen ist auch bekannt, daß die Gospa euch ihr Leben offenbart hat, mit der Bemerkung, daß ihr es aufschreiben sollt.

V — Das ist richtig. Was meinst du damit?

J — Sage mir zuerst, wem die Gospa ihr Leben offenbart?

V — Soviel ich weiß, allen, außer Mirjana.

J — Hat die Gospa es allen zur gleichen Zeit offenbart?

V — Ich weiß es nicht genau. Ich glaube, daß sie bei Ivan etwas früher damit begonnen hat. Aber auch bei Marija hat sie es anders gemacht.

J — Wie meinst du das?

V — Ihr hat die Gospa aus ihrem Leben nichts erzählt, wenn sie ihr in Mostar erschienen ist, sondern nur, wenn sie in Medjugorje war.

J — Gut so. Ich habe jeden von euch fünf Sehern darüber getrennt befragt. Darf ich dies hier erklären?

V — Warum nicht! Ich habe es gern, wenn du etwas mehr sprichst.

J — Die Gospa begann, wie Ivan mir sagte, ihm ihr Leben am 22. Dezember 1982 zu offenbaren. Er sagte, sie habe es ihm in zwei Zeiträumen erzählt, und sie habe an Pfingsten, dem 22. Mai 1983 damit aufgehört. Bei euch anderen hat sie mit diesen Erzählungen am 7. Januar 1983 begonnen. Auch Ivanka offenbarte sie ihr Leben bis zum 22. Mai. Beim Jakov hörte sie etwas früher damit auf. Er wollte mir aber davon nichts erzählen.

Bei Marija hat sie mit diesen Offenbarungen am 17. Juli 1983 aufgehört. Bei dir ist es wiederum anders. Bei dir fing sie wie bei den anderen am 7. Januar an, und dir erzählt sie ihr Leben immer noch.*

Die Gospa offenbarte Marija ihr Leben aber wiederum auf eine besondere Weise.

V — Sie sagte mir etwas darüber, aber mir ist es nicht so ganz klar.

J — Ihr erzählte die Gospa aus ihrem Leben nur, wenn sie bei der Erscheinung in Medjugorje dabei war. Und bei der Erscheinung in Mostar

---

* Vicka teilte mir am 11. April 1985 mit, daß die Gospa aufgehört habe, ihr ihr Leben zu erzählen. Die Rechnung zeigt, daß die Gospa es ihr an ungefähr 825 Tagen offenbart hat. Und gleich danach fing sie an, ihr über das Schicksal der Welt zu offenbaren und verpflichtete sie, auch dies täglich niederzuschreiben, was Vicka, soviel ich weiß, auch tut.

(das war meistens in unserer Kirche von Mostar) betete die Gospa nur mit ihr für die Bekehrung der Sünder. Das und nichts anderes! Dann hatte sie für sie das kurz zusammengefaßt was sie zu euch, während Marija nicht in Medjugorje war, gesprochen hatte. Erst danach setzte sie zusammen mit euch die Offenbarung ihres Lebens auch für sie fort.

V — Was kann man da machen! Die Gospa hat ihre Pläne und ihre Überlegungen!

J — Es ist gut. Aber hat euch die Gospa gesagt, warum sie es tut?

V — Ja. Sie sagte uns, daß wir uns das gut merken und aufschreiben sollten, und daß wir eines Tages auch den anderen darüber erzählen können.

J — Sie sagte euch also, daß ihr es aufschreiben sollt?

V — Ja, ja. Auch das legte sie uns nahe.

J — Zu Ivan hatte sie gesagt, er müsse nichts aufschreiben, aber er hat etwas sehr Wichtiges niedergeschrieben. Und, wer weiß ...

V — Gut. Das ist seine Sache. Aber Ivanka hat es auf eine ganz andere Art aufgeschrieben.

J — Ivanka sagt, daß ihr die Gospa eine besondere chiffrierte Schrift gegeben und daß sie es in dieser Schrift notiert habe. Das ist für mich sehr interessant! Ich habe mehrmals versucht, diesem ganzen irgendwie auf den Grund zu kommen. Es ist mir aber nicht glungen. Ich bat Ivanka, mir dies wenigstens aus der Ferne zu zeigen, aber sie sagte, das erlaube ihr die Gospa nicht. Sie sagt, daß sie auch nicht wisse, ob sie das einmal tun dürfte und was die Gospa am Ende damit machen werde.

V — Was können wir dafür?

J — Es ist gut. Doch es ist seltsam, daß die Gospa dir immer noch ihr Leben erzählt.

V — Ja, das tut sie. Aber auch das ist ihre Sache. Mir ist es nicht klar, aber die Gospa weiß, was sie tut.

J — Bis wann wird sie damit zu Ende sein?

V — Auch das weiß ich nicht! Ich habe ja versucht, wie du mir gesagt hast, die Gospa zu fragen, aber sie lächelte nur. Zum zweiten Mal würde ich sie nicht so einfach darüber fragen.

J — Das wirst du auch nicht mehr tun. Aber notierst du das alles, wie du mir gesagt hast, wirklich jeden Tag?

V — Ja, jeden Tag!

J — Hast du es auch an dem Tag notiert, als sie dir im Zug erschienen ist, bei Banja Luka?

V — Nein, nein! Damals hat sie mir über ihr Leben nichts erzählt. Ich zeigte dir ja das Notizbuch, in das ich es aufschreibe.

J — Ja, aber nur von außen und aus der Ferne.

V — Pater Janko, ich darf nicht mehr tun!

J — Was wäre passiert, hättest du mir das Büchlein auch in die Hände gegeben?

V — Ich weiß nicht. Darüber mache ich mir überhaupt keine Gedanken. Doch ich weiß, daß ich es nicht tun werde.

J — Du sagst, du würdest es mal tun dürfen?

V — Ich denke mir dies. Das werde ich sicher tun. Und ich sagte dir, daß du derjenige sein wirst ...

J — Wenn ich es erleben sollte!

V — Wenn du es nicht erleben solltest, dann wirst du es nicht mehr brauchen.

J — Das ist klug von dir. Aber da muß es interessante Dinge geben. Bei dir dauert es schon dreihundertfünfzig Tage. Jeden Tag ein Satz und so entsteht eine Menge von Sätzen!

V — Ich bin kein Schriftsteller. Ich schrieb auf, was ich wußte.

J — Gibt es noch etwas darüber?

V — Im Augenblick nur soviel. Ich habe dir gesagt, was ich dir jetzt sagen darf. Und später ...

J — Aber trotzdem noch dies: Was sprichst du denn immer noch mit der Gospa, wenn sie dir nur über ihr Leben erzählt?

V — Ich bitte sie, daß sie mir einiges verdeutlicht.

J — Es gibt also auch manchmal undeutliche Dinge?

V — Ja, selbstverständlich! Zum Beispiel: Manches verdeutlicht sie mir mit einem Bild, damit ich es besser verstehe.

J — Das gibt es also auch, daß dir etwas unklar ist?

V — Ja, das gibt es. Und zwar oft.

J — Das wird dann sicherlich etwas Interessantes sein!

* * *

DAS STELLEN VON FRAGEN AN DIE GOSPA

J — Vicka, es ist uns neben anderem auch die Tatsache bekannt, daß ihr Seher gleich zu Beginn der Erscheinungen damit begonnen habt, an die Gospa Fragen zu stellen. Dies hat man, wie wir wissen, bis zum heutigen Tage fortgesetzt. Könntest du dich daran erinnern, was ihr die Gospa am meisten gefragt habt?

V — Ich könnte sagen, wir hatten allerlei gefragt, was immer wir brauchten und was immer uns einfiel. Wir haben schon gesagt, daß wir sie gleich am Anfang gefragt haben: wer sie sei, was sie von uns wünsche, was sie vom Volk wünsche, und Ähnliches.

J — Wir wissen, daß ihr Seher nicht immer beisammen wart. Der eine war in Visoko, der andere in Mostar, der andere wieder in Sarajevo. Wer könnte wissen, wo ihr überall wart! So ist es klar, daß ihr die Gospa nicht alle dasselbe gefragt habt. Deshalb möchte ich jetzt von dir eine Antwort haben.

V — Auch wenn wir beisammen sind, fragen wir nicht dasselbe. Jeder hat seine Fragen. Ich habe dir nur gesagt, was mich betrifft.

J — Gut. Dann machen wir es so: Ihr habt am Anfang die Gospa oft gefragt, ob sie euch in Medjugorje ein Zeichen ihrer Anwesenheit hinterlassen werde. Hat die Gospa euch gleich darauf geantwortet?

V — Nein. Aber wir haben darüber schon genug gesprochen. Du weißt, daß sie am Anfang, wenn wir das fragten, meistens verschwand oder anfing, etwas zu beten oder zu singen.

J — Und ihr habt wieder gefragt?

V — Ja. Aber wir haben nicht nur das gefragt! Jeder wollte etwas fragen. Viele baten uns darum. Und hast du z.B. jemals irgendetwas gefragt?

J — Ja, das tat ich, Vicka. Das muß ich zugeben. Ich habe jedoch nur um Klarheit in ernsthaften Dingen gefragt.

V — Gut, das weiß ich! Deshalb hat dir die Gospa auch immer geantwortet. Du hast aber immerhin gefragt. Und nachdem sich das Volk darauf eingelassen hatte, fragten viele. Mancher fragte etwas für sich, mancher für einen anderen, besonders für die Kranken.

J — Einmal sagtest du mir, daß euch die Gospa gesagt habe: ,,Fragt mich nicht gar so viel!"

V — Nicht nur einmal, sondern mehrmals. Einmal sagte sie es auch mir persönlich.

J — Und ihr habt sie auch weiterhin gefragt?

V — Das weiß jeder. Das machten wir ja!

J — War die Gospa deswegen erzürnt?

V — Nein! Die Gospa kann nicht erzürnt sein. Das habe ich dir schon gesagt!

J — Es gab sicherlich plumpe, unseriöse Fragen?

V — Ja sicher. Allerlei!

J — Und was tat die Gospa?

V — Ich sagte dir ja, sie schwieg, als ob sie nicht gehört hätte. Manchmal fing sie an zu beten oder zu singen.

J — Und so hat sich das fortgesetzt?

V — Ja, ja. Nur, wenn sie uns ihr Leben offenbarte, dann konnte niemand etwas fragen.

J — Hat sie euch das gesagt, oder...?

V — Sie sagte uns das. Und es gab auch keine Zeit dafür. Sobald sie ankam, grüßte sie uns und fing an, ihr Leben zu erzählen. Es ist nicht angebracht, sie zu unterbrechen und etwas zu fragen. Und wenn sie fertig war, setzte sie das Gebet fort, grüßte uns und ging gleich weg.

J — Vielleicht kam es euch sogar zugute. Ich glaube, daß die Fragen euch auch langweilig geworden waren.

V — Ja, natürlich! Zuerst belästigen uns die Leute tagsüber: Frage dieses, frage jenes! Und dann wieder nach der Erscheinung: hast du gefragt und was hat sie dir gesagt? So ging es laufend fort. Man kam nie zu Ende! Man kann sich auch nicht immer alles merken. Hunderte von Schwierigkeiten gab es. Mancher schreibt uns einen Brief, und darin ist eine Frage. Besonders wenn es kyrillisch und mit schlechter Handschrift geschrieben ist, gibt es Probleme. Das ist oft schwierig!

J — Es gab auch kyrillisch geschriebene Briefe?

V — Ja, sicher! Und schlechte Handschrift bringt uns oft beinahe zum Verzweifeln. Deshalb habe ich die Gospa am liebsten dann gefragt, wenn ich es gut lesen konnte.

J — Gut, Vicka. So hat sich das also bis heute fortgesetzt.

V — Das habe ich dir schon gesagt. Nur während die Gospa ihr Leben erzählte, konnte man sie nichts fragen. Und jetzt werden nicht mehr viele Fragen gestellt. Ich und Ivanka können schon lange, fast über ein Jahr, überhaupt keine Fragen mehr stellen. Auch Marija nur sehr selten, während Jakov und Ivan ohnehin wenige gestellt haben ...

J — Das weiß ich schon. Aber hat irgendwann einer versucht, euch durch eine Frage auf die Probe zu stellen oder euch irgendetwas zu unterstellen?

V — Als ob es nur einmal gewesen wäre, mein Pater! Manchmal hat uns die Gospa diese Leute namentlich erwähnt, wir sollten ihre Fragen nicht berücksichtigen und ihnen keine Antwort geben. Unter ihnen waren auch einige Priester. Und wenn es nicht so gewesen wäre, wer wäre zu Rande gekommen! Wir sind Kinder, und zwar unerfahrene Kinder! Darüber möchte ich jetzt nichts mehr sagen.

J — Trotzdem noch etwas! Einmal hast du sehr interessante Dinge mir darüber erzählt.

V — Du denkst an den falschen Umschlag?

J — Ja, gerade daran.

V — Gut. Nur mit einigen Worten: Einmal haben uns diejenigen, die nicht an die Gospa glauben, einen verschlossenen und versiegelten Umschlag zugeschickt, damit wir die Gospa fragen, was darin stehe. Sie sagten uns: Wenn die Gospa das richtig sagte, dann würden auch sie glauben und uns in Ruhe lassen. Doch wer kann die Gospa täuschen? Sie sagte uns, daß im Umschlag nichts geschrieben stehe und daß wir ihn ungeöffnet zurückgeben und dann von ihnen nie mehr etwas annehmen sollten.

J — Das ist wirklich interessant! Sage mir nur noch dies: Was meinst du, wie lange werdet ihr der Gospa noch Fragen stellen dürfen?

V — Solange die Gospa es erlaubt.

* * *

DAS GEBET ÜBER DEN KRANKEN

J — Im allgemeinen wissen alle, die etwas über das gegenwärtige Medjugorje unterrichtet sind, daß die Seher besonders für die Kranken beten.

V — Was willst du damit sagen?

J — Ich weiß es bereits, doch viele andere möchten auch wissen, wie es dazu kam.

V — Mein Pater, das ist auf irgendeine Weise auch ein Teil der Botschaft der Gospa. Sie sprach sehr oft darüber. Immer wieder hat sie mit uns auch für die Sünder und für die Kranken gebetet. Nur, damit du weißt, sie befiehlt nicht, daß man für die Kranken betet, aber für die Sünder zu beten, befiehlt sie ...

J — Und ihr tut es jetzt ohne sie?

V — Ja, selbstverständlich! Das ist sowohl unsere als auch euere Pflicht.

J — Wie ja bekannt ist, leitet jeweils ein oder mehrere Priester das gemeinsame Gebet über den Kranken ein, und ihr seid dabei nur anwesend.

V — Gut, das wissen wir alle. Das sind Gebete, wie ihr sagt, im Namen der Kirche. Wir beten dann einzeln über dem jeweiligen Kranken.

J — Über wem betet ihr?

V — Über den Schwerkranken, besonders über jene im Rollstuhl.

J — Was betet ihr eigentlich für einen solchen Kranken?

V — Wenn er sich vorher anmeldet und wünscht, daß man für ihn betet, dann beten wir mit ihm das, was er wünscht.

J — Was zum Beispiel?

V — Wir beten um Geduld, dann dafür, daß Gott und die Gospa seinen Glauben stärken mögen und daß sie ihm in seiner Krankheit helfen.

J — Betet ihr für ihre Heilung?

V — Wir beten auch dafür, wenn es so Gottes Wille ist.

J — Gut, Vicka. Ich war bei euren Gebeten über den Kranken oft anwesend. Das ist für mich außerordentlich ergreifend und schön. Ihr legt die Hand auf den Kopf des Kranken und dann betet ihr (mit verschlossenen Augen) ... Mich interessiert jetzt, was ihr eigentlich dabei betet?

V — Für jeden Kranken beten wir zuerst das Glaubensbekenntnis, dann sieben Vaterunser, Ave Maria und Ehre sei dem Vater.

J — Für jeden?

V — Ja, ja, für jeden.

J — Und dann?

V — Dann betet jeder von uns über ihm mit eigenen Worten. Wie es uns der Kranke sagt, was er wünscht.

J — Das alles über jedem?

V — Über jedem.

J — Deshalb hat es manchmal so lange gedauert!

V — Es mußte ja so lange dauern, denn man muß sich auch mit dem Kranken ein bißchen unterhalten, ihn ein bißchen trösten. Und so... Das dauerte samstags und sonntags besonders lange. Oftmals bis nach zehn Uhr abends. Da jeweils eine größere Anzahl von Kranken diese Gebete wünschte, wurde es für uns „Seher" allzu anstrengend, so daß man mit der Zeit damit aufgehört hat. Das machte man dann nur noch mit ganz Schwerkranken.

J — Nun, mich interessiert, ob du z.B. während des Gebetes gespürt hast, daß mit dem Kranken etwas Besonderes geschehen ist?

V — Ja, selbstverständlich! Es war oft so.

J — Und was und wie spürst du das?

V — Ich spüre, daß sich der Kranke anders verhält. Mancher fängt gleich an, Gott zu danken oder uns darüber etwas zu berichten ...

J — Spürst du bei dem Gebet bei dir selbst etwas?

V — Ja, ich spüre manchmal, als ob durch meine Hände vom Kranken etwas durchströmte. Ich weiß nicht genau, was es ist, aber manchmal spüre ich etwas. Vielleicht ist es eine Stimmung aus dem Kranken, oder sonst etwas. Das ist mir nicht klar.

J — Bedankte sich jemals ein Kranker bei euch für die Gebete?

V — Ja, natürlich! Manche gleich in der Kirche, denn sie wollten immer mit uns nachher reden. Manche wollen uns auch küssen. Manche fangen an zu weinen. Da gibt es allerlei! Manche danken brieflich.

J — Sicher ist dies euch sehr angenehm?

V — Ja. Du kannst dir vorstellen, wie angenehm es ist, wenn man jemandem eine Freude macht.

J — Und dann wartet ihr noch auf den Lohn von Gott?

V — Ja, das auch.

* * *

DIE BOTSCHAFT DER GOSPA

J — Es ist verständlich, daß wenn man mit jemandem über das heutige Medjugorje und die Erscheinungen der Gospa spricht, dazu gleich die Frage gestellt bekommt: ,,Warum ist die Gospa da erschienen? Und was will sie eigentlich dem Menschen von dorther sagen?'' Natürlich wir alle, die wir öfters dort anwesend sind, wissen, daß viel darüber gesprochen und geschrieben wurde. Aber Vicka, ich möchte nun von dir etwas hören. Was würdest du darauf antworten?

V — Das wurde ja so viele Male gesagt!

J — Aber sag du jetzt bitte etwas. Was würdest du jemandem, der fast nichts über Medjugorje weiß, sagen?

V — Ich würde ihm sagen, daß da die Gospa erschienen ist, um die Menschen aufzurufen, zu Gott zurückzukehren, denn viele haben Gott und ihre Pflichten ihm gegenüber vergessen.

J — Und wie können sie das tun?

V — Wir haben oft gehört: Sie sollten Buße tun ... beten und fasten ... beichten ...

J — Nichts anderes?

V — Was anderes sollten sie noch tun! Vielleicht könnte ich dies erzählen: Einmal sagte mir ein Priester aus Split, daß vielleicht die stärkste Botschaft der Gospa in Medjugorje gerade darin bestehe, daß sie da so offensichtlich erschienen sei. Er sagte, daß es am wichtigsten sei, daß man glaube, daß es die Gospa gebe und daß sie jetzt unter uns gekommen sei, um uns zu helfen. Es stand nicht umsonst das bedeutungsvolle Wort ,,Friede'' am Himmel geschrieben, und sie erschien dem Volk nicht umsonst so viele Male beim Kreuz auf dem Križevac.

J — Dazu gehört wahrscheinlich auch das seltsame Spiel der Sonne, das man zwei bis dreimal gesehen hat.

V — Ja, natürlich! Das sind alles Botschaften und Aufrufe, zu Gott zurückzukehren. Wenn die Menschen das täten, wäre alles in Ordnung.

J — Es ist gut. Aber das hat die Gospa gleich am Anfang so viele Male gesagt. Was will sie jetzt?

V — Dasselbe! Die Menschen haben sich noch nicht bekehrt, deshalb ruft sie immer noch auf.

J — Wie lange wird sie es noch tun?

V — Das weiß ich nicht! Die Gospa wird bestimmt nicht so einfach aufgeben. Sie wird diesmal besonders dafür kämpfen, daß möglichst viele Menschen zu Gott zurückkehren und noch gerettet werden.

J — Die Gospa hat doch, nach euern Aussagen, manchmal darüber gesprochen, daß sich die Menschen gut bekehren, und demnach ...

V — Sie hat besonders am Anfang oft darüber gesprochen, daß sich die Menschen schlecht bekehren. Sie hat mehrmals sowohl die Jugendlichen als auch die Erwachsenen (aber auch euch Priester) ermahnt, weil sich die Leute noch nicht gut bekehrten.

J — Und jetzt?

V — Jetzt ist es zwar etwas besser, aber wo sind denn die vielen anderen Menschen? So hat sie auch einer Seherin am Fest Mariä Himmelfahrt gesagt, daß sich die Welt gut bekehre, aber daß es immer noch zu wenig sei. So müssen wir alle möglichst viel beten und fasten, damit sich die Menschen bekehren. Du hast sicherlich gehört, daß die Gospa oft gesagt hat, man sollte nicht untätig auf ihr Zeichen warten, sondern das Volk solle sich möglichst bald bekehren. Und all das, was sie macht, z.B. daß sie die Kranken heilt, all das tut sie, weil sie damit die Menschen zu Gott aufrufen will. Es stand nicht umsonst am Himmel geschrieben „Friede" den Menschen. Frieden unter den Menschen gibt es nicht, ohne den Frieden mit Gott. Das hast du schon so viele Male gehört. Und die Gospa hat nicht nur das gesagt!

J — Sondern was noch?

V — So viele Ermahnungen hat sie bis jetzt sowohl an uns Seher als auch an andere Menschen gerichtet!

J — Christus hat uns schon lange dazu aufgerufen, aber auch vor ihm taten dies viele Propheten Gottes und seine Verehrer.

V — Da denkst du an die Heilige Schrift?

J — Ja, auch daran, aber auch an verschiedene andere Aufrufe.

V — Es ist gut. Das weißt du besser als ich. Aber die Menschen haben es gleichsam vergessen, und die Gospa ruft wieder auf. Ausgerechnet du hast mir einmal erzählt, wie die Gospa in der letzten Zeit auf verschiedene Weise und an verschiedene Orte geschickt wurde, um als der größte und auch als der letzte Prophet, sowohl durch Worte als auch durch Taten (ich denke an die Wunder), die Menschen zu Gott aufzurufen. Dabei dachtest du sicher auch an die Zeichen am Himmel und am Križevac. Und es gibt noch so viele andere.

J — Gut, Vicka. Aber kann die Gospa dies alles allein verwirklichen?

V — Ich weiß nicht, was sie kann und was sie nicht kann. Aber siehst du, daher ruft sie uns ständig auf, ihr zu helfen.

J — Und wie kann man ihr helfen?

V — Das haben wir ja schon gesagt: mit Fasten und Beten, aber auch mit anderen guten Taten. Über Beten und Fasten haben wir viel gesprochen, aber das Gebet betrifft nicht nur jene sieben Vaterunser. Das weiß jeder, der nach Medjugorje kam.

J — Gut. Es hat keinen Sinn mehr, darüber zu sprechen. Nur noch dies: Was tust du z.B. damit die Menschen sich mit Gott versöhnen und zu ihm zurückkehren?

V — Pater, Entschuldigung! Hier ist keine Beichte. Und nicht einmal bei der Beichte würde ich dir etwas mehr darüber sagen.

J — Aber du hast mir gesagt, wie die Gospa darüber gesprochen hat, daß man auch beichten müsse!

V — Ja, ja! Und zwar mehrmals.

J — Hat sie auch gesagt, wie oft man beichten müsse?

V — Wenigstens einmal monatlich. Oder wenn es jemand braucht, soll er beichten.

J — Und wie ..., nichts!

V — Wieso nichts? Sprich doch, bitte, wenn du schon angefangen hast!

J — Es ist wirklich nichts! Du hast ja gesehen, daß ich manchmal unüberlegt reagiere und daß ich mir, wie man es bisweilen sagt, den Mund verbrenne. Doch noch etwas darüber.

V — Nein, nein, erst mußt du Klarheit über dies schaffen!

J — Gut, wenn es so ist. Man sagt, der Klügere gibt nach. So soll es geschehen. Ich wollte dich fragen, wie oft du beichtest?

V — Ich habe mir schon gedacht, daß du darauf hinzielst, deshalb wollte ich dich nicht loslassen. Und damit du es weißt, ich beichte immer, wenn ich ein Bedürfnis dafür spüre. Meistens monatlich. Jedoch ich zähle die Tage nicht, sondern wenn ich in diesem Sinne guter Laune bin. Bist du jetzt zufrieden?

J — Ja, sogar sehr! Nur wenn dies das letzte Mal wäre! Ich hoffe aber, daß du mir nicht böse bist. So könnten wir noch etwas hören, was uns die Gospa als Botschaft bringt.

V — Wir haben ja im großen und ganzen alles gesagt! Wir haben gesagt, daß uns die Gospa ermahnt habe, daß sie uns beraten habe, daß sie uns für etwas gedankt habe. Und so ... Es ist doch das Wichtigste, daß wir uns mit Gott versöhnen und dann wird alles in Ordnung sein.

J — Es ist wirklich so. Aber mir scheint, daß wir hier doch eine wichtige

Seite der Botschaft der Gospa nicht berührt haben, und sie ist ständig bei den Erscheinungen der Gospa seit eurer ersten Begegnung mit ihr vorhanden. Mit den ersten Worten nämlich, die die Gospa euch (aber auch uns) gesagt hat, wollte sie uns darauf aufmerksam machen, daß unser Leben nicht mit dem Tode endet, sondern daß es erst dann richtig anfängt. Wer das erkennt und richtig versteht, der kann nicht anders als stets daran zu denken und sein Leben mit Gott und mit den Menschen danach zu richten. Das ist dann das Wesentliche, was Gott und die Gospa vom Menschen verlangen.

V — Ich habe dir gesagt, daß du viele Dinge besser weißt als ich.

J — Es ist gut, Vicka. Darüber möchte ich selbst später etwas sagen.

V — Nur für dich, oder ...?

J — Zuerst für mich, und dann vielleicht auch für andere.

* * *

DIE MACHT DES GEHEIMNISSVOLLEN RUFS

J — Vicka, eines der interessantesten Wahrzeichen der Erscheinungen der Gospa war für mich und für viele das Geheimnis, wer in den ersten Tagen so viel Volk in eurem weglosen Felsengebirge, das voller Dornsträucher und Schlangen ist, versammelt hat, um da stundenlang in der Sonnenglut zu stehen, zu warten und zu beten, obwohl es nichts sah, noch hörte, es sei denn, daß ihr ihm etwas sagtet. Was denkst du darüber?

V — Was soll ich denken! Wenn es dir nicht klar ist, wie soll es mir klar sein? Ich weiß nur das eine: Wir haben niemanden eingeladen. Ich habe dir schon gesagt, daß wir es lieber gesehen hätten, wenn nicht so viele Menschen gekommen wären. Doch es kam immer mehr Volk.

J — Gut. Sage mir bitte deine Meinung, auf diese Frage.

V — Ich meine: die Gospa, wer denn sonst?

J — Das stimmt, aber das ist nicht die volle Antwort auf meine Frage. Ich will wirklich eine Erklärung von dir haben.

V — Ich habe ja schon gesagt, was ich weiß. Die Gospa hat ihre Kontakte aufgenommen und ist *zum Volk* gekommen.

J — Und wie, wie?

V — Das weiß sie. So wie sie mit uns spricht, ohne daß jemand außer uns, denen sie es ermöglicht hat, irgendetwas hört, so ist es auch damit. Ich weiß nur, daß schon bei der vierten Erscheinung oben in den Dornsträuchern, wie man sagt, zumindest sieben- bis achttausend Leute sich versammelt hatten. Am fünften Tag, am Sonntag, waren es schon mehr als fünfzehntausend Menschen.

J — Gut, Vicka. Das weiß ich auch, aber wir haben noch nicht geklärt, wie es dazu kam. Auch jetzt wird gesagt, die Gospa erscheine hie und da, aber das Volk kommt nicht deswegen, es käme auch sonst.

V — O mein Pater, man muß endlich auch wissen, daß Medjugorje Medjugorje ist. Die Gospa ist hier *auf besondere Weise* erschienen. Sie ist in dieser Art und Weise sonst nirgendwo erschienen, und wird es auch nicht tun! Das hat sie uns mehrmals gesagt.

J — Gut. Viele wissen weder das, noch erkennen sie dies an. Es ist seltsam: Wer ist es, der diesen — schon mehrmillionenfachen — Pilgerstrom so lange versammelt und ermutigt? Und nicht nur, daß er nicht schwächer wird, sondern er wird jeden Tag größer. Es ist dann ja kein

Wunder, daß das niemand begreift.

V — Einmal aber werden es viele begreifen. Gott helfe uns!

J — Vielleicht denkst du an das Zeichen der Gospa, oder ...

V — Es wird noch Zeichen geben! Aber lassen wir das.

J — Ja gut. Du hast mir dies wirklich nicht gut erklärt.

V — Ich glaube, daß da etwas anderes im Spiel ist, und ich habe mit dir darüber sicher mal gesprochen.

J — Warum willst du nicht auch jetzt darüber sprechen?

V — Darüber möchte ich jetzt nicht mehr sagen!

J — Vielleicht hast du Angst vor irgendetwas?

V — Wovor soll ich Angst haben! Warum sollten wir uns jetzt so sehr darum kümmern? Du bist klüger als ich, so laß dir was einfallen. Es ist das Wichtigste, daß die Botschaft der Gospa in der ganzen Welt bekannt geworden ist. Um den Rest wird sich wiederum die Gospa kümmern. Uns bleibt nur zu beten und uns zu bekehren. Möglichst viel beten und fasten, und alles andere wird dann schon kommen.

J — Es ist mir klar, daß du dich diesmal irgendwie besonders verschlossen hast. Aber sei es, wie es ist. Vielleicht werde ich auch ohne dich einmal darauf zurückkommen.

V — Mache es nur! Du kannst es ja besser sagen als ich!

* * *

DIE OPFER UND DIE DANKBARKEIT DER GOSPA

J — Wenn man nun auf die dreißig Monate zurückblickt, Vicka, dann denkt man unwillkürlich über die Ereignisse nach und über die Menschen der Pfarrei Medjugorje. Es ist klar, daß jetzt niemand auf alles, was in den Herzen und in den Häusern der Dorfbewohner geschah, eingehen kann, aber manche Dinge drängen sich jedem scharfsinnigen Auge und jedem offenen Herzen auf. Man kann an ihnen nicht vorbeigehen, ohne sie wahrzunehmen, ohne vor ihnen anzuhalten und sie zumindest als außergewöhnlich zu betrachten. So kommen uns all die Aufregungen und außerordentlichen Dinge vor Augen, die Ängste und Hoffnungen seit dem Nachmittag, dem 25. Juni 1981 mit unübersehbaren Scharen der Verschwitzten und Dürstenden in den Dornsträuchern eures Podbrdo, die Scharen, die dann nach unten zu euren Häusern zuströmten, voll Sehnsucht nach Liebe und alledem, womit sie ihre Herzen tränken könnten, von seiten Gottes und der Menschen. Ich weiß, wir haben schon nebenbei etwas darüber gesprochen, aber wir haben in die Seele der Menschen nicht hineingeschaut. Genausowenig wie in das, was die Dorfbewohner in dieser Zeit erlebt und durchgekostet haben, denn Angst und Hoffnung mischten sich ständig miteinander. Und zwar nicht nur, wenn man bei jedem Wetter und auch Unwetter auf Dorfhügeln und Kreuzungen Wache halten mußte, sondern auch dann, wenn man sich in dauernder Unsicherheit in den Häusern versammelte.

V — Was wäre gewesen, hätte die Gospa sie nicht getröstet und gehütet?

J — Ich weiß, die Gospa hat alle durch ihre Kraft und durch ihre Zeichen gehütet und ermuntert, aber trotzdem war es nicht leicht, alle Prüfungen durchzustehen, die die einzelnen begleiteten. Du weißt, daß man manchmal nicht einmal das Gute tun durfte, obwohl die Dorfbewohner bereit waren, mit den Pilgern und Unbekannten alles zu teilen, was sie hatten.

V — Ich weiß, ich weiß. Gerade deshalb hat die Gospa diese Menschen auch ganz besonders gesegnet.

J — Kannst du dich an irgendeine solche Gelegenheit erinnern?

V — Zu uns hat die Gospa mehrmals darüber gesprochen.

J — Was hat sie euch gesagt?

V — Sie sagte, daß sie die Dorfbewohner segne und sie hat sich für alles bedankt, was sie für Fremde und Pilger anläßlich des ersten Jahrestages ihrer Erscheinung getan haben. Und so mehrmals.

J — Gut. Aber schauen wir uns ein bißchen um, wie euere Opfer ausgesehen haben.

V — Darüber haben wir ja schon einiges gesagt!

J — Ja und nein. Denn wer hat jemals richtig die Gaben und die Opfer der Dorfbewohner erwähnt, die sie Gott und der Gospa in Form von Fasten und Beten geschenkt haben? Und das ist das Größte, das sie den Menschen schenken konnten. Diese Opfer haben ja jenen unübersehbaren mehrmillionenfachen Strom von Pilgern geboren, die auf diese Weise in Medjugorje Gott gefunden haben, nach dem ihre Seele gehungert und gedürstet hat.

V — Das führst du, Pater, wirklich gut und schön aus!

J — Darüber könnte ich noch einiges sagen, aber vielleicht komme ich allein darauf zurück. Nun, könnten wir noch ein bißchen auf jene sichtbaren Opfer eingehen, die allen offenkundig sind? Ich möchte, daß wir etwas Bestimmteres über die Opfer, die sichtbar sind, sagen, z.B. was euer Haus und seine Bewohner angeht. Ich weiß, daß wir darüber schon etwas gesagt haben, aber trotzdem.

V — Gut. Du weißt genug davon, aber das kann niemand beschreiben. Auf keinen Fall! Nur, das ist jetzt überhaupt nicht wichtig. Wir haben es nicht deshalb getan, damit man darüber spricht.

J — Das weiß ich, aber man soll auch hier etwas davon erwähnen.

V — Gut, wenn du willst. Nun, fang du etwas an ...

J — In Ordnung! Zuerst sag mir, ob es Tage gab, an denen bei euch niemand von auswärts war?

V — Es gab Tage, an denen niemand übernachtet hat, aber es gab keine, an denen niemand bei uns war.

J — Gab es Tage, an denen zu euch nur eine Person kam?

V — Ich glaube nicht. Es waren manchmal sogar zwanzig bis dreißig Leute gekommen. Auch noch mehr! Von morgens bis abends.

J — Gut. Habt ihr den Leuten irgendetwas angeboten?

V — Selbsverständlich! Je nach der Tageszeit. Natürlich, mancher nahm nichts, aber unsere Pflicht war es, etwas anzubieten.

J — Habt ihr den Leuten auch ein Nachtquartier angeboten?

V — Ja, selbstverständlich! Aber das haben auch die anderen getan. Wir haben manchmal auch Leute auf längere Zeit bei uns gehabt.

J — Denkst du an das kranke Mädchen?

V — Ja, auch an das. Wir haben es bei uns mehrere Monate behalten und gepflegt. Aber darüber möchte ich nicht reden!

J — Gut. Doch das habt nicht nur ihr gemacht. Ich kenne manche Familien (sie wollen nicht, daß man ihre Namen nennt), die in diesen dreißig Monaten verschiedenen, meist unbekannten Leuten mehr als tausend Übernachtungen ermöglicht haben.

V — Und nicht nur Übernachtungen!

J — Ja, ja. Nicht nur Übernachtungen, sondern zumindest so viele Bewirtungen zum Abendessen und so viele zum Frühstück. Dazu kommen verschiedene Getränke und ihre ihnen gewidmeten Stunden.

V — Die Gospa bedankte sich dieses Jahr besonders für die Opfer der Dorfbewohner anläßlich der heiligen Messe auf dem Križevac.

J — Davon haben wir ja gehört. Es haben sich ja alle wirklich außerordentlich aufgeopfert! Ich kenne einen Mann namentlich, der für jenen Tag eine große Menge von Wasser und verschiedenen Getränken extra zubereitet hat, dazu auch Trauben und Melonen, damit sich jeder der vorbeikommt, erfrischen und stärken kann, ohne überhaupt von jemanden darauf angesprochen zu sein. Sein Haus ist an der Straße, so war es für die Leute günstig ...

V — Und es war nicht nur der eine Mann, der so etwas gemacht hat!

J — Das weiß ich. Aber ihn habe ich besonders in guter Erinnerung, weil ich gerade zu dieser Zeit an seinem Haus vorbeiging. Die Gospa hat die Dorfbewohner nicht ohne Grund gesegnet, sie haben es auch wirklich verdient.

V — Und groß ist ihr Segen!

* * *

DIE GEGENSEITIGE SCHWEIGSAMKEIT DER SEHER

J — Nach all meinen länger als zwanzigmonatigen Überlegungen und Forschungen über die Ereignisse von Medjugorje mit jedem von euch Sehern, sind für mich viele Dinge, wie ich es mehrmals wiederholte, unklar geblieben. Schau, Vicka, eine Sache interessiert mich besonders. In sie kann ich überhaupt nicht eindringen.

V — Nun, versuch es doch einmal!

J — Es ist ja für dich nichts Neues, denn ich habe mit dir mehrere Male versucht darüber zu reden, aber wir kamen nie über den Anfang hinaus. Aber nun, damit ich nicht zu weit aushole: Ich kann euere Schweigsamkeit überhaupt nicht verstehen, oder besser gesagt, euere Verschlossenheit. Und dies nicht nur uns Außenstehenden gegenüber, sondern auch unter euch Sehern selbst, in allem was zwischen euch und der Gospa geschieht.

V — Wie meinst du das?

J — Ich weiß selbst nicht, wo ich anfangen soll! Doch beginnen wir so: Es ist vielen bekannt und mir besonders, daß ihr Seher euch manchmal untereinander irgendwie nicht „mögt", und das dringt trotzdem fast nie an die Öffentlichkeit durch.

V — Was sollen wir denn tun! Wir sind ja auch nur gewöhnliche Menschen, jung und dumm, wie unser Volk sagt. Aber uns betrachtet jeder und bauscht sogar unsere Mißverständnisse auf. Was würde es uns nützen, wenn wir uns beschimpften und beschuldigten? Auch die Gospa hat uns gesagt, daß wir uns untereinander achten und nicht beschuldigen sollten. Und was können wir dafür, wenn es trotzdem mal was gibt. Aber dies alles ist in Ordnung.

J — Vicka, es ist wirklich in Ordnung. Doch ihr redet nie miteinander über das, was ihr bei der Erscheinung erlebt habt, wie ihr etwas verstanden habt oder über ähnliche Dinge.

V — Wirklich nicht, nur manchmal irgendetwas. Und jeder bewahrt das Seinige für sich selbst.

J — Warum das? Hat die Gospa euch dies gesagt, oder ...?

V — Ich weiß nicht, ob die Gospa zu uns jemals darüber gesprochen hat, aber es ist halt so.

J — Nun betrachte auch mal dies: Wir wissen, und auch du hast mir davon mehrmals erzählt, daß die Gospa bisweilen manchen von euch ein bißchen tadelt und ermahnt. Und obwohl ihr das alle wißt, habe ich nie gehört, daß ihr mit jemandem anderen darüber gesprochen habt.

V — Ich hoffe, daß du es auch weiterhin nicht hören wirst. Ich bin der Meinung, daß dies für uns alle, aber auch für euch, so besser und günstiger ist.

J — Gut. Spürt ihr wirklich ein Bedürfnis, wenigstens untereinander, über alles, sowie auch über dies, zu sprechen?

V — Um aufrichtig zu sein: Ich spüre es nicht. Ich habe meine Erlebnisse und meine Probleme. Es genügt mir, mich mit ihnen zu beschäftigen. Wenn mich mal jemand etwas fragt, dann ist es eine andere Sache. Natürlich nur, wenn ich darüber sprechen darf! Ich darf dir nun dies erzählen. Darüber habe ich mit dir zwar schon einmal gesprochen, aber das macht jetzt nichts. Du erinnerst dich, Pater, wie die Gospa einmal den kleinen Jakov allein bei sich behalten und zu uns gesagt hat, daß wir gehen sollten. Und sie sind zumindest zehn Minuten zusammen geblieben. Ich habe dir erzählt, daß der Kleine mir nie ein Wort davon gesagt hat. Ich habe ihn auch nie etwas darüber gefragt. Du weißt, daß wir sehr viele Tage zusammen verbracht haben, da er meistens bei uns gegessen und geschlafen hat. Wir haben uns wirklich gut verstanden und vertragen, aber es ist nun mal so. Du magst dich wundern oder nicht.

J — Vicka, ich habe schon gesagt, daß ich weiß, daß es so ist, aber ich verstehe nur nicht, daß es so ist.

V — Ich bin der Meinung, daß die Gospa es so eingerichtet hat, ohne uns darüber zu informieren. Denk dir nur, wie alles aussehen würde, wenn jeder von uns über alles spräche, was er erlebt hat. Wieviele ungleiche Geschichten würden daraus entstehen. Es entstehen ja auch ohnehin schon genug. Das weißt du so gut, wie ich.

J — Das ist ja wirklich klug! Vielleicht genügt dies über dieses Thema? Das ist ja nicht die einzige Sache, die ich nicht verstehe! Wir könnten allerdings noch viel, viel darüber sprechen, denn wir haben ja hier euere gegenseitige Diskretion, beziehungsweise Schweigsamkeit im Zusammenhang mit dem Zeichen der Gospa und ihren Geheimnissen nicht einmal erwähnt. Aber darüber haben wir ja schon etwas gesagt. Auch wenn wir von vorne anfingen, kämen wir wahrscheinlich nicht über das hinaus, was wir schon gesagt haben.

V — Worauf zielst du hin?

J — Worauf soll ich denn hinzielen? Ich versuchte es, aber ich kam über mein Erstaunen nicht hinaus.

V — Gut. Wundere dich auch weiterhin! Nun, sage noch etwas, was dich wirklich interessiert.

J — Ich habe ja schon gesagt, daß ich eure unglaubliche Schweigsamkeit und Diskretion untereinander, wenn man über das Zeichen und über die Geheimnisse der Gospa spricht, über die sie euch so viel gesagt hat, nicht verstehen kann.

V — Was gibt es da sich zu wundern!

J — Ich bin nicht verwundert darüber, daß ihr diese Geheimnisse uns gegenüber bewahrt, sondern, und das sagte mir jeder von euch getrennt einige Male, daß ihr überhaupt nicht in Versuchung kommt, darüber unter euch zu sprechen, obwohl ihr sicher nicht alle dasselbe wißt. Hier z.B. der Fall mit Marija!

V — Was ist mit Marija?

J — Ja, soviel ich weiß ist sie die einzige unter euch, die nicht weiß, wann die Gospa ihr versprochenes Zeichen hinterlassen wird (sie weiß nur, was für ein Zeichen es sein wird), und sie sagt, daß sie nie in Versuchung komme, jemanden von euch darüber zu fragen, aber auch keiner von euch sagt ihr das.

V — Das ist für mich nichts Außergewöhnliches.

J — Wieso nicht? Nehmen wir an, es sei nicht außergewöhnlich, daß du darüber nicht sprichst, aber daß du nie in Versuchung kommst, darüber zu sprechen, das verstehe ich nicht.

V — Wie bewahrst du deine Beichtgeheimnisse?

J — Vicka, Entschuldigung, aber ich meine, daß es doch etwas anderes ist.

V — Für euch ist es so, aber in unseren Augen?

J — Gut. Nun, schließen wir es ab! Du kommst also überhaupt nie in Versuchung, jemandem etwas darüber zu sagen?

V — Nein, nie! Und warum es so ist, weiß ich nicht. Dies ist wohl auch Sache der Gospa: Sie bewahrt ihre Geheimnisse auf.

J — Und wie lange?

V — Solange sie will, und das werden wir sehen.

* * *

DAS GEHEIMNISVOLLE GEHEIMNIS

J — Vicka, man redet immer wieder von den einzelnen Geheimnissen. Nun möchte ich von dir über ein besonderes einige Worte hören. Ich möchte nämlich etwas über die zwei geheimnisvollen Rosenkränze erfahren. So erzähl mir nun kurz, wann und wie die zwei etwas seltsamen Rosenkränze aufgetaucht sind.

V — Ich habe dir davon schon einmal erzählt. An einem Morgen, es war ungefähr zwei Monate vor der ersten Erscheinung der Gospa, wollten wir mit unserer Pflugmaschine und dem Anhänger Holz holen. Und während wir uns vorbereiteten, stieg mein kleiner Bruder Franjo in den Anhänger ein.

J — Franjo ist ja nicht so klein!

V — Jetzt nicht mehr. Damals war er aber nicht einmal zehn Jahre alt.

J — Gut. Er stieg ein, und?

V — Während er dort etwas spielte, fand er im Anhänger zwei ganz seltsame Rosenkränze.

J — Wieso seltsam?

V — Solche haben wir bis dahin nie gesehen.

J — Du meinst diejenigen, die wir mal photographiert haben?

V — Du hast sie ja gesehen, genau diese!

J — Was ist an ihnen eigentlich seltsam? Jetzt erinnere ich mich wirklich nicht mehr daran.

V — Wieso erinnerst du dich denn nicht! An einem hängt ein ziemlich großes Kreuz, und am Kreuz sind alle vierzehn Stationen des Kreuzweges eingraviert. Und am Kreuz des anderen Rosenkranzes waren auf der Rückseite zwei Reliquien eingefügt. So stellte man fest.

J — Was hat der Kleine gemacht, als er sie gefunden hat?

V — Was tat er! Er hob die Rosenkränze auf und schrie: „Hier, die Gospa hat der Oma und der Mutter einen Rosenkranz hinterlassen, damit sie mehr beten!"

J — Und ihr?

V — Wir liefen hin. Wir schauten und prüften die Rosenkränze nach. Wir wunderten uns, und ...

J — Und dann?

V — Was sollten wir dann? Wir verwahrten die Rosenkränze und gingen weg, Holz zu holen.

218

J — Warst du schon damals „Chauffeur"?

V — Nein, nein! Damals machte es meine älteste Schwester Mirjana, ich fing damit etwas später an.

J — Gut. Ihr habt Holz geholt, und ...?

V — Wir prüften wieder die Rosenkränze nach, und wir konnten uns überhaupt nicht entsinnen, woher und wie sie da aufgetaucht sind.

J — Habt ihr das irgendwann später festgestellt?

V — Nie! — Meine Mutter nahm diese Rosenkränze und erkundigte sich im ganzen Dorf, ob sie jemandem gehören oder ob jemand etwas davon wisse. Aber niemand wußte etwas.

J — Bis jetzt immer noch nicht?

V — Nie hörten wir irgend etwas!

J — Gut. Ich wundere mich nur, daß ihr nie die Gospa wegen diesem Vorfall gefragt habt.

V — Doch, Pater Janko, wir fragten sie wirklich!

J — Wer hat sie gefragt?

V — Das war ich.

J — Und was hast du gefragt?

V — Ich fragte sie, woher sie seien und wozu wir sie bräuchten.

J — Was sagte die Gospa?

V — Sie sagte, es sei unser Gut, sie seien ein Geschenk Gottes. Mehr sagte sie nicht.

J — Aber ist dir klar, was die Gospa gesagt hat?

V — Nein. Sag du, wenn es dir klar ist.

J — Ich weiß nicht. Aber vielleicht wird jemand von euch in seinem Leben diesen Kreuzweg zur Betrachtung benutzen. Wer weiß! Und bedient sich jemand von euch dieser Rosenkränze?

V — Nein, nein! Niemand, nie.

J — Warum denn das?

V — Ich weiß es nicht. Jeder von uns hat seinen Rosenkranz, den die Gospa gesegnet hat. Und diese Rosenkränze, als ob sie irgendwie ... Ich weiß nicht, was ich sagen sollte!

J — Bewahrt sie trotzdem auf! Vielleicht wird sie jemand mal ganz gut brauchen können ...

V — Vielleicht. Gott weiß es.

* * *

DIE SEHERIN ÜBER SICH SELBST

DIE SCHWIERIGKEITEN MIT DER GESUNDHEIT

J — Nun Vicka, wieder etwas, worüber du ungern sprichst. Aber bitte, erzähle mir trotzdem ein wenig!

V — Was ist jetzt noch?

J — Nichts Besonderes, und nichts besonders Neues. Vielleicht weiß ich sogar zu viel darüber. Dennoch sind mir manche Dinge sehr rätselhaft geblieben.

V — Was, zum Beispiel?

J — Wir wissen, daß du in den letzten fünfzehn Monaten mit deiner Gesundheit viele Probleme gehabt hast. Mir war und blieb es immer ein Rätsel, warum du dir gegenüber immer so hart warst und auch bleibst, als ob du die Schwierigkeiten fast selbst gesucht hättest. Und du warst allen Ermahnungen von deinen Leuten und besonders meinen gegenüber, taub.

V — Das stimmt. Aber du weißt, jeder hat seinen Kopf, so auch ich. Vielleicht ist er etwas härter als bei den anderen. Doch ich habe meine Schwierigkeiten nicht gesucht. Jemand anderer machte sie mir. Wer das war, weißt du besser als ich.

J — Es ist gut, doch noch etwas, wenn du schon davon angefangen hast.

V — Was soll ich noch sagen? Du weißt, wer über das menschliche Leben verfügt. Einst hast du mich darin belehrt. Was soll ich dir jetzt ... Nun möchte ich lieber nichts mehr darüber sagen.

J — Vicka, ich müßte hier deine Schweigsamkeit wirklich respektieren, doch ich muß dir wenigstens dies erzählen: Manche Leute, (sogar auch manche Priester!) sagen bisweilen: „Wo ist nun ihre Gospa! Warum hilft sie ihr nicht?"

V — Das habe ich auch gehört, aber ich habe dir mitgeteilt, daß ich der Gospa nie ein Wort gesagt habe, um mich von meinen Schwierigkeiten zu befreien.

J — Warum das?

V — Das wissen die Gospa und ich, und sonst soll es niemand erfahren.

J — Sage mir bitte trotzdem etwas darüber!

V — Was soll ich dir sagen?

J — Etwas, was vielleicht auch für uns nützlich sein könnte.

V — Das weißt du, Pater, zumindest genauso gut wie ich auch.

J — Trotzdem wäre es gut, wenn du mir noch irgendetwas erzählen würdest.

V — Da gibt es ja nichts Besonderes! Ich habe dir schon gesagt, daß mich die Gospa in der Krankheit stark ermutigt und getröstet hat. Sie kam jeden Tag zu mir. Sie war immer fröhlich. In diesem Augenblick vergaß ich alle meine Schwierigkeiten vollkommen.

J — Hast du dich dabei stets aus dem Bett erhoben?

V — Das tat ich, ja, aber sie sagte mir, daß ich es nicht tun müsse.

J — Und du sagst, daß dich die Gospa auch getröstet hat?

V — Es genügt einem, sie nur zu sehen! Ich habe dir früher noch einiges darüber gesagt, so wäre es gut, wenn du dich jetzt ein bißchen zufrieden gibst.

J — Gut! Aber noch etwas! Mehr wegen der anderen als meinetwegen.

V — Ich habe dir ja gesagt, daß auch du ziemlich stur sein kannst! Und ich habe dir schon davon erzählt, wie mich die Gospa angewiesen hat, all meine Schwierigkeiten ihrem Sohn für die Bekehrung der Sünder darzubringen. Was soll ich dir noch sagen? Sie sagte mir auch, daß sie dies alles leiten wird. Und so... Reicht es dir jetzt? Bist du zufrieden?

J — Ja und nein! Du hast mir noch etwas Interessantes verschwiegen.

V — Das ist?

J — Du hast mir nicht gesagt, daß zur Zeit deiner Krankheit mit dir auch etwas Seltsames (um nicht zu sagen Wundersames) geschehen ist.

V — Was denn?

J — Das, was am ersten Tag deiner Mandeloperation, Ende Juli dieses Jahres (1983) in Zagreb geschehen ist.

V — Du meinst während der Erscheinung der Gospa?

J — Ja, ja. Genau das!

V — Für mich war es nichts Besonderes!

J — Doch sag, was sich damals ereignet hat, damit auch ich sehen kann, ob es wirklich etwas Besonderes war oder nicht.

V — Es war so: Damals hatte ich eine Mandeloperation. Man sagte mir nachher, die Operation sei ziemlich unangenehm gewesen und sie habe länger gedauert als gewöhnlich, weil meine Mandeln fast verfault gewesen seien.

J — Und dann?

V — Nachdem die Operation vorbei war, wurde ich bei den Schwestern auf der Rebro untergebracht.

J — Und ...?

V — Vier bis fünf Stunden nach der Operation kam die Zeit meiner Begegnung mit der Gospa.

J — Was geschah nun?

V — Ich hörte die Schwestern darüber sprechen, ob sie mir erlauben sollten aufzustehen und in ihre Kapelle zur Begegnung mit der Gospa zu gehen. Ich gab ihnen das Zeichen, daß ich gehen werde.

J — Dann bist du auch gegangen?

V — Ja. Ungefähr gegen sechs Uhr nachmittags stand ich auf und ging mit den Schwestern in die Kapelle. Als ich an den Ort gekommen war, wo ich mich auch früher mit der Gospa getroffen hatte, bekreuzte ich mich und fing an, mit meiner vollen Stimme (du weißt ja, wie überlaut ich bin!) das Vaterunser und noch andere Gebete zu beten, bis die Gospa kam.

J — Und was geschah dann?

V — Wie immer. Als die Gospa kam, kniete ich hin und sprach mit ihr. Als sie am Ende der Erscheinung mit dem abschließenden Vaterunser anfing, setzte ich mit ihr wieder laut das Gebet fort. Dann grüßte sie mich wie gewöhnlich und ging weg.

J — Und du?

V — Ich stand wie immer auf und ging ins Bett.

J — Und die Schwestern?

V — Sie waren stumm vor Verwunderung, weil ich so laut beten konnte, während ich vor und nach der Erscheinung kaum ein Wort und nur flüsternd etwas sagen konnte.

J — Hast auch du dich darüber gewundert?

V — Darüber habe ich überhaupt nicht nachgedacht. Mir schien alles irgendwie normal zu sein.

J — Gut. Aber ich wundere mich, daß du mir dies nie so ausführlich erzählt hast.

V — Ich weiß nicht, ob ich das tat oder nicht. Bist du jetzt zufrieden?

J — Ich bin es, Vicka. Ich habe vor langer Zeit etwas davon gehört, aber erst heute ist mir alles klar. Nur ist mir jetzt noch unklarer, warum du von der Gospa für dich nicht eine etwas bessere Gesundheit erbittest?

V — Ich habe dir ja vorhin gesagt, daß ich die Gospa nie darum gebeten habe, mich von meinen Schwierigkeiten zu befreien.

J — Aber nicht jeder von den Sehern hat sich so verhalten.

V — Das weiß ich nicht.

J — Ich weiß es schon! Eine von euch Seherinnen hatte vor nicht allzu langer Zeit ziemlich starke Ohrenschmerzen. Das ist eine sehr unangenehme Angelegenheit, und dies heilt nur sehr schwer und langsam.

V — Und?

J — Nur dies, daß sie sich in ihrer Schwierigkeit anders verhalten hat, als du in deiner.

V — Und wie?

J — Als ihre Eltern sahen, daß die Krankheit sie stark belastet, baten sie sie (ich tat es auch) zum Arzt zu gehen.

V — Ist sie zum Arzt gegangen?

J — Nein, nein! Sie sagte mir etwas später, daß sie sich dabei dachte: ,,Wozu brauche ich einen Arzt? Ich habe meinen Arzt!'' Sie wandte sich an die Gospa, und das Ohr beruhigte sich schnell.

V — Gut. Dank sei Gott! Die Wege sind verschieden.

* * *

Vicka mit Pflugmaschine und Anhänger unterwegs zur Arbeit

DER ALLTAG

J — Vicka, ich kann mir gut vorstellen, daß jemand der unser langes Gespräch abhören oder gar lesen würde, sich besonders dafür interessiert, wie denn das Mädchen lebt und auf welche Weise es seine Tage verbringt.

V — Vielleicht würde er sogar jemanden fragen.

J — Sag nun auch darüber ein wenig!

V — Wenn wir schon über alles sprechen, könnten wir auch darüber reden! Aber dies alles weißt du ja, darum erzähle du es.

J — Vicka, aus deinem Mund klingt es anders!

V — Gut. Dann wechseln wir uns aber beim Reden ab ...

J — Das geht auch! Sag mir z.B., wann du morgens aufstehst?

V — Je nachdem. Es kommt auf den Tag an, ob es Sonntag oder Werktag ist. Dann, ob es regnet, oder ... ob Sommer, Winter, oder ... Es kommt auf das alles an. Also, je nachdem.

J — Und was machst du dann, wenn du aufstehst?

V — Du weißt ja, was man da macht. Ich richte mich. Ich bete ein bißchen ... Doch das ist auch nicht immer gleich. Zuerst bete ich das Weihegebet, dann noch irgendetwas, je nachdem wieviel Zeit ich habe. Selbstverständlich bete ich auch tagsüber etwas, besonders abends.

J — Was machst du dann tagsüber?

V — Ich mache das, was der Augenblick von mir verlangt. Ich grabe, ich pflüge mit der Pflugmaschine, ich pflücke Tabak ... Aber am liebsten pflüge ich, wenn die Zeit dazu ist. Der Vater ist in Deutschland, und die Brüder sind noch zu klein und gehen in die Schule. Die Schwestern haben Angst davor, ich nicht! Einmal wurde ich von der Pflugmaschine sogar verletzt. Die Wunde war vereitert, aber jetzt ist alles verwachsen. Inzwischen ist mein Bruder Ante stärker geworden, so daß auch er diese Arbeit vor und nach der Schule verrichten kann. Ich verrichte dann andere Arbeiten. Nur, ich werde von verschiedenen Leuten gefordert.

J — Von welchen Leuten?

V — Von denjenigen die kommen, um etwas zu fragen, um sich der Gospa zu empfehlen und so ... Du weißt, daß die Leute viel leiden und sie möchten, daß ihnen jemand hilft. Dafür opfere ich viel Zeit.

J — Weichst du mal aus, um die Leute nicht zu treffen?

V — Das gibt es gelegentlich auch. Doch nur, wenn jemand kommt, der schon da war. Was soll man machen, wenn man ihm nicht helfen kann!

J — Es ist ja so: Man muß sich irgendwie zurechtfinden.

V — Nur, das klappt sehr selten! Sie kommen, setzen sich zu Hause hin und warten.

J — Und was dann?

V — Was soll ich dann? Ich komme. Ich rede ein bißchen mit ihnen, damit ich zumindest die Angehörigen entlaste. Das ist meistens nachmittags der Fall. So habe ich manchmal nicht einmal Zeit, etwas zu essen. Ich richte mich dann schnell und gehe in die Kirche. Und das andere kennst du ja auch.

J — Vicka, ich weiß ungefähr, wann du aus der Kirche kommst, aber es ist doch besser, daß du davon erzählst.

V — Je nachdem, selten vor zehn Uhr abends.

J — Warum bleibst du so lange dort?

V — Du hast es ja gesehen! Wir bleiben nach alledem noch beim langen Gebet über den Kranken. Und dann beten wir einzeln über den Schwerkranken, besonders über denen, die im Rollstuhl sind. Ich habe dir schon gesagt, wie lange es dauert, besonders samstags und sonntags.

J — Erst dann geht ihr nach Hause?

V — Nicht einmal dann! Nach den Gebeten will sich jeder unterhalten, sein Leid ausschütten. Was kann man da machen! Was sollen die armen Leute? Man soll jedem zuhören. Du weißt, wie es ist.

J — Es ist wirklich anstrengend! Ich sehe, daß dein Leben nicht so einfach ist, wie es aussieht.

V — Ist es auch nicht. Aber das ist alles gut.

J — Und wann bist du zu Hause?

V — Je nachdem. Ungefähr gegen zehn, aber manchmal auch später.

J — Was tust du dann?

V — Was soll ich dann. Zu Hause schläft alles, außer mir und meiner Schwester.

J — Und das Abendessen?

V — Meistens ohne Abendessen! In der letzten Zeit esse ich manchmal irgendetwas im Pfarrhaus. Wenn ich nach Hause komme, gehe ich in mein Zimmer, lese etwas in der Bibel, bete ein bißchen und gehe dann ins Bett.

J — Schläfst du wenigstens gleich ein?

V — Jetzt schon. Doch es gab Zeiten, und zwar monatelang, wo ich bis drei oder vier Uhr nach Mitternacht nicht einschlafen konnte.

J — Das war während der Zeit deiner Krankheit. Das war schwierig!

V — Dank sei Gott, jetzt ist es aber anders! Und so sieht irgendwie ein Tag von mir aus.

J — Es ist gut. Aber du hast mir nichts darüber gesagt, ob du dich geändert hast, seit du dich mit der Gospa triffst?

V — Du hast mich auch nicht gefragt. Und das könnten dir die anderen besser sagen.

J — Du könntest wenigstens auch etwas sagen!

V — Ja, ich könnte es. Und ich könnte dir sagen: ja, ich habe mich in manchen Dingen geändert. Die anderen sehen das vielleicht nicht, aber ich bin wirklich anders.

J — Worin denn?

V — Das ist ja nichts Besonderes, aber z.B. in diesem: Früher war ich schrecklich ängstlich. Sobald es dunkel wurde, wollte ich das Haus nicht mehr verlassen.

J — Und jetzt?

V — Jetzt gehe ich allein zum Podbrdo um Mitternacht! Ich habe vor gar nichts mehr Angst!

J — Es ist gut, aber noch irgendetwas!

V — Es gibt da noch vieles! Jetzt bete ich viel mehr und viel lieber; ich gehorche lieber; ich liebe die Menschen mehr, besonders die Kranken! Für sie bete ich jetzt am meisten. Früher habe ich nicht viel daran gedacht. Und so. Es gibt noch vieles. Und es gibt auch vieles, was man verbessern müßte. Gott helfe mir! Vielleicht könnte ich noch irgendetwas sagen, jedoch ...

J — Sag, Vicka, hast du Angst es zu sagen?

V — Ich habe keine Angst, aber vielleicht ist es nicht nötig. Aber nur noch dies: Es wäre gut, sich ein bißchen darüber Gedanken zu machen, wie ich wäre, wenn ich der Gospa nicht begegnet wäre?

J — Vermutlich auch wie die anderen deiner Altersgenossinnen?

V — Das ist richtig, aber auch sie sind jetzt anders! Denn gäbe es keine Gospa, wären jetzt vielleicht „die Disco" oder ähnliche Sachen erstrangig. Du weißt, daß sie in Medjugorje einen guten Anlauf genommen hatte! Nun aber fällt sie keinem ein. So ist es, mein Pater!

J — Das ist gut! Und so gingen wir, Vicka, durch deinen Alltag hindurch. So sieht einer von den normalen aus.

V — So irgendwie. Aber wirklich einer der normalsten.

ENDLICH!

J — Wenn wir unser enorm langes Gespräch nun abschließen wollen, Vicka, so sag mir bitte noch etwas über deinen jetzigen Zustand und deine jetzige Stimmung.

V — Wie meinst du das?

J — Sag mir etwas über folgendes: Du kommst jetzt, nach den fast dreißigmonatigen und ungewöhnlichen Erlebnissen in dein richtiges Mädchenalter hinein. Kannst du mir nun sagen, ob du jemals bedauert hast, daß dies alles mit dir geschehen ist und immer noch geschieht?

V — Nein! Nie. Es gab zwar Augenblicke, wo ich von allen Seiten bedrängt wurde. Ich sagte dir, daß es bisweilen schrecklich war. Und vielleicht kam mir manchmal, doch nur für einen Augenblick, der Gedanke hoch, was denn mit mir eigentlich passiert, wie lange wird es noch dauern, wozu denn dies alles, wird man es aushalten können ...? Mein Pater, du mußt auch wissen, daß wir gelegentlich schrecklich versucht wurden. Das hat uns die Gospa vorausgesagt, aber sie hat uns gleich geholfen. Und wir wurden — zumindest ich — stärker in allem.

J — Hast du jemals bedauert, daß du überhaupt in den Reigen der Gospa hineingekommen bist?

V — Nie!

J — Gar nie?

V — Aber auch gar nie!

J — Gut, Vicka. Ich muß dir glauben, denn ich meine, ich hätte es auch nicht bedauert, wäre so etwas mit mir passiert, obwohl ich mich nie als einen Tapferen betrachtet habe. Doch im Blick auf die Zukunft: Hast du Angst vor ihr?

V — Mein Pater, ich bin ja kein gleichgültiger Mensch! Ich muß auch an die Zukunft denken. Aber ich bin furchtlos!

J — Wirklich?

V — Ja, wirklich! Ich bete zu Gott und zur Gospa, damit sie meinen Weg bestimmen. Ich habe auch einen Plan dafür, mal sehen...

J — Darf ich irgendetwas davon wissen?

V — Ich habe dir ja schon etwas gesagt. Ich habe dir das Wichtige gesagt. Auch Gott und die Gospa werden mich, so hoffe ich es, führen und hüten. Die Gospa sagte es mir mehrmals.

J — Und nichts mehr darüber?

V — Über manche Dinge kann ich niemandem etwas sagen. Wenn ich es mal darf, wirst du es erfahren.

J — Wer weiß, ob ich das erleben werde?

V — Wer weiß, ob auch ich!

J — Gut. Als die Seher im Herbst 1981 von zu Hause in alle Himmelsrichtungen gingen, bliebst du doch daheim.

V — Ja, ja.

J — Warum das?

V — Ich hatte Wiederholungsprüfung in Mathematik.

J — Welche Schule besuchtest du?

V — Die mittlere Textilschule.

J — Gut. Wieviele Schüler hatten diese Wiederholungsprüfung? Bist du zur Prüfung gegangen?

V — Ja. Ich ging zuerst (das habe ich schon am ersten Tag gesagt) in den Zusatzunterricht und dann zur Prüfung.

J — Und?

V — Und nichts! Ich hatte ein Kettchen mit Kreuzchen an. Als ich den Prüfungssaal hätte betreten sollen, hatte mich ein Lehrer in der Tür angehalten und zu mir gesagt, ich solle das Kettchen abnehmen und er wies mich von der Tür zurück. Er spottete auch noch über mich, weil ich schon in der »Arena« abgebildet worden sei, und so ...

J — In was für einer »Arena«?

V — Kurz davor schrieb jemand irgendetwas über uns in der Wochenzeitschrift »Arena«. Man brachte auch unsere Bilder. Blödsinn!

J — Was geschah dann?

V — Er sagte zu mir: ,,Du hast mit deiner Gospa bestanden, und weg!''

J — Und du?

V — Ich ging zum Bus und fuhr singend nach Hause. Am nächsten Morgen ging ich hin, nahm meine Dokumente und — Dank sei Gott!

J — Vicka, du hast mir schon früher etwas darüber erzählt, aber es ist mir erst jetzt alles klar. Jemand sagte mir einmal, daß du doch später wieder in die Schule eingeladen wurdest.

V — Ja, ja. Als die Schule begann, schickte man mir eine schriftliche Einladung, daß ich in die Schule könnte, daß ich die Wiederholungsprüfung bestanden hätte, und so.

J — Wie hat man dir diese Einladung geschickt?

V — Sie haben sie über meinen Schulkollegen und Nachbarn Stanko Pavlović geschickt.

J — Und du?

V — Ich wollte nicht. Das berücksichtigte ich überhaupt nicht.

J — Warum das?

V — Was soll ich denn! Dort hätte man mich nur geplagt, aber auch die Gospa hatte mir schon gesagt, ich sollte mit dem kleinen Jakov bleiben. Was hätte er allein gemacht!

J — Ist es dir nicht schwergefallen zu Hause zu bleiben!

V — Überhaupt nicht. Ich wußte, daß sich die Gospa um mich kümmern wird.

J — Und so seid ihr als der jüngste und als der älteste von den Sehern der Gospa geblieben!

V — Ja, wie du siehst.

J — Denkst du mal an den Professor?

V — Manchmal. Und zwar früher mehr, jetzt fast nie. Ich lebe mein Leben, und er soll seines leben.

J — Wohl dir, Vicka, du Kind der Gospa. Der Herr und sie mögen dich in alle Ewigkeit behüten!

V — Amen.

J — Vicka, du hast es gut hinzugefügt. Vielleicht hat dich gerade die Gospa inspiriert. Nur, ich weiß nicht ... Ja gut, nichts!

V — Wieso nichts! Warum fängst du an, und dann nichts. Sag, was du angefangen hast!

J — Wirklich, nichts.

V — Nein, nein! Sag, und dann wird es nichts sein.

J — Ich habe mir wirklich den Mund ,,verbrannt'', aber wenn ich es schon gemacht habe, ja, ich wollte sagen, daß es mich interessiert, ob du die richtige Bedeutung des Wortes ,,Amen'' kennst?

V — Ach, so! Das beschäftigt dich. Und damit du weißt, das Wort ,,Amen'' bedeutet ,,so sei es''. Und jetzt: Amen!

J — Nun, wirklich: Amen.

* * *

DIE BOTSCHAFT AN DIE MENSCHEN

J — Nun, Vicka, schließen wir wirklich ab, aber doch noch etwas.

V — „Noch etwas", lieber Pater, das hast du schon so oft gesagt! Wir sind also noch immer nicht am Ende unseres Gespräches!

J — Damit schließen wir unser langes „offizielles" Gespräch wirklich ab. Du hast mir hier von deinen und eueren Erfahrungen mit der Gospa erzählt. Du sprachst auch über ihre Botschaften. Aber nun sag du etwas, was du, nach alledem dem Menschen als Botschaft anbieten würdest?

V — Wer und was bin ich, daß ich ihm etwas als Botschaft anbieten kann? Die Botschaft Gottes und die der Gospa ist laut und klar. Man soll auf sie hören, und alles wird gut sein.

J — Das ist richtig. Aber auch du könntest etwas sagen, denn vielleicht würde das jemanden anregen, sich ein bißchen zu sammeln und sich darüber Gedanken zu machen. Es wäre doch interessant zu hören, was „das Mädchen der Gospa" nach der dreißigmonatigen Begegnung mit der Gospa, dem Menschen sagen möchte.

V — Das ist mir wirklich unangenehm, aber ich will trotzdem dies sagen: Ich würde mich freuen, wenn die Menschen nie vergäßen, daß Gott unser Vater und daß die Gospa unsere Mutter ist, und zwar die Mutter, die uns versteht und liebt. Die Menschen wissen nicht, wie sehr sie jeden einzelnen liebt!

J — Ja gut, die beste Mutter, und was noch?

V — Sie sollten sich an sie wenden, wann immer ihnen schwer zumute ist! Sie wird ihnen immer helfen, wenn sie darum bitten.

J — Aber wie und worin wird sie ihnen helfen?

V — In allem, wofür sie sie bitten.

J — Es ist gut. Und was würdest du dem Menschen noch sagen?

V — Es gibt ja Leute, die dafür zuständig sind. Ich bin nicht dazu berufen. Ich würde mich freuen, wenn die Menschen die Hoffnung nie verlieren würden. Gott ist besser, als wir uns das vorstellen ...

J — Und weiter!

V — Es wäre gut, wenn die Menschen nie vergessen würden zu beten. Das habe ich gehört, aber auch die Gospa hat uns mehrmals gesagt, daß das Gebet unsere stärkste Waffe ist. Durch das Gebet können wir alles erreichen! Über solche Dinge spreche ich mit der Gospa, und die

Menschen mögen es ja nicht vergessen!

J — Möchtest du noch etwas sagen?

V — Es ist gut zu fasten. Der Satan hat besonders vor dem Fasten Angst, und ich habe auch erfahren, daß es Gott sehr lieb ist, und ... Aber das ist nicht von mir. Einiges ist von der Gospa, einiges von den Menschen.

J — Vicka, wir haben alle von jemandem gelernt! Und ich sehe dir an, daß du noch etwas sagen willst.

V — Ja nun, ich würde mich freuen, wenn die Menschen einander nicht verurteilten. Die Menschen verurteilen ungerecht!

J — Da sprichst du vielleicht aus eigener Erfahrung?

V — Das ist ja nicht wichtig. Aber ich habe oft gesehen, daß es so ist. Es ist schwer, wenn man ungerechterweise verurteilt wird!

J — Und was möchtest du noch sagen?

V — Es ist gut, wenn die Menschen nicht vergessen, daß Gott einmal über uns alle sein Urteil sprechen wird. Schrecklich ist der Unterschied zwischen dem Paradies und der Hölle. Das habe ich damals gesehen. Gott bewahre uns!

J — Und zum Schluß?

V — Am Ende dieser Gespräche möchte ich bitten, daß man manchmal auch für mich betet, sowie für alle Kinder der Gospa. Auch wir beten für die anderen, aber selbst wir haben unsere Schwierigkeiten.

J — Ja, ja! Jetzt ist mir noch klarer, daß der Geist Gottes durch jedermanns Mund sprechen kann.

V — Gott möge uns segnen und die Gospa möge uns behüten!

J — So ist es. Amen.

* * *

Za vjerodostojnost svoga međusobnoga razgovora, sadržanog od 6. do 202. stranice ovoga rukopisa, a konačno ovako uobličenog koncem rujna 1984., svojom savješću i svojim potpisom

Bijakovići, 12. 10. 1984.

Svjedoče: Fra Janko Bubalo i
Vicka Ivanković

Für die Glaubwürdigkeit ihres gemeinsamen Gesprächs, das auf den Seiten 6 - 202 dieses Manuskripts enthalten ist, und das Ende September 1984 abgeschlossen wurde, schwören bei ihrem Gewissen und bezeugen dies mit ihrer Unterschrift:

Bijakovići, den 12. 10. 1984   *Pater Janko Bubalo*

Vicka Ivanković

ERGÄNZENDE SCHLUSSGEDANKEN VON P. BUBALO

VICKA UND IHRE SOGENANNTEN TAGEBÜCHER

Obwohl der Glaube irgendwie ein unverdientes Geschenk ist, scheint es doch, daß auch dieses Geschenk seine eigene Erkenntnis haben muß, besonders wenn es um den Glauben geht, der kein ,,Glaubenssatz'' ist, sondern diesem ,,Glaubenssatz'' hinzugefügt wird, wie die privaten Offenbarungen manchmal hinzugefügt werden, damit der grundlegende ,,Glaubenssatz'' möglichst gut erkannt und gefestigt wird.

Zu solchen ,,Hinzufügungen'' gehört auch der Glaube an die Erscheinungen der Gospa in Medjugorje.

Obwohl schon eine Menge gesagt und geschrieben wurde, um das Phänomen und die Botschaft von Medjugorje zu beleuchten, scheint es doch, daß es bis jetzt niemandem gelungen ist einen Weg der Erkenntnis des Phänomens zu finden, der die Ereignisse selbst so zur Darstellung bringen würde, daß sie sich selbst gründlich und klar darstellen, so daß man sich des Lichtes der Wirklichkeit, die aus ihnen strahlt, nicht so leicht erwehren kann. Dies sage ich aus meiner eigenen Erfahrung. Wem ich auch begegnet bin, niemand zeigte sich ganz zufrieden mit der bisherigen Darstellung und Deutung der Ereignisse. Deshalb waren und sind noch immer die Häuser der Seher der Gospa von denjenigen umlagert, die immer wieder etwas davon erfahren wollen, was mit den Sehern und mit der Gospa geschehen ist oder immer noch geschieht.

Auch ich war einer von diesen Besuchern und Forschern. Doch ich habe im Namen von vielen das, was ich von diesen Begegnungen der Gospa und ihrer Seher gesehen und erfahren habe, auch notiert.

Deshalb habe ich mich, wie ich es schon im Vorwort sagte, der Erlebnisse und der Erkenntnisse aller Seher bedient, aber besonders jener Seherin, die, den Umständen entsprechend (ohne hier jetzt den Plan Gottes in Betracht ziehen zu wollen), die meisten Erfahrungen mit der Gospa und mit den Menschen gehabt hat, die sich aus Interesse dort einfanden.

Da haben sich viele Einzelheiten aus diesen Erfahrungen angesammelt, und es ist nicht auszuschließen, daß gerade sie überzeugend wirken und das beleuchten, was uns in der Tiefe interessiert.

Ein vielseitig beleuchtetes und fast kleinlich artikuliertes Erlebnis einer Vision z.B. ist überzeugender, zumindest für die „einfachen" Leute, als irgendeine gelehrte psychologische Erklärung darüber, oder über ein ähnliches Erlebnis. Diese Erfahrungstatsache habe ich stets beachtet und bei diesen Gesprächen auch befolgt und folgerichtig durchgeführt. Dies auch dann, wenn ich spürte, daß ich meine Gesprächspartnerin mit meinen oft ermüdenden Fragen nur langweilte.

Nach alledem scheint es, daß dies eine der lauteren Stimmen des Aufrufs der Gospa zur Bekehrung durch ihre Erscheinungen sein könnte. Vielleicht? — Man wird schon sehen.

Ich sagte, daß ich ganz gezielte Gespräche geführt und in diesen Gesprächen auch das benutzt und verwertet habe, was ich von allen Sehern in Erfahrung bringen konnte. Doch an verschiedenen Orten verstreut, konnten sie mir meistens nicht mehr als kurze und nur ziemlich trockene Fakten vermitteln. Deshalb müßte man hier etwas mehr über meine wichtigste Gesprächspartnerin sagen, die sich mutig und gesprächsbereit auf diese anstrengende und ziemlich unbequeme Arbeit mit mir eingelassen hatte. Man mußte ja nach ungefähr 900 Tagen an den Anfang der Ereignisse zurückkommen, das Wichtigste besonnen auswählen und den Menschen das aufzeigen, was man aufdecken konnte und durfte, und dies alles angesichts verschiedener Verdächtigungen von seiten all derer, die ihre Aufrichtigkeit und ihre Gelassenheit mißbrauchen wollten.

So ist ja auch, unter anderem, die Geschichte über ihr „geheimes Tagebuch" entstanden. Und als ich sie — in der Meinung, daß ich wirklich all ihre zugänglichen „Geheimnisse" schon enträtselt habe — fragte, ob wirklich ein geheimes Notizbuch von ihr existiere, schaute sie mich mit Tränen in den Augen und einem Seufzer an und fragte mich: „Glaubst auch du mir in dieser Angelegenheit wirklich nicht?"

Es war mir sogleich unangenehm und auch schwer zumute! Zumal ich sie kurz zuvor sowohl mündlich als auch schriftlich darüber befragt hatte. Ich erhielt von ihr auch eine unterschriebene Erklärung, daß sie wirklich keine anderen Notizbücher, außer den drei kleinen (wenn man sie als die ihrigen bezeichnet) habe, die damals schon sowohl photokopiert als auch all denjenigen bekannt waren, die sich dafür interessiert hatten.

Vicka habe ich im Zusammenhang mit den Notizbüchern zwei Fragen gestellt und darauf ihre Antworten mit ihrer Unterschrift erhalten. Diese veröffentliche ich nun hier.

1. Kann ich, wenn ich es für nützlich erachte, mich der Erkenntnisse aus deinen Notizbüchern öffentlich bedienen?

— *Ich glaube, daß ich dir die Erlaubnis erteilt habe, dich meiner Notizbücher zu bedienen. Wenn nicht, dann erteile ich sie dir jetzt, und du kannst dich ruhig meiner Notizbücher bedienen.*

2. Hast du wirklich ein geheimes (viertes) Notizbuch, das du auch mir nicht zur Einsicht geben wolltest?

— *Ich habe kein geheimes Notizbuch außer demjenigen, in dem ich das aufschreibe, was die Gospa über ihr Leben spricht. Darauf kann ich, wenn du willst, auch schwören.*

Und damit mancher nicht denkt, daß dies etwas Seltsames und Geheimnisvolles sei, soll er sich darüber im klaren sein, daß in all den drei Notizbüchern nur etwas von dem (über 137 Tage), was in diesem Gespräch hier (über 900 Tage und mehr), enthalten und notiert ist.

So wurde im ersten Notizbuch (vom 24. Juni bis zum 5. September 1981) einiges (ohne richtige Reihenfolge) über 31 Tage aufgeschrieben. Im zweiten (vom 18. Oktober bis zum 14. Dezember) wurde etwas über 58 Tage notiert. Und im dritten (vom 6. Februar bis zum 25. März 1982) einiges über 48 Tage notiert. Demnach, alles in allem, von 900 Tagen einiges über 137 Tage! Und zwar laienhaft und ohne irgendeine Absicht!

Und was noch interessanter ist, das sind überhaupt nicht die Notizbücher von Vicka! Im ersten hat — nach manchen nebensächlichen Aussagen von Vicka (oder von irgendjemand anderem) — vom Anfang bis zum Ende, Ana die Schwester von Vicka, Notizen gemacht, im zweiten hauptsächlich die Schwestern von Vicka, Mirjana und Zdenka. Erst das dritte, in dem die am wenigsten interessanten Ereignisse notiert sind, führte Vicka eigenhändig.

Dies alles ist sowohl aus der Handschrift als auch aus den grammatisch verfaßten Notizen klar ersichtlich, denn der Großteil von Sätzen fängt so an: ,,Vida sagt'', — ,,Die Gospa hat ihnen gesagt'', usw.

Und mit welcher Art von Aufmerksamkeit dies die Schwestern von Vicka notiert haben, ist auch aus der ersten Zeile des ersten Notizbuches ersichtlich, wo buchstäblich geschrieben steht: ,,Am 23. (sic!) 6. wird der heilige Johannes der Täufer gefeiert.''

Es ist kein Zeichen der Böswilligkeit oder der Unkenntnis, sondern der Gelassenheit und der fehlenden Ernsthaftigkeit, mit der man mit diesen Notizbüchern immer umgegangen ist.

Man wollte ja mit ihnen auch nie irgendetwas Besonderes nachweisen. Sie konnten manchmal an etwas erinnern, aber dieses ,,Etwas" mußte man immer auf eine andere Weise deuten und bestätigen.

Es ist leicht zu verstehen, daß dies alles nach alltäglicher Hausarbeit und mehrstündiger Beschäftigung mit der Gospa und mit dem Volk für Vicka allzu anstrengend wurde. Zumal es ihr sowohl unwichtig als auch unnötig erschien, wie es sich endlich auch erwies. So hat Vicka am 25. März 1982 mit dem Notieren auch ganz aufgehört, obwohl ich und auch manch anderer versuchten, sie zu überreden, dies regelmäßig und ordentlich weiterzuführen. Jetzt sehe ich wirklich, daß wir sie nicht verstanden haben, und daß sie den klügeren Weg gegangen ist.

Das Einzige, das sie seit damals alltäglich gewissenhaft notiert hat, ist das Leben der Gospa, das ihr die Gospa, wie Vicka sagt, alltäglich seit dem 7. Januar 1982 nun bis zum Ende dieses Jahres (1983) offenbart. Die Ausnahmen sind nur die Tage, an denen die Gospa ihr im Zug oder im Auto erschien, wobei ihr die Gospa nichts über ihr Leben erzählte.

Dies alles wird dann einigermaßen klarer werden, wenn die Gospa erlaubt, daß die jetzt Außenstehenden auch davon wissen und diese sich ihre Gedanken darüber machen können.

Soviel über das ganze, durchsichtige ,,Geheimnis" von den Notizbüchern von Vicka, denen man den klangvollen Namen ,,Tagebuch" gab. Es ist, besonders für Vicka, unangenehm, daß die Wahrheit darüber verfälscht und zudem noch versucht wird, davon etwas abzuleiten, was man nicht ableiten kann.

Vicka hat es ziemlich mutig und gelassen ertragen. Deshalb möchte ich hier über sie — in einer anderen Hinsicht — einige Worte sagen.

Vicka ist eines von acht Kindern ihres Vaters Pero und seiner Gattin Zlata, geb. Dugandžić. Gesund und ziemlich robuster Natur schloß sie die achtjährige Schule in Čitluk ab, danach auch das erste Jahr der mittleren Textilschule in Mostar.

Im Herbst 1981 brach sie ihre Ausbildung ab. Die Gründe dafür sind im Kapitel ,,Endlich!" dieses Gesprächs ausführlich erwähnt. Sie blieb dann, nach dem Rat der Gospa, mit dem kleinen Jakov zuhause, oft mit der Hacke oder mit der Pflugmaschine in ihren schwachen, aber mutigen Händen.

Und seit damals durchlebt sie ihr Leben scheinbar ziemlich einfach, obwohl es gar nicht so einfach ist, wie es aussieht. Deshalb wollen wir hier überhaupt nicht über ihr Leben und über ihre Natur reden. Man könnte vielleicht nur erwähnen, daß sie sowohl weicher als auch sensibler ist, als es auf den ersten Blick hin aussieht. Die menschlichen Nöte und die menschlichen Ungerechtigkeiten erschüttern sie stark, und diese seelischen Belastungen erlebt sie jeden Tag mit den anderen. Wenn man diese an ihr kaum wahrnimmt, so nur deshalb, weil sie diese ziemlich geschickt zu verdecken vermag. Aber trotzdem ist Vicka immer noch, bei all den Annehmlich- und Unannehmlichkeiten, sowohl mutig als auch fröhlich. Sie gibt sich täglich mit vollem Vertrauen ihrer Gospa hin, damit sie mit ihr tun kann, was sie mit ihr vorhat.

Deshalb gab Vicka auch damals nicht auf, als ihre Gesundheit ernsthaft gefährdet war. Sie verzehrte sie auch weiterhin, ohne zu zögern, und durchlebte schwere Augenblicke des ,,rheumatischen Schüttelfrostes'' und der anderen Schwierigkeiten, die daraus entstanden, aber fast nie verließ das charakteristische Lächeln ihre Lippen. Und sobald sie sich etwas erholt hatte, ist sie wieder zu den Gebetsandachten abends gegangen, und danach oft bei Nacht zum Podbrdo oder zum Križevac mit einer Gruppe, die dort eine besondere Gebetsstunde abhielt.

Obwohl ich manchmal sehr geschickt versucht habe zu erfahren, wie sie sich mit der Gospa verabredet, ist es mir doch nie gelungen. Deshalb hielt ich mich in dieser Beziehung bewußt zurück, damit sie sich weiterhin ungestört verständigen und verabreden.

Manchmal ist es schön, im Schatten einer Ahnung zu verweilen ...

* * *

WARUM AUSGERECHNET MIT VICKA

Es ist mir nicht ganz klar, wie meine handschriftliche Reportage über die Ereignisse von Medjugorje, obwohl ich es aus mehreren Gründen nicht wollte, doch in die Hände von einigen Leuten gelangte und jeden von ihnen auf seine Weise zur Aufregung brachte. Darüber möchte ich hier nichts weiter sagen, sondern nur ein paar klärende Worte zur Bemerkung von einigen Lesern anbringen, die mir sagten, es wäre gut gewesen, wenn ich mit den anderen Sehern auch so ausführliche Gespräche geführt hätte, wie mit Vicka.

Diese Bemerkung sieht auf den ersten Blick sowohl vernünftig als auch berechtigt aus, aber dies nur im Falle, daß man die ganze Sache aus der Ferne betrachtet und nicht sieht, daß man diese Reportage nur so durchführen konnte, wie ich sie führte.

Hiermit möchte ich nicht hartnäckig auf meinem Standpunkt bestehen, sondern ihn nur einigermaßen verteidigen. So stimmt es ja nicht, daß ich in meiner Reportage nicht alle sechs Seher in Betracht gezogen hätte. Das wurde sowohl im Vorwort klar gesagt, als auch in der Reportage nach Bedarf durchgeführt. So sind vielleicht die schönsten Teile meiner Reportage nicht im Gespräch mit Vicka, sondern mit Marija (,,Friede, Friede und nur Friede'' — ,,Die zeichenhafte Ermahnung'' — ,,Die Gospa küßt den Papst'') und Ivanka entstanden, mit der ich unter anderem, ,,Geheime Begegnungen'', den für mich schönsten Abschnitt der Reportage, zu Ende besprochen habe. Mirjana nahm ich auch oft in Anspruch, besonders in den wichtigen Kapiteln ,,Die Vision vom Paradies und der Hölle'' und ,,Die Gospa und die Seher im Kampf mit dem Bösen''.

Vicka war aber doch praktisch die einzige, die mit mir die Gespräche, wie ich sie führen wollte, auch führen konnte und dazu gewillt war. Meine Absicht war eigentlich, eine Übersicht über die Ereignisse in Medjugorje anzufertigen. Und viele der Ereignisse kannte nur sie, weil eigentlich nur sie diese aus der Nähe verfolgt und erlebt hatte.

Außerdem ist es angebracht, sich an die Tatsache zu erinnern, daß schon Mitte Juli 1981 Mirjana und Ivanka Medjugorje verlassen haben: Ivanka ging nach Mostar, Mirjana nach Sarajevo, und bald darauf fing auch das neue Schuljahr an. Ivan ging nach Visoko und Marija auch nach Mostar.

238

Vicka allein blieb bei dem kleinen Jakov! „Du sollst bei dem kleinen Jakov bleiben, denn was soll er allein tun". So habe ihr die Gospa empfohlen, sagte Vicka. Und das war gar nicht so einfach! Man brauchte viel Vertrauen und Mut, um damals, als noch niemand wußte wie sich die Sache weiter entwickeln würde, so eine Art Schicksalsentscheidung für das spätere Leben zu treffen.

Vicka traf diese Entscheidung mutig und ohne Aufregung (siehe Text „Endlich"). Sie blieb zu Hause, besuchte oft den Podbrdo und setzte ihre regelmäßigen Begegnungen mit der Gospa fort. Den anderen Sehern gelang es nur zeitweilig und unter großen Anstrengungen, der Gospa gemeinsam mit Vicka zu begegnen, was für sie und auch für die Gospa, wie schon erwähnt, immer ein besonderes Ereignis war (siehe „Die besondere Freude der Gospa").

Alle Seher behaupten zwar, sie hätten sich auch nach dem erwähnten Auseinandergehen im Herbst meistens alltäglich mit der Gospa getroffen. Aber ihre Treffen waren etwas andersartig. Sie waren mehr persönlich als öffentlich. Demnach konnten sie ja auch nicht von etwas Besonderem Zeugnis ablegen. So haben sie sich auch meistens gewehrt, als ich versuchte, von ihnen etwas Spezielleres zu erfahren.

Hier ist es angebracht, sich an noch etwas zu erinnern! Die Gospa hat nämlich Vicka irgendwie zu ihrem Verkünder erwählt, und das war keine besondere Belohnung! Wir wissen, daß es sie ziemlich „teuer" zu stehen kam. Aber Vicka nahm diese Verpflichtung gehorsam und ohne zu murren an und ertrug das Unverständnis, das sie damit herausforderte. Während sich die meisten der Seher zumindest zeitweilig gleichsam an einem windgeschützten Ort befanden, hielt Vicka Wache, um allen Verantwortlichen und Pilgern Zeugnis ablegen und berichten zu können über all das, was die Gospa ihr auftrug.

Außerdem hatte Vicka als einzige (soweit ich es weiß) auch die kleinen Notizbücher, über die schon etwas gesagt wurde. Sie gab mir diese, um sie durchsehen und „studieren" zu können. Aus ihnen konnte ich zwar nicht viel erfahren, aber sie erinnerten trotzdem an manche Dinge, an die man sich sonst nicht so leicht erinnert hätte.

Und am Ende auch noch dies: Es scheint, daß die Gospa Vicka schon von Anfang an auf einen besonderen Weg geführt hätte. Nur, man kann nicht gerade so einfach sagen, daß es der Weg einer besonderen Achtung und Zärtlichkeit war. Sie wurde bis jetzt als die einzige der Seher auf eine ernsthafte Probe mit ihrer Gesundheit gestellt. Man kann nur ahnen, wie diese Probe für ein (jetzt) erst zwanzigjähriges Mädchen unangenehm ist. Aber Vicka erträgt dies alles gleich mutig und fröhlich. Und, was einigermaßen sowohl sympathisch als auch symptomatisch ist, sie erlaubt nicht einmal, soweit es von ihr abhängt, daß man für ihre Gesundheit betet. Ich versuchte auf eine diskrete Weise in das Geheimnis dieses Zustandes einzudringen, aber von Anfang an kam ich keinen Schritt weiter. Es blieb mir nur übrig, mir darüber Gedanken zu machen und einiges zu überlegen, sowie mich öfters an das Wort Christi zu erinnern: ,,Wer es fassen kann, der fasse es'' (Mt 19, 12).

Wahrscheinlich kommen auch auf die anderen Seher ihre Feuerproben zu, sofern sie diese nicht schon jetzt auf irgendeine Weise durchleben. Ich möchte nicht, auch wenn ich es könnte, die intime Eigenart ihrer Erlebnisse enthüllen. Die Zeit selbst wird dies langsam tun.

In diesem Augenblick reicht es aus, nur das zu erwähnen, daß sie schon lange in sich das Grauen mancher ihnen mitgeteilten Geheimnisse tragen, ohne daß sie jemanden unter der Sonne hätten, mit dem sie darüber reden und sich irgendwie zumindest ein bißchen von den Geheimhaltungen entlasten könnten. Und sie gehen, bei allen Annehmlich- und Unannehmlichkeiten schon mehr als 1200 Tage, fast alltäglich, bei jedem Wetter und Unwetter drei bis vier Kilometer zu Fuß, um sich mit ihrer Gospa zu treffen, dabei nehmen sie an der heiligen Messe mit fast alltäglicher Kommunion und auch an anderen Gebeten teil.

Und sie klagen nie, daß es ihnen langweilig geworden sei und daß es ihnen schwerfalle. Deswegen: ,,Wer es fassen kann, der fasse es.'' In dieser Angelegenheit komme ich nicht voran, und ich gebe gerne zu, daß ich in dieser Geheimnishaftigkeit so viel Schönes erahne, daß ich — auch wenn ich es könnte — nicht alles erfahren möchte, was jetzt hinter diesem geheimnisvollen Schleier verborgen liegt.

* * *

DIE ERSCHEINUNGEN VON MEDJUGORJE
UND »DIE LETZTEN DINGE«

Ich habe den Eindruck, daß Schriftsteller und Prediger die wichtigste und die klarste Seite der Botschaft der Gospa in Medjugorje nicht deutlich genug betonen. Sie spricht so laut und klar über ,,die letzten Dinge" des Lebens und des Menschen.

Es ist zwar so, daß alles, was darüber gesagt und geschrieben wird, darauf hinweist und letztendlich daran erinnert, aber die Worte der Botschaft in diesem Sinne kommen sowohl öfter als auch klarer zum Vorschein, als man sie betont und predigt. Das erste Wort, das die Gospa bei der Begegnung mit den Sehern verlauten ließ, war ausgesprochen eschatologischer Natur. Genauso eschatologisch war auch das erste Wort, das bei diesen Begegnungen an die Gospa gerichtet wurde und auf das sie, ich würde sagen, gern und gleich geantwortet hat. Das war das Wort des damals kleinen Mädchens Ivanka, die nach ihrer kurz zuvor verstorbenen Mutter gefragt hatte. Und die Gospa antwortete ihr gleich, daß es ihrer Mutter gut gehe und daß sie sich im Himmel mit ihr freue.

Konnte die Gospa überhaupt etwas Tröstlicheres und Hoffnungsvolleres dem Menschen sagen, als das, was sie ihm damals schon sagte, indem sie ihn an den Grundgedanken der ganzen Heilsökonomie erinnerte, in der ihr Sohn erniedrigt und bespuckt, und am Schandpfahl des Kreuzes gekreuzigt wurde, wonach er siegreich auferstanden ist, um uns davon zu überzeugen, daß unser ,,letztes Ding" nicht der Tod ist, sondern daß durch den Tod das richtige Leben fortgesetzt wird. Wäre Christus nicht auferstanden, wäre all unser Glauben umsonst, sagt uns schon der Apostel Paulus (1 Kor 15, 17). Und die Gospa bestätigt gerade dies mit ihrer Antwort an Ivanka über das Schicksal ihrer Mutter so klar. Es ist aber erst der Anfang der Offenbarungen dieser tröstlichen Wahrheit von seiten der Gospa, die alles Menschliche ,,von Geburt auf bis zum Tod" beleuchtet und mit Sinn belegt.

Bei der zweiten Begegnung fragt die gleiche Ivanka genauso und wieder im selben Sinne die Gospa, ob die Mutter ihr irgendetwas habe ausrichten lassen. Die Gospa antwortet ihr gern und ohne Umschweife, daß die Mutter ihr sagen lasse, sie sollten auf die Oma achten, denn sie sei alt, und ... Welche Schlichtheit des Glaubens, die hier im Gespräch mit der Gospa zum Ausdruck kommt.

Dreißig Tage danach fragt Ivanka — obwohl sie weiß, wo ihre Mutter ist — die Gospa wieder, ob ihre Mutter irgendetwas brauche, zum Beispiel heilige Messen oder Gebete. Und die Gospa sagt dem Mädchen wiederholt die Wahrheit, daß es ihrer Mutter gut gehe und daß sie nichts brauche. Bei einer anderen Gelegenheit erklärte sie ihr auch, daß sie ihre Mutter bitten könnte, für sie zu beten, damit sie auf dem Wege zu ihr behütet werde. Das gleiche beteuert die Gospa dem Mädchen (und zusammen mit ihr auch uns) noch stärker, wenn sie ihr dreimal ermöglicht, ihre Mutter zu sehen. Einmal erlaubte sie sogar der Mutter, ihre Tochter zu küssen, damit sich diese noch stärker davon überzeugen könne, daß es sich nicht um ein Gespenst oder um eine Täuschung handle. Damit will sie Ivanka in der Tat im Glauben an das ewige Leben ihrer Mutter bestärken. Einmal erlaubte sie auch allen Sehern, die Verstorbene zu sehen und zu erkennen, um auch in ihnen den Glauben an das, was kommt, zu festigen (siehe ,,Geheime Begegnungen'')!

Wir wissen noch nicht, was uns die Gospa sonst noch alles über ,,die letzten Dinge'' eröffnet hat, weil für uns vieles mit dem Schleier der Geheimnisse bedeckt ist. Dies besonders in der Offenbarung ihres Lebens, wobei sie viel gesprochen, aber davon bis jetzt noch nichts enthüllt hat.

Dem Menschen fällt es oft schwer, ja es will ihm meist kaum gelingen, sein Leben hier und jetzt, das so vielfach vom Glanz und Blendwerk der Dinge umgeben ist, mit dem Glauben in Einklang zu bringen. Irgendwie leichtsinnig, um nicht zu sagen auch dumm, zieht er die irdischen Dinge dem Leben, das erst kommen wird, vor. So steht er oft zwischen Hoffnung und Hoffnungslosigkeit, aus der er dann ausbrechen will, aber dies auf dem Wege, der oft von der Verzweiflung nicht weit entfernt ist. Deshalb hört die Gospa nicht auf, nach Wunsch und mit Hilfe ihres Sohnes, wie eine gute Mutter zu mahnen, sie geht ja noch weiter und zeigt ihren Sehern das Paradies und die Hölle in voller Klarheit und Bildlichkeit, die das menschliche Auge, und über ihm auch der menschliche Geist, jetzt und hier schauen kann. Und klar ist auch die Aussage der Gospa darüber, von wem diese Stätten bewohnt werden (siehe ,,Die Vision vom Paradies und der Hölle'')!

So belehrt die Gospa ihre ,,Kinder'', obwohl auf den ersten Blick nicht ausreichend, aber doch umfassend. Sie vertieft an drei aufeinander folgenden Tagen vor Ostern 1982 ihren Glauben, spricht zu ihnen über das Abendmahl, über die Passion und über die Auferstehung, und betont besonders das letzte, das am Ende als ,,das letzte Ding'' jeden

Menschen auf seinem Weg erwartet. Genauso ermuntert sie mehrmals ihre Kinder und zeigt ihnen ihren verwundeten göttlichen Sohn. Und sie unterläßt nicht, ihnen zu sagen, welcher Lohn diejenigen erwartet, die glauben und im Glauben ausharren (siehe ,,Die Gospa mit Jesus'')!

Es wurde gesagt, daß die Gospa von diesen Visionen keinen von ihren sechs Sehern ausgenommen hat. Mirjana hat sie allerdings darüber besonders belehrt und ihr manche Dinge eröffnet, die ihr genauso wie uns, nicht gerade besonders bekannt und klar waren. So erklärte ihr die Gospa, soweit es überhaupt möglich ist, auch den schwierigen ,,Widerspruch'' zwischen der Barmherzigkeit Gottes und der Ewigkeit der Hölle. Sie sagte ihr, daß die Ewigkeit der Hölle auf dem Haß der Verurteilten basiert, weswegen sie die Hölle ,,nicht verlassen möchten''. Interessante Dinge sagte sie ihr aber auch über das Fegefeuer. Die Gospa stellte es als irgendwie treppenhaft dar: In ihm beten die untersten, die hartnäckigsten nicht einmal für ihre Befreiung, während die anderen beten und sich wünschen, daß man für sie, sowie für ihre möglichst baldige Befreiung betet.

Noch etwas Schönes beleuchtete uns die Gospa in diesem Zusammenhang, als sie auf die klare Frage einer Seherin sagte, daß wir hier nicht nur zu denjenigen im Himmel beten können, sondern auch zu denjenigen im Fegefeuer, denn auch sie können für uns beten, damit wir einmal leichter und sicherer in die Seligkeit eintreten, die uns mit dem Frieden unserer tiefsten Ahnungen beglückt. Wie lebendig ist diese Bestätigung ,,der Gemeinschaft der Heiligen'' unseres Glaubensbekenntnisses! Und wie anschaulich und lebendig erläuterte die Gospa dies alles erst recht Vicka und dem kleinen Jakov, als sie beide, was schon ausführlich dargestellt wurde, plötzlich von der Erde ,,erhob'', um ihnen auf einmal sowohl das Paradies als auch das Fegefeuer und die Hölle zu zeigen! Besonders interessant ist die Beschreibung des Fegefeuers, das wie ein grauenhaftes Halbdunkel ist, in dem die armen Seelen, wer weiß wie lange, auf ihre Erlösung warten!

Und so zieht sich diese Botschaft der Gospa über ,,die letzten Dinge'' durch all ihre Erscheinungen in Medjugorje hindurch, und zwar nicht nur für ihre Seher! Ihnen wurde klar gesagt, daß sie lautstark und allen Menschen das verkünden sollten, was sie gesehen haben, damit alle möglichst oft an diese Dinge erinnert werden. Die Gospa wußte ja, daß Gott schon längst dem Menschen gesagt hat: ,,Bei all deinen Werken denk an das Ende, so wirst du nie sündigen!'' (Sir 7, 36).

Es ist wahr, daß über diese Fragen auch die ganze „Offenbarung" spricht, aber der Mensch vergißt das sehr leicht. Der heutige Mensch krankt geradezu an diesem Vergessen! Deswegen wiederholt die Mutter dies ihren unruhigen und verblendeten Kindern inständig und laut. Die Not des Menschen besteht gerade darin, daß ihn fast nichts, weder in ihm noch um ihn herum, auf diese Wirklichkeit aufmerksam macht, und es ist noch schlimmer, wenn er bemüht ist, diese Wirklichkeit zu vergessen.

Der Mensch ist durch vieles verblendet. Es sieht so aus, als ob sich für ihn viele Möglichkeiten öffneten, um auf allen Seiten der Welt glücklich zu werden. Er aber kann dabei nicht wählen. Einmal muß er sich, ob er es will oder nicht, auf jene Seite begeben.

Und wenn man endlich „erfährt", und das bedeutet anfängt zu glauben, daß das Leben im Jenseits wirklich fortgesetzt wird, drängt sich die Folgerung auf, daß dort nicht gleichgültig sein wird, wie wir uns hier verhalten haben. Aufgrund dieser Folgerung versucht man dann, allen Dingen den richtigen Namen zu geben und sie richtig einzuordnen. Und das bedeutet, daß jeder vernünftige Mensch bemüht sein wird, sein Leben Gott und dem Menschen gegenüber möglichst klug und sinnvoll einzurichten. Gerade das ist der Kern und tiefere Sinn der Botschaft von Medjugorje.

„Die letzten Dinge" sind ein Geheimnis, das uns ständig durchdringt und beschäftigt. Unsere Vollendung, die absolute Nähe zu Gott selbst ist auch ein unaussprechbares Geheimnis, dem wir uns nähern, und das diejenigen finden, die, wie die Offenbarung sagt, im Herrn sterben. Das ist das Geheimnis der unaussprechbaren Seligkeit. Diese Endgültigkeit kann man auch die Auferstehung des Leibes nennen. Diese Lehre spricht sich nicht nur im Wort aus, sondern auch in der Erfahrung des Glaubens an die Auferstehung des Gekreuzigten, in der Wirklichkeit, die schon begonnen hat.

Da die Gospa in Medjugorje erschienen ist, um, wie sie sagte, ihren Sohn zu verherrlichen, konnte sie nicht anders, als gerade uns daran zu erinnern, wie auch wir IHN verherrlichen können. Wir müssen uns zuerst an unsere *letzten Dinge* erinnern und unser Leben so einrichten, daß wir einmal in der Schau des Vaters, des Sohnes und des Heiligen Geistes unsere Ruhe finden können, in einer Fülle der Seligkeit, die nie endet.

* * *

DIE GESCHICKTE »REGIE« DER GOSPA

Wer sich ehrlich und gründlich in die Ereignisse der ersten dreißig Monate der Marienerscheinungen vertiefen will, wird sich nicht gerade einfach in der geschickten „Regie" dieser Ereignisse zurechtfinden. Die Ungewöhnlichkeit und die „Unlogik" der Ereignisse drängt sich einem als etwas auf, das uns unwillkürlich veranlaßt, sich darüber Gedanken zu machen. Denn vieles ist von Anfang an unklar.

Zuerst ist es nicht klar, warum das damals kleine Mädchen, dessen Mutter kurz zuvor gestorben ist, als erstes eine lichte mädchenhafte Erscheinung sieht. Und warum das gleiche sowohl am zweiten als auch am dritten Tag mit dem Mädchen geschieht? Wieso und warum wagt dieses Mädchen, als erstes etwas mit der lichten Erscheinung zu sprechen? Es ist sonst eher weniger mutig, als die anderen.

Sodann, warum erscheint die lichte Gestalt schon am zweiten Tag ihrer eigentlichen Begegnung mit ihren Sehern an einem ganz anderen Ort als einen Tag zuvor? Und warum erscheint sie ihnen am vierten Tag wiederum an einem anderen Ort, wo sie bis dahin noch nie erschienen ist? Am siebten Tag erscheint sie besonders festlich wiederum an einem Ort, wo sie vorher und nachher auch nie erschienen ist! Dies alles nur deshalb, damit sie ihre „Kinder" — und auch uns — davon überzeugt, daß ihre Erscheinungen weder vom Ort, noch von der Haltung der Seher abhängig sind, dann aber auch deshalb, damit wir einsehen, daß sie dort ist, wo sie will, und daß dies nicht von Wünschen und Träumen derjenigen abhängt, die auf sie warten. Besonders klar bestätigte sie dies am achten Tag, als sie ihren Kindern im Auto erschien, wo das niemand erwartet hatte, während sich die „Entführer" der Kinder freuten, daß sie ihre Begegnung mit ihrer Gospa doch vereitelt hätten.

Und so werden die Erscheinungen fortgesetzt. Die Gospa überzeugt ihre Kinder von ihrer Anwesenheit auch dann, als sie fünfmal überhaupt nicht gekommen war, und damit überzeugt sie auch uns alle, daß es hier nicht um eine Halluzination (Sinnestäuschung) oder Einbildung handelt. Außerdem gab es Fälle, wo die Gospa mehrmals täglich mit der gleichen Absicht erschien, uns in der Sicherheit zu festigen, daß sie diesmal auf eine ganz besondere Weise zu uns gekommen ist.

Manchmal war es nötig, auch länger zu beten, damit sie kommt, manchmal warnt sie die Seher, daß sie sich beeilen, denn sie warte schon im Hause, wie dies in einem Notizbuch zwei- bis dreimal beschrieben ist: „Als wir ankamen, war sie schon im Haus!" Und dann (nach dem „vergeblichen" Gebet im Pfarrhaus) steht wieder aufgeschrieben: „Als wir in der Sakristei ankamen, beteten wir wieder, aber die Gospa kam nicht. Als wir abends zu Jakov gingen, beteten ich und er ein bißchen, und die Gospa kam. Sie fragte uns damals alle: ‚Wundert es euch, daß ich nicht gekommen bin?' "

So konnte man die Art und Weise ihrer Ankunft lange nicht „einordnen". Und alles wickelte sich so ab, damit allen klar wurde, daß ihre Anwesenheit nicht von Voraussagen oder Halluzinationen abhängig ist. Es wurde immer klarer, daß sie dort ist, wo sie ist, und nicht dort, wo sich jemand denken könnte, daß sie sich befinde.

Aus denselben Gründen ließ sich die Gospa mit den Erscheinungen nicht so schnell in die Kirche „hineinbringen". Sie hatte ihren Plan und hauptsächlich verhielt sie sich nach ihm. So hat sie dort „im Freien" das gläubige Volk besonders beharrlich gefestigt, um seinetwegen sie eigentlich unter die Menschen so offensichtlich kam. Sie bediente sich dabei auch verschiedener Zeichen. Dies wurde mehrmals aufgeschrieben: „Bei dieser Gelegenheit sahen manche Anwesenden das helle Kreuz und das Licht, das sonst die Erscheinungen begleitet." Das sah man besonders klar während des „nächtlichen Erlebnisses am Podbrdo", als ungefähr nach zehn Uhr am Podbrdo so etwas wie ein Ballon auf die Seher und auf alle diejenigen, die mit ihnen waren, herabkam. Und ihn haben auch viele aus dem Dorf mit Verwunderung beobachtet, alle diejenigen, die damals in Richtung Podbrdo-Crnica, dem Ort der ersten Erscheinung der Gospa, hinschauten.

So viele Male konnten alle Anwesenden die Gospa sogar berühren. Manchmal ist „das Zimmer voller Licht". Manchmal sah man beim Weggehen Symbole: Kreuz, Herz und Sonne. Manchmal wiederum stand am Himmel mit goldenen Buchstaben geschrieben: „Friede". Außerdem: „Das Zimmer war voller Licht. Alle wollten sie berühren. Aber sie, die ins ‚Licht gekleidete Frau' berührte alle und fragte, ob sie es gespürt hätten. Sie grüßte alle und segnete sie" (3.11.1981).

Dasselbe erzielte die Gospa auch durch die Dauer ihrer Erscheinungen. Sie dauerten — unvorhergesehen und verschieden lang — zwei bis vierzig und mehr Minuten! Sie festigte uns wiederum im Glauben, daß sie nicht unter uns ist, „wenn" und „soviel" wir uns erdenken oder einbilden, sondern solange es wirklich geschieht. Besonders klar wollte sie uns durch ihre Offenbarung beim Kreuz am Križevac von ihrer Anwesenheit überzeugen. Geradezu ,,aufdringlich'' tat sie dies an den in jeder Hinsicht trüben Tagen gegen den 22. Oktober 1981, als sie einige Tage nacheinander beim Kreuz gesehen wurde, so daß sie auf die Frage der Seher, ob sie wirklich an den Tagen dort gewesen sei, sagte: ,,Habt ihr mich denn nicht gesehen, meine Engel?'' Und was noch wichtiger ist, sie wurde an den auch sonst trüben regnerischen Herbsttagen von der Menge derjenigen gesehen, die nach ihr gesucht haben, und das war auch das Hauptziel ihrer ,,Regie'' und ihrer Bemühungen.

Das tat sie gleichsam sowohl am Himmel als auch auf der Erde mit dem Glanz des Lichtes und mit ihren Aufschriften ,,Friede'' an den umliegenden Bergen, um dies alles mit dem ,,seltsamen Spiel der Sonne'' vom 2. August desselben Jahres zu ergänzen, als auch die ,,zeichenhafte Ermahnung'' unten auf dem Dreschplatz unterhalb der Häuser vom Podbrdo stattfand. Alles war so in ,,Regie'' gebettet, damit der Glaube an denjenigen in Erinnerung gebracht wird, der sich diesmal besonders seiner Mutter bedient, in seiner Bemühung, den Menschen zu beglücken und zu retten.

Den gleichen Effekt erzielte die Gospa durch die ,,unlogische'' Wahl ihrer Seher. Sie versammelte sie ja zum gleichen Zeitpunkt sowohl aus Sarajevo, als auch aus Mostar und Bijakovići, mit dem großen Unterschied im Alter und in ihren intellektuellen Fähigkeiten, aber auch in ihren charakterlichen Eigenschaften. In der Gruppe finden sich nämlich die unterschiedlichsten Charaktere, vom Sanguiniker bis zum edelmütigen Melancholiker, die sich sowohl ergänzt als auch zugleich abgeschliffen haben. Und dann brachte sie zwei von ihnen, das jüngste und das älteste, zusammen und behielt sie bei sich als ihre ständigen Zeugen und Mitarbeiter in den Feuerproben und im Glanz ihrer Erscheinungen.

So war es eigentlich bis zum Beginn ihrer regelmäßigen Erscheinungen in der Kirche Mitte Januar 1982. Alles war im großen und ganzen einem Ziel untergeordnet: Damit man sie erkennt und damit man ihr Wort hört, das sie uns im Namen ihres Sohnes wiederholte, der — durch die menschliche Bosheit verwundet — vor dem Menschen steht, damit ihn der Mensch annimmt, sodaß er ihn von der Hoffnungslosigkeit befreien kann, die sich in der Welt immer stärker verdichtet. Und das ist ja auch das Ziel der ,,Regie'' der Gospa und ihrer Erscheinungen.

* * *

DER UNWIDERSTEHLICHE RUF DER GOSPA

Trotz aller beiläufigen und absichtlichen Bemühungen, das Geheimnis des Rufs der Gospa zur Begegnung in Medjugorje zu verstehen, wird man es nie restlos verstehen und es wird nie aufhören, Geheimnis zu sein, das als solches laut ruft. Auch wenn wir sagen: ,,Ohne Worte und ohne Reden" und ,,Unhörbar bleibt ihre Stimme", sowie: ,,Ein Tag sagt es dem anderen, eine Nacht tut es der anderen kund"(Ps 19), werden wir trotzdem die Kraft des Geheimnisses dieses Rufes nicht übersehen können, dessen Macht sich manche Herzen einfach und widerstandslos ergeben.

Vielleicht könnten wir das einigermaßen mit der Kraft des Rufes aller schicksalhaften Ereignisse erklären, aber auch dabei würden wir uns irgendwie im Kreis drehen, weil wir nicht wissen, wie wir die Schicksalhaftigkeit eines Ereignisses verstehen sollen, bevor es bewiesen und bestätigt wird. Hier ist aber die Tatsache schicksalhaft, daß die wenigsten in diesem Ruf die Geheimnishaftigkeit spüren, denn der schon millionenfache Menschenstrom in Medjugorje macht sich über dieses Geheimnis fast gar keine Gedanken. Die Menschen lassen sich nur ,,den Strom abwärts tragen"; sie spüren, daß sie sich in ihm reinigen und erfreuen können, so daß viele anders als früher werden.

Vielleicht liegt das wunderbare des Geheimnisses gerade darin, daß diejenigen, die schon da waren, denjenigen, die erst aufwachen etwas darüber sagen, was sie dort erlebt haben. Und so wird es dann ,,die Stimme, die man hören kann", und zwar so, daß sie schon auf allen Seiten erschallt.

Nicht einmal die Seher der Gospa können von diesem Geheimnis etwas erklären, denn auch sie selbst sind ein Teil von ihm, deshalb durchdringt dieses Geheimnis einen, ohne sich selbst darzustellen.

Und noch mehr! Das Geheimnis wird durch die Seher noch geheimnisvoller, denn auch sie bauen unabsichtlich in seine Geheimnishaftigkeit viele ,,Wie" und ,,Warum" ein. Und durch ihre Anwesenheit in ihm wird es noch größer. Es ist gut, daß zumindest dies kein Geheimnis mehr ist! So kommen wir dann wieder darauf zurück, daß der Ruf der Gospa in Medjugorje ,,ohne Worte und ohne Reden" so mächtig ist, daß das Echo dieses Rufes doch ,,in alle Welt ertönt" (Psalm) und von immer größerer Anzahl derjenigen gehört wird, deren Antenne gerade für die Aufnahme der Rufsignale über die Versöhnung mit Gott und über die Brüderlichkeit unter den Menschen aufgebaut ist, was die wunderbare Botschaft von Medjugorje systematisch verkündigt.

Vielleicht beleuchtet sich auch das Geheimnis selbst gerade auf diese Weise, und es zieht den Menschen besonders stark an und vergrößert den Strom der nach Wahrheit Durstenden und Hungernden. Gerade deswegen hat die Gospa in Medjugorje „ihr Zelt aufgeschlagen" und lädt dazu so laut ein. Vielleicht liegt ja gerade in dieser Geheimnishaftigkeit die größte Kraft des Rufs der Gospa, weil sie das menschliche Herz besonders leicht berührt und erobert. Das ist ja auch nicht das einzige Geheimnis, das der Mensch mit Freude hört und annimmt, obwohl er es nicht begreift, besonders wenn es, wie dieses, von oben kommt. Es wird ihm durch seine Mächtigkeit immer lieber.

* * *

DER STROM FLIESST IMMER NOCH

Wenn man die Ereignisse von Medjugorje als Tatsache nimmt, dann ist eine der augenscheinlichsten Bestätigungen für sie der Strom der Pilger, der — trotz aller Unannehmlichkeiten und Schwierigkeiten — schon am dritten und besonders vierten Tag der Erscheinungen der Gospa so kräftig zu fließen begann. Bereits an diesem Tag versammelten sich Tausende von Pilgern oder zumindest Neugierigen. Der Strom, obwohl etwas wogig, fließt immer noch, ohne anzuhalten, er wird von Tag zu Tag sogar mehrfarbiger.

Ich glaube, daß sich kein Kontinent mehr „rühmen" kann, der Kraft des geheimnisvollen Rufes widerstanden zu haben. Niemand wird jemals diese mehr als millionenfache Prozession, angefangen von den Krüppeln und Armen bis zu den Spitzenfachleuten, richtig erklären können, es sei denn, daß er zugibt, daß dies *alles* der ewige „Regisseur" inspiriert und getan hat. Gerade deshalb spürt man hier immer stärker den Geist der menschlichen Gemeinschaft und Brüderlichkeit, wie man ihn im Augenblick vielleicht nirgendwo findet. Dies strahlt von dem begeisterten Singen und von den herzlichen menschlichen Blicken aus. Und das ist tatsächlich das beste Zeichen der menschlichen Begegnung. Selten ging jemand von Medjugorje weg, ohne etwas erlebt und in seinem Herzen wenigstens ein Zeichen der Verwunderung, wenn nicht auch der Freude, empfunden zu haben. Und „an seinen Früchten wird der Baum erkannt" (Mt 7, 16).

Der Pilgerstrom wird ständig erneuert und gewandelt. Zu den Kolonnen von Bussen und Autos gesellten sich die Scharen von Fußgängern, die sich — sogar tagelang zu Fuß wandernd — einzeln und in Gruppen, oft auch barfuß, betend und singend, miteinander vermischten und aneinander vorbeigingen, mit Friede und Freude im Gesicht, was sehr beglückend wirkte.

Da gab es sowohl jüngere als auch ältere Weggefährten! Und viele von ihnen, obwohl sie wie Vagabunde mit Bart und abgewetzten Jeans aussahen, beteten, sangen und lächelten ihren Mitreisenden zu, die sie nie zuvor gesehen haben und denen sie wahrscheinlich nie mehr auf ihrem Erdenweg begegnen werden. Aber die Begegnung im Schatten „des Vaters des Trostes" wird nicht leicht vergessen! Das war das Zeichen der Erkennung! Deshalb streitet und zankt niemand bei diesen

Begegnungen. Da gab es in den engen Dorfgassen manchmal sogar zweitausend Busse und Autos, wobei keiner den anderen störte, und niemand war wegen der Unannehmlichkeiten, denen man dabei notwendig begegnet, beunruhigt. Alle Anwesenden sahen auch darin das Zeichen der Versöhnung, zu der die Gospa aufrief und immer noch aufruft.

So sahen es auch drei Priester-Prediger, die vor nicht allzu langer Zeit eine Weltreise machten und über die Gemeinschaft Gottes mit dem Menschen predigten, dann in großer Hoffnung (Röm 5, 5) hierher kamen. Obwohl einer von ihnen aus Japan kam, der andere aus Australien und der dritte aus den Vereinigten Staaten von Amerika, sagten sie alle drei einmütig, sie seien geradezu von der Begeisterung des Gottesvolkes fasziniert gewesen, das unter der Last der Schwierigkeiten, die jeder trägt, betete und sang. Selbstverständlich versammelten sich in Medjugorje nicht nur ,,die Heiligen‘‘, sondern es kamen auch diejenigen, die ,,selbstsüchtig, geldgierig, eingebildet, hochmütig, schmähsüchtig, undankbar, gottlos, unversöhnlich, verleumderisch, zügellos, verräterisch, aufgeblasen ...‘‘ sind, über die schon der heilige Apostel Paulus an seinen ,,geliebten Sohn‘‘ Timotheus schreibt (2 Tim 3, 2 ff.).

Aber die meisten von ihnen verließen Medjugorje anders, als wie sie herkamen. Viele von ihnen wurden mehr bereit, dem Menschen zu dienen, wozu die Botschaft von Medjugorje ja aufruft. Dafür sind gegen hundert Priester Zeugen, die sich schon mehr als neunhundert Tage hier abwechseln und auf diejenigen warten, die sich auch ohne richtig zu wissen wie und warum irgendwie in der Tiefe ihres Wesens wünschen, daß sie sich in Gott mit sich selbst begegnen und in ihm Ruhe finden.

Und gerade das ist die Hauptsache für die Gutgesinnten, an die besondere Anwesenheit Gottes und der Gospa in Medjugorje zu glauben. Denn andere Gründe, nach Medjugorje zu kommen, gab es nicht. Dahin kam man nicht, und kommt man nicht, aus manchen modischen und touristischen Gründen. Dies kann zumindest einigermaßen diese Kleinigkeit beleuchten: Hier wurde weder vor der Kirche, noch in ihrer Umgebung nicht einmal ein Glas Trinkwasser, um über andere Getränke nicht zu sprechen, verkauft. Das Herz und die Zunge sehnten sich sehr wohl nach manchem Tropfen, besonders in den heißen Sommertagen, als Tausende in der Kirche und vor der Kirche standen, sangen und beteten, ohne dies als eine Strafe zu empfinden. Dies spürte man besonders am Tag des anstrengenden weglosen Aufstiegs auf den Križevac, während der Strom von hunderttausend und mehr alten, schwachen und jungen Leuten, singend und betend, den „Kreuzweg" entlang, geduldig bis zum Kreuz hinaufstieg ...

Und dafür würde gerne auch die große Anzahl derjenigen Zeugnis ablegen, die, wie ich es schon sagte, nicht genau wußten, warum sie sich da einfanden. Ihr Zeugnis wäre stärker und klarer als zwei- bis dreihundert notierte Aussagen von denjenigen, die klipp und klar mit Begeisterung über ihre Heilungen sprechen. Unter diesen gab es auch solche, die sich da immer wieder einfanden, ohne genau zu wissen, was sie hierher ruft oder innerlich drängt. Es war kein Glaube, denn solche haben ihn schon längst „verloren", auch nicht die Hoffnung, denn diese hatten nichts, worauf sie sich hätte stützen können. Und trotzdem kamen sie nach Medjugorje. Und endgültig brach in vielen der Ungeist des inneren Gespaltenseins zusammen.

Dabei entstand ein Kampf, den nur diejenigen einigermaßen kennen, die ihn durchgelebt haben, und diejenigen, mit denen sie ihn in der bußfertigen Begegnung (Beichte) mit einer echten Aufrichtigkeit beenden wollten. Der Kampf endete natürlich nicht immer gleich. Man mußte sich entscheiden: entweder auch weiterhin das bittere Brot der eigenen Frustration kauen, oder zur Quelle zurückkehren, die beruhigt und glücklich macht ... Aber auch der böse Geist, wie es Mirjana bildlich erzählt (wie im Kampf des biblischen Job), hat sich mächtig in den Kampf für die Eroberung des Menschen und der Welt eingemischt.

In dieser Welt, in der der Mutterleib nicht mehr Stätte des Lebens, sondern des Todes geworden ist und die Familienheime leere Straßen, auf denen die Kinder verlorengehen, ist ein Kampf entfacht worden, der immer noch andauert und der auf diesem Planeten in diesem Ausmaß noch nie geführt worden ist. Der Satan bedient sich der neuzeitlichen Mittel, mit denen er die menschlichen Herzen in alle Dunkelheiten einführt, und viele sogar in die Dämmerung des existentialistischen Abgrunds, in dem der einzige und nutzlose Wert die „Hoffnungslosigkeit" ist. Es ist aber hoffnungsvoll, daß sich nicht alle in diesem schrecklichen und ausweglosen Abgrund verlieren.

Während ich mir darüber Gedanken mache, scheinen mir die Worte von Mirjana noch überzeugender zu sein, die ihr die Gospa in diesem Zusammenhang mitgeteilt und gedeutet hat. Es ist zweifellos eine außergewöhnliche Zeit in der wir leben. Wenn man die täglichen Ereignisse überdenkt, die sich in der Welt und Kirche zutragen, dann tauchen in uns beunruhigende Gedanken und Fragen auf. Leben wir nicht in der „Endzeit", da sich die Gospa in den Kampf so offen einmischt, wie es in Offb. 12. 1 „Maria im Kampf mit dem Drachen" dargestellt ist? Ja, sie mischte sich ganz bewußt ein und blieb nicht ohne Erfolg. Viele Augen öffneten sich, viele Herzen wurden gereinigt, aber viele blieben auf dem halben Weg stehen ... Gott tut dem freien Willen des Menschen keine Gewalt an.

Mittlerweile haben aber alle einen Trost erlebt, die ihn in Medjugorje aufrichtig suchten. Diesen erlebten selbst die Andersgläubigen, die sogar 500 - 600 km reisen mußten, um sich da einfinden und sich von ihren Lasten befreien zu können. Wer könnte denn all diejenigen aufzählen, die an ihre Erlösung „gegen alle Hoffnung hoffend geglaubt haben!" (Röm 4, 18).

So war es, aber auch heute ist es so, denn die Gospa ist gerade deshalb gekommen, um dem Menschen zu helfen, sich zu bekehren und in Gott seine Ruhe zu finden, der allein den Menschen mit Frieden beschenkt, den die Welt ihm nicht geben kann (Joh 15, 27).

So fließt der Pilgerstrom in Medjugorje immer noch, und trotz aller Schwierigkeiten wird er immer beständiger und kräftiger, aber zur gleichen Zeit auch ruhiger und sauberer. Von seinem Ende weiß nur der Allwissende, der ihn auch lenkt.

So ungefähr sah ihn auch einer unserer bekanntesten Psychiater und Parapsychologen, der Mariborer Universitätsprofessor Dr. Ludvik Stopar, der die Ereignisse von Medjugorje nach mehrtätiger Forschung einen *Finger Gottes* nannte, der mahnt und die Richtung anzeigt ...

Und derjenige, der versucht, diesen Strom gewaltsam abzubrechen oder zu beschmutzen, wird es sicher nicht leicht haben!

Der böse Geist ist bemüht, diesen Strom zumindest trübe werden zu lassen. Jedoch in diesem Falle hat er übersehen, daß diese Quelle, sollte sie von Menschen stammen, von selbst versiegen wird, wenn sie aber von Gott stammt, wird sie niemand vernichten können (Apg 5, 39). Deswegen tränke auch ich mich in diesem Strom in Freude und ich freue mich aller, die sich in diesem Strom einfinden, denn die Kirche betet in diesem Augenblick in Medjugorje inbrünstiger als vielleicht an irgendeiner anderen Ecke der Erde. Das ermutigt mich, so daß ich — für eine glückliche Zukunft der Welt — sogar „gegen jede Hoffnung" hoffe. Ja, der Strom der Pilger und derer die sich auf die Bitte der Gospa hin bekehren, wird immer mehrfarbiger und kräftiger.

Gruß und Bitte an die Mutter der Völker

Dieses Gedicht wurde in der Nacht, dem 5. August 1984 in Medjugorje am Podbrdo in kroatischer Sprache zum 2000jährigen Geburtstag der Mutter Jesu und unserer Mutter aus Liebe und Dankbarkeit verfaßt.

Maria, du unsere Mutter, vor dir stehen wir,
schau mit Liebe auf unsre Tränen und Wunden.
Lege sie in das Herz deines geliebten Sohnes,
als unser Geschenk, die wir für ihn empfunden.

Vor dir versammeln sich treue Kinderscharen
verschiedner Farben, weiße, schwarze, gelbe.
Du Herz der Liebe, von überall empfange sie
und schließ sie ein in deine mütterlichen Arme!

Mögen alle Fahnen zu der Einen werden,
vor der die Menschen deinem Sohn begegnen.
Möge Brüderlichkeit ihr Tun beherrschen,
Ihr Herz entsagen Haß und toten Werken.

Von deiner Hand strömt Segen auf die Völker
er ist wie Tau, an diesem neuen Morgen.
Und alle Völker werden dankerfüllt erkennen,
daß dieser Liebe, du uns warst zur Quelle.

So können geistige Ströme in die Herzen fließen
die Hungrigen erlaben und mit Leben speisen,
denn aus den Wunden deines Gottessohnes
fließt alles Heil und Licht der Völker.

Mutter von Medjugorje, blicke stets auf uns.
Zu dir empor dringt unser heißes Bitten
Behüt' uns, Mutter, und geleite uns
Du bist uns Rettung vor der Welt Gefahren!

Gute Bücher über die Geschehnisse in Medjugorje

Medjugorje in der Heilsgeschichte
Ljudevit Rupčić

Professor Dr. Rupčić, der bekannte Bibelwissenschaftler, schenkt uns mit diesem tiefschürfenden Buch einen klaren Blick auf die Heilsgeschichte. Maria erscheint darin als die »Prophetin des Neuen Bundes«, die von Gott in unsere äußerst gefährdete Welt gesandt ist, um den Menschen mütterlich beizustehen. Rupčić geht auf die Ereignisse in Medjugorje deutlich ein. Er behandelt ausführlich das »Besondere von Medjugorje« und beantwortet viele interessante Fragen. Abschließend bringt er theologische und medizinische Untersuchungsberichte über die Erscheinungen. 208 Seiten, 10 Farbbilder, DM 19.80

Medjugorje — Rosenkranzbeten *(Jesus kennen und lieben lernen)*
Radegund Jung

Mit diesem Büchlein will Radegund Jung das Rosenkranzgebet neu beleben. Advent, Weihnachten, Ostern und Pfingsten sind an Hand der Hl. Schrift in die Texte eingearbeitet. Dazwischen sind passende Botschaftstexte. Das Rosenkranzgebet führt so zu einer wahren Bereicherung unseres christlichen Glaubens. Man betrachtet die Rosenkranzgeheimnisse auf eine lebendige Weise, man wird einfach hineingenommen. Von Langeweile beim Beten keine Spur. Für Medjugorje-Gebetsgruppen sehr zu empfehlen. 112 Seiten, DM 8.80

Medjugorje — ein gesegnetes Land
Armand und Guy Girard / Janko Bubalo

Die beiden Priester Girard aus Kanada verfaßten nach einem Besuch in Medjugorje dieses Buch. Es schildert ihre Eindrücke und bringt vor allem Kunde von einer großen Mystikerin aus Kanada, die für Medjugorje vieles an Sühneleiden übernommen hat, um die Bekehrung der Menschen bei Gott zu erwirken. Sie bekommt vom Himmel dazu die Aufträge. Weitere Beiträge in diesem Buch stammen von Pater Janko Bubalo, der interessante Gespräche mit den Sehern in Medjugorje wiedergibt. 240 Seiten, 23 Farbbilder, DM 24.80

Medjugorje — Kurzbericht über die Marienerscheinungen
Diese Schrift bringt die herausragenden Geschehnisse von Anfang an. Sie ist eine ausgezeichnete Kurzinformation. Es ist eine Schrift, die an Interessierte weitergereicht werden sollte. 6 Farbb., 64 S., DM 3.—

Erscheinungen Unserer Lieben Frau zu Medjugorje

Ljudevit Rupčić

Dr. Rupčić hat sich von Anfang an mit den Marienerscheinungen kritisch befaßt und seine Erkenntnisse und Studien in diesem gründlich erarbeiteten Buch niedergelegt. Es hat ein hohes theologisches Niveau. Es behandelt auch Grundsatzfragen über mystische Erscheinungen, die eng mit den Marienerscheinungen in Zusammenhang stehen.

224 Seiten, 16 Bilder, DM 16.80

Aufruf Mariens in Medjugorje

Jörg Müller

Der Autor, Theologe und Psychologe, schildert in diesem äußerst hilfreichen Buch seine persönlichen Erlebnisse in Medjugorje. Weitere Beiträge zu diesem einzigartigen Buch lieferten: Klaus Komp / Pater M. Dragičević / Erzbischof Dr. Frane Franić, Split, / Dirk Grothues und Albrecht von Raab-Straube. Im Anhang findet der Leser die gesamten Botschaften der Gottesmutter in Medjugorje bis März 1990.

176 Seiten, 8 Farbbilder, DM 12.80

Der prophetische Aufbruch von Medjugorje

Alfons Sarrach

Jahrelange Beobachtungen und Erfahrungen in Medjugorje haben dieses *neue* Buch geprägt. Der Autor versteht es wie kein zweiter die geistige Dimension dieses Einbruchs des Himmels dem Leser vor Augen zu stellen. Die Erscheinungen der Gottesmutter in Medjugorje erhalten somit höchsten Stellenwert für unsere Zeit und für die Zukunft der Kirche und der Welt und für jeden einzelnen Menschen. Dies alles ist hautnah in diesem hochaktuellen Buch erfahrbar.   208 Seiten, 16 Farbb., DM 24.80

Medjugorje in Bild und Text

Markus Held

Ein *Farb-Bildband* durch den der Leser einen gesamten Überblick über das gewaltige Geschehen in Medjugorje bekommt. Die vielen Bilder sind besonders eindrucksvoll. In den Texten sind vor allem die Botschaften der Gottesmutter dominierend. Sie sprechen die Sprache des Himmels und können dem suchenden Menschen Licht und Freude bringen. Das Buch ist ein herrliches Geschenk für jung und alt zu jedem Anlaß!

72 Seiten, 40 Farbbilder, DM 19.80

MIRIAM - VERLAG · D-7893 JESTETTEN